FRANCESCO FILIPPI

„ABER WIR HABEN IHNEN DOCH STRASSEN GEBAUT!“

Das italienische Kolonialreich: Terror, Lügen und Vergessen

Übersetzung von Winfried Roth

Verlag Edition AV

FRANCESCO FILIPPI

„ABER WIR HABEN IHNEN DOCH STRASSEN GEBAUT!“

Das italienische Kolonialreich: Terror, Lügen und Vergessen

CIP-Titelaufnahme der Deutschen Nationalbibliothek:
Francesco Filippi - ABER WIR HABEN IHNEN DOCH STRASSEN GEBAUT!. Das italienische Kolonialreich: Terror, Lügen und Vergessen
Übersetzung von Winfried Roth
Auflage 1. Tsd., Bodenburg
ISBN 978-3-86841-313-7

Dieses Werk wurde mit Unterstützung des Zentrums für Bücher und Lesen des italienischen Kulturministeriums (CENTRO PER IL LIBRO E LA LETTURA) übersetzt. (www.cepell.it)

Original title:
Francesco Filippi. Noi però gli abbiamo fatto le strade. Le colonie italiane tra bugie, razzismi e amnesie

Der Verlag unterstützt die Arbeit der Kurt-Wolff-Stiftung.

Umschlag: Jürgen Mümken
Satz: Andreas W. Hohmann
Lektorat: Sulamith Sparre
Druck: Druckerei Kleb GmbH, Wangen
Printed in Germany

ISBN 978-3-86841-313-7

INHALT

Für Efrem und Raffaele, für die Vergangenheit,
aber vor allem für die Zukunft

EINLEITUNG
Wir haben irgendetwas verloren

Stücke von Geschichte, Stücke von Spaltung
Stücke von Widerstand, Stücke von Nation
Stücke des Hauses Savoyen, Stücke eines Bourbonen[1]
Stücke von Schnur, Stücke von Seife
Stücke eines Stocks, Stücke von Karotte
Stücke von Motor gegen Stücke von Rad
Stücke von Hunger, Stücke von Zuwanderung
Stücke von Tränen, Stücke von Personen
Jeder ist Kind seiner Niederlage
Jeder ist frei in seinem Schicksal
Wirf den Schlüssel hin und geh nach Afrika, Celestino!

Francesco De Gregori, „Vai in Africa, Celestino! / Geh nach Afrika, Celestino!"[2] (2005)

Italien hat im letzten Jahrhundert eine Reihe massiver Umbrüche im Zusammenhang mit der Entwicklung dessen erlebt, was wir als „kollektives Gedächtnis" [3] bezeichnen könnten (das Ensemble der historischen Geschehnisse, die als gemeinsames Erbe unserer Gesellschaft gelten).

Die Formen, an eine Vergangenheit zu erinnern, die als gemeinsam angesehen werden soll, haben in relativ kurzer Zeit enorme Veränderungen erlebt. Generationen von Italienern haben vor ihren Augen viele verschiedene Erzählungen vorüberziehen sehen: erst das Werte-

[1] Haus Savoyen / Casa Savoia: das italienische Königshaus (1861-1946). Vittorio Emanuele II di Savoia - bis dahin König von Sardinien-Piemont - wurde 1861 zum ersten König des vereinten Italien. [Anm. d. Übers.] Bourbonen / Borboni: in verschiedenen europäischen Ländern vertretene Adelsfamilie. Bourbonen herrschten von 1735 bis 1861 in den Königreichen Neapel und Sizilien. [Anm. d. Übers.]

[2] Bei den italienischen Songtexten/Gedichten wurde auf eine gereimte Übersetzung verzichtet, um eine größere inhaltliche Genauigkeit zu erreichen. [Anm. d. Übers.]

[3] In der Bedeutung, die der Philosoph Paul Ricoeur diesem Ausdruck vor allem im Verhältnis zum „persönlichen Gedächtnis" gibt - vgl. Paul Ricoeur, La memoria, la storia, l'oblio, Mailand 2003, S. 133ff.

system des Risorgimento[4] mit der „Nation Italien", dann die „Erinnerungskämpfe" um die Aufeinanderfolge von faschistischem Regime, antifaschistischem Widerstand und demokratischer Neuordnung des Landes. Schließlich gelangte man Mitte der neunziger Jahre - infolge der politischen und gesellschaftlichen Umwälzungen jener Zeit - zu einer Neustrukturierung und Revision der großen Themen der italienischen Geschichte. Es kamen - auch erbitterte - Debatten über die vielen Brüche auf, mit denen die Vergangenheit die heutige Gesellschaft beeinflusst.[5]

Bei diesen Bemühungen wurden alle Aspekte der Vergangenheit wiederholt diskutiert, neu geordnet, rekonstruiert. Zur Einigung Italiens im 19. Jahrhundert, zu den faschistischen Massakern, zur Entdeckung Amerikas, zu Dante und zu „1968" wurden viele Seiten geschrieben, Spielfilme gedreht und Kanäle in den sozialen Medien geschaffen. Alles war den vielen Möglichkeiten gewidmet, Analysen der unbestreitbar gemeinsamen Vergangenheit zu revidieren, zu aktualisieren oder umzuwälzen. Alle „wichtigen" Momente der Geschichte Italiens wurden im Lauf der Zeit gelesen und wieder gelesen.

Genauer gesagt - fast alle Momente der italienischen Geschichte.

In dem langen Zeitraum der Erinnerung, auf den sich der Blick richtet, gibt es einen Aspekt, der in der Öffentlichkeit nicht in nennenswertem Maß aufgegriffen wurde - um seine Interpretation zu fördern, um eine neue kollektive Bewusstheit entstehen zu lassen oder auch nur, um eine rhetorische Waffe für die alltägliche politische Debatte zu bekommen.

Es handelt sich um den italienischen Kolonialismus.

Es geht um ein historisch gesehen lange dauerndes und vielschichtiges Phänomen: der erste koloniale Vorposten des italienischen Staates datiert von 1882, als die Regierung von Agostino Depretis [6] die Verfügungsrechte über ein Gebiet an der Bucht von Assab - am Roten

[4] Risorgimento („Wiedererstehung"): die Zeit der Herausbildung des italienischen Nationalstaats zwischen 1815 und 1870 mit mehreren „Unabhängigkeitskriegen". [Anm. d. Übers.]

[5] S. etwa: A. Prosperi, „Un tempo senza storia". Turin 2021; F. Focardi, „Nel cantiere della memoria. Fascismo, Resistenza, Shoah, Foibe". Rom 2020; M. Flores, „Cattiva memoria. Perché è difficile fare i conti con la storia". Bologna 2020.

[6] Agostino Depretis: liberaler Politiker, zwischen 1876 und 1887 mehrfach Ministerpräsident. [Anm. d. Übers,]

Meer - erwarb[7]. Die italienische Fahne wird dann auf afrikanischem Boden zum letzten Mal am 1. Juli 1960 in Mogadischu in Somalia eingeholt.[8]

Der Kolonialismus dauerte fast 80 Jahre. Er kann - mit Blick auf Zeitraum und Kontinuität - als eine der stabilsten Entwicklungen in der bitteren Geschichte Italiens gewertet werden. Er hatte spürbare Auswirkungen auf Geschichte, Politik und Gesellschaft des Landes. Und doch scheint der Kolonialismus in der Sphäre der kollektiven Erinnerung kaum eine Rolle zu spielen.

Was die öffentliche Erinnerung angeht - sofern sie nicht nur als Erbe einer Gemeinschaft gilt, sondern zur Grundlage für die gemeinsame Identität gemacht wird, als Basis des Wertesystems einer Gesellschaft -, so kann man nicht einmal das sagen: keines der vielen wichtigen Daten der langen Geschichte des kolonialen Italien ist auf irgendeine Weise in die Liste der Feiern oder der öffentlichen Momente für Erinnerung und Reflexion eingegangen. Das gilt für vermeintlich glanzvolle Ereignisse und erst recht für die, an die man sich als Verbrechen erinnern muss.

Die italienische Geschichtsschreibung hat sich seit längerem an die Seite der Historiker der Länder gestellt, die Italien in seinen achtzig Jahren als imperialistische Macht unterworfen hat - wenn es darum geht, die Aufmerksamkeit des breiten Publikums auf die Komplexität des kolonialen Phänomens zu lenken und vor allem auf die Verbrechen, die die Italiener in der Welt begangen haben. Werke wie das des Historikers und Journalisten Angelo Del Boca bleiben maßgeblich bei der Entwicklung eines Bewusstseins der Untaten, mit denen sich auch die Italiener „erfolgreich“ - mit weniger Zeit und Ressourcen als andere sie hatten - befleckt haben.

Anfang der 2000er Jahre haben viele Werke von Historikerinnen und Historikern dazu beigetragen, die Ausbreitung und vor allem die wissenschaftliche Vertiefung einer Debatte zu beschleunigen, die grundlegend für die Entwicklung des Verhältnisses zwischen Geschichte und Erinnerung in Italien ist. Die Zahl der Texte zum Thema hat sich ver-

[7] Mit dem Gesetz Nr. 587 vom 5. Juli 1882 „Concernente i provvedimenti per Assab“ (in: G. U. *[Gazzetta Ufficiale]* 160 dd 10-7-1882) entscheidet sich die Regierung Depretis, die in Assab von der Schifffahrtsgesellschaft Rubattino (die sich dort schon 1869 niedergelassen hatte) gehaltenen kommerziellen Rechte zu übernehmen.

[8] In der UN-Resolution vom 5. Dezember 1959 festgelegtes Datum (A. Res. 418-XIV).

vielfacht, zum breiten Publikum sind Beiträge von Schriftstellern und Intellektuellen gelangt, die aus den ehemaligen Kolonien kommen oder die familiäre und emotionale Bindungen an jene Welt haben.

Und doch scheint es, dass diese Vergangenheit noch keinen festen Platz im Zusammenleben der italienischen Gesellschaft gefunden hat. Die Debatte über das koloniale Erbe, die andere westliche Länder geführt haben - zumeist schon vor längerer Zeit, gezwungen von eigenen sozialen Problemen und häufig mit nicht allzu ermutigenden Ergebnissen - steckt in Italien noch in den ersten Anfängen.

Verschiedene Faktoren hindern die öffentliche Meinung bis heute, die Bedeutung dieser Debatte zu verstehen und sie in den Mittelpunkt zu rücken. Es zeigt sich ein geringes Interesse an einem Thema, das keinen Bezug zur Gegenwart zu haben scheint - vor allem, weil es sich in der politischen Debatte von heute kaum verwenden lässt (im Gegensatz zu anderen Themen wie dem Faschismus) und weil es auch unter dem Aspekt der medialen Darstellung wenig interessant scheint.

Die geringe Aufmerksamkeit, die der Versuch der globalen Expansion Italiens heute in der Bevölkerung findet, ist wahrscheinlich Ergebnis des geringen Bewusstseins davon, dass - auf durchaus besondere Weise - auch unser Land der Welt eine imperialistische „Prägung" hinterlassen hat. Es hat nachhaltig die historische Entwicklung der Länder gestört, die es unterwerfen wollte - und umgekehrt hat es seine eigene Sicht auf die Welt geändert.

Allgemeine Auffassung ist, dass Italien nur am Rande an dem weißen Zugriff auf die Reichtümer der Welt beteiligt war - und vor allem, dass nur sehr wenige Italiener damit zu tun hatten. In der kollektiven Erinnerung verwandelt sich dann diese geringfügige Verwicklung - vor allem nach dem Verlust der Kontrolle über die Kolonien nach dem Zweiten Weltkrieg - manchmal in die Annahme, mit der Sache überhaupt nichts zu tun zu haben. Dass die Italiener sich „spät und schlecht" an dem Angriff auf andere Kontinente beteiligt hätten, gilt als Beweis dafür, dass die Italiener „von Natur aus" nicht nach der Herrschaft über Andere strebten.

Selbst wenn die Debatte über den Kolonialismus made in Italy einmal das breite Publikum erreichte, gelang es auf unterschiedliche Weise, einer Auseinandersetzung mit diesem Phänomen in seiner Gesamtheit - und möglichen Konsequenzen - auszuweichen.

Mitte der neunziger Jahre beispielsweise bricht in der Presse die Polemik über den Einsatz von Giftgas im Äthiopienkrieg los. Dabei greift der Journalist Indro Montanelli[9] die Analysen von Del Boca an[10]. Montanelli erklärt, während seiner Teilnahme an der Aggression gegen Äthiopien nie Chemiewaffen gesehen zu haben, es sei auch nie davon gesprochen worden. Wenn er nichts gehört hat, dann gibt es natürlich auch solche Waffen nicht. Dann findet Montanelli sich doch mit der Unangreifbarkeit der vorgelegten Dokumente ab. Wenn das Offensichtliche nicht geleugnet werden kann, dann verschmelzen die Bilder vom Gaskrieg und anderen Gewalttaten gegen die Zivilbevölkerung aber mit einer Erzählung, die die italienischen Kolonialverbrechen in die - leider schon sehr umfangreiche, aber eigenständige - Liste der faschistischen Verbrechen einreiht.

In diesem Fall gibt es keine Verurteilung des italienischen Kolonialismus insgesamt, sondern nur des Kolonialismus der "Marke Mussolini". Letztlich richtet sich in der kurzen Zeit, in der die Öffentlichkeit endlich über die Kolonialverbrechen diskutiert, die Aufmerksamkeit allein auf die Verbrechen der Faschisten. Die Verantwortung Italiens wird auf die zwanzig Jahre der Mussolini-Herrschaft beschränkt. Im besonderen Fall des Disputs Montanelli - Del Boca beschränkt man sich sogar auf die Gewalttaten in Zusammenhang mit den „offiziellen" Militäroperationen in Äthiopien (d. h. vom 3. Oktober 1935 bis zum 5. Mai 1936).

Es ist eine wichtige Debatte, in der man auf mindestens sechzig weitere Jahre hätte eingehen können. Und das - paradoxerweise -, obwohl Werke wie die von Del Boca stets hervorheben, dass „die braven, die anständigen Leute" [11] „Italiener" sind - in einem umfassenden Sinn - und nicht einfach Faschisten. Mit gleichsam chirurgischer Präzision unterscheiden viele - noch heute kann man das hören - zwischen einem aggressiven, gewalttätigen faschistischen Kolonialismus und der übrigen Kolonialgeschichte Italiens, die reiner, weniger brutal, geradezu „human" scheinen soll. Und über diese Geschichte wird im besten Fall schweigend hinweggegangen.

[9] Indro Montanelli: einer der einflussreichsten italienischen Journalisten des 20. Jahrhunderts. [Anm. d. Übers.]

[10] Del Boca selbst rekonstruiert das Geschehen (und das Umfeld) in seiner Einleitung zu Montanellis Buch „XX Battaglione eritreo" (Mailand 2010).

[11] A. Del Boca, „Italiani, brava gente? Un mito duro a morire". Vicenza 2005.

Zweifellos bringt der Faschismus in der Geschichte des italischen[12] Imperialismus eine zerstörerische, gewaltsame Wende. Aber es handelt sich doch um eine von vielen Phasen einer Entwicklung, die alles andere als friedlich verlief - von den Invasionsversuchen in Äthiopien schon in den 1890er Jahren bis zum Libyenkrieg 1911/12 und den folgenden Jahren mit Guerillakämpfen und Repressalien. Die Gewalttaten gegen die rebellischen Bevölkerungen am Horn von Afrika Ende des 19. Jahrhunderts und die Massaker an Zivilisten in Tripolitanien, der Kyrenaika und dem Fessan datieren eben aus der Zeit v o r 1922. Es lassen sich in der Überseepolitik zwischen dem Italien der liberalen Ära und dem Faschismus viel mehr Momente einer Kontinuität als eines Bruchs feststellen. Und doch scheint es, dass zumindest für den Umgang mit der Kolonialfrage in der öffentlichen Debatte unseres Landes nur bestimmte Erzählungen - zu Lasten anderer - Raum finden. Die Komplexität einer politischen, militärischen, kulturellen und gesellschaftlichen Bewegung, die die Entwicklung Italiens im internationalen Zusammenhang charakterisiert hat, wird eingeebnet.

Viele Faktoren haben im Lauf der Jahre ein ganzes Land dazu gebracht, sich nicht nur unschuldig zu fühlen: man glaubte sogar, mit den wichtigsten langfristigen - und stabilen - Grundzügen seiner Außenpolitik und internationalen Entwicklungspolitik nichts mehr zu tun zu haben. Innere und äußere Faktoren sollten im Licht eines bemerkenswerten Fakts analysiert werden: an die Stelle der grundlegenden Akzeptanz der Kolonialpolitik durch die Bevölkerung zwischen 1882 und 1960 tritt sofort nach Ende der Kolonialzeit gleichsam automatisch ein fast einhelliger Wille zum Vergessen (von 1960 bis heute). Es ist ein kollektiver Gedächtnisverlust - weithin begünstigt durch politische und kulturelle Entscheidungen. Wenn von Kolonialismus die Rede ist, denkt man eher an Mächte wie Großbritannien und Frankreich oder - in der ferneren Vergangenheit - an das Auftreten der Iberer in Amerika.

Und doch war für viele Jahre der Versuch, noch auf den fahrenden Zug der europäischen Invasion des Globus aufzuspringen, einer der Motoren der Entwicklung der Vorstellungen von der Rolle Italiens in der Welt. Vor allem seit den 1880er Jahren leitete sich der Großmachtstatus Italiens weitgehend von diesem Teil der Außenpolitik ab. Das beeinflusste die Auswahl der Bündnisse, die nationalen wie internati-

[12] italisch / italico: archaisierender, auf die Antike bezogener Begriff im Gegensatz zum mittelalterlichen und neuzeitlichen „italiano / italienisch“. [Anm. d. Übers.]

onalen politischen Krisen, die (wenigen) Siege und (vielen) Niederlagen der italienischen Regierungen auf diplomatischer Ebene. Es machte einen wesentlichen Teil der Schwierigkeiten bei Italiens Umgang mit dem Frieden aus (sowohl nach dem Ersten als auch nach dem Zweiten Weltkrieg). Und es beeinflusste auf Jahrzehnte seine Position innerhalb der großen internationalen Organisationen, vor allem der UN.

Dieses Buch ist kein Essay über die Geschichte des italienischen Kolonialismus - und will es auch nicht sein. Hier soll nicht die lange, schmerzliche Geschichte der Beziehungen Italiens zu den Ländern betrachtet werden, die für fast ein Jahrhundert unter seiner Herrschaft standen.

Stattdessen soll hier die gängige Wahrnehmung dieser Vergangenheit in ihren verschiedenen Aspekten untersucht werden - in Politik, Wirtschaft, Gesellschaft und Kultur.

Die Vorgänge, die - Schuld des italienischen Imperialismus - das Leben von Millionen Menschen auf mehreren Kontinenten umwälzten, werden hier nur dargestellt als Beispiel für ihre Wahrnehmung durch die italienische Gesellschaft. Es ist eine Geschichte von grundsätzlich bekannten, aber nicht erzählten Massakern, von verheimlichten und vergessenen Gewalttaten, von Übergriffen, die nur wenige schwache Spuren in Erinnerung und Bewusstsein unseres Landes hinterlassen haben.

Es geht nicht um eine Geschichte Italiens „in Afrika" oder in anderen Regionen, die unser Land angegriffen, besetzt, beherrscht hat. Im Gegenteil soll versucht werden, den verborgenen, aber noch vorhandenen Einfluss aufzudecken, den diese Beherrschung auf Italien, seine Bewohner und deren Mentalität hatte.

Im Mittelpunkt der Analyse soll das Thema „Afrika in Italien" stehen, mit den Lügen, dem Rassismus, der Ignoranz aus anderthalb Jahrhunderten - ausgebliebener - Auseinandersetzung.

Stattdessen wird versucht, die Perspektive eines Landes zu verdeutlichen, das lange von der „Überseerhetorik" beeinflusst war und das sogar versucht hat, sich weltweit eine solche Perspektive zu schaffen - im typischen Stil einer Nation, die sich erst spät an der Eroberung der Welt beteiligte und die es daher mit allen Komplexen des „Letzten in der Reihe" zu tun hatte.

Es war eine Sichtweise, die - absichtlich oder nicht - bis heute tief die Formen prägt, in denen sich die italienische Gesellschaft mit dem Thema des Andersseins, des Verschiedenen, des Fremden auseinandersetzt.

Während dieses Buch zum Druck vorbereitet wurde, traf die Nachricht vom Tod Angelo Del Bocas ein.

Er war einer der bedeutendsten Journalisten, Historiker und Forscher des 20. Jahrhunderts in Italien zu Themen der Erinnerung. Seine Arbeiten öffneten als erste den Weg zum Wissen über unsere koloniale Vergangenheit - und nicht nur über sie. Viele Bücher - auch dieses - versuchten und versuchen, die Aufmerksamkeit gerade auf die historische Verantwortung Italiens zu lenken: das wurde möglich auch dank seines unermüdlichen Engagements, das sich als unverzichtbar für unsere Vergangenheit und für unsere Zukunft erweist.

1.

Aufbrüche
Zufällige Entstehung einer imperialistischen Macht

Ägyptens heil'ger Boden ist bedrohet
Vom Volk der Äthiopier - unsre Felder
Wurden verwüstet - öde liegt die Ernte.
Vom leichten Sieg geblähet und stolz ziehen die Plündrer
Im Sturme schon auf Theben.

Aida, erster Akt, erstes Bild (1871)[13]

Alle europäischen Staaten, die seit dem 16. Jahrhundert an dem Wettlauf um die Eroberung des Globus teilnehmen, haben besondere politische, wirtschaftliche und kulturelle Motive, um den Weg zu imperialer Macht einzuschlagen. In diesem Kapitel geht es um den Zusammenhang der Ereignisse, die das Königreich Italien dazu bringen, sich in weniger als zwei Jahrzehnten von einer territorialen Einheit mit noch ungewissen Grenzen in den letzten, aber entschlossenen Teilnehmer am Wettbewerb um die Herstellung westlicher Herrschaft über den Rest der Welt zu verwandeln.

Vorbemerkung: Warum Kolonien?

1845 hält bei Lagos - heute Nigeria - ein Geschwader der Royal Navy im Einsatz gegen den Sklavenhandel über den Atlantik ein Schiff aus Genua (das unter der Flagge des Königreichs Sardinien[14] fährt) an - wegen Menschenhandel. Zwei Jahre später, 1847, werden zwei weitere sardische Schiffstransporte unter demselben Vorwurf blockiert. Als 1848 und 1849 savoyische Schiffe fast fünfzig Fahrten zwischen Afrika und Brasilien unternehmen, verdächtigt Großbritannien sie des Sklavenhandels.[15]

[13] Aida: Oper von Giuseppe Verdi (Musik) und Antonio Ghislanzoni (Text). Übersetzung von Julius Schanz. [Anm. d. Übers.]

[14] Königreich Sardinien: bestand von 1720 bis 1861 (regiert von der Dynastie Savoyen), umfasste außer Sardinien die norditalienische Region Piemont. Ging 1861 im Königreich Italien auf. [Anm. d. Übers.]

[15] Vgl. G. P. Calchi Novati, „L'Africa d'Italia. Una storia coloniale e postcoloniale".

Auf die Frage, warum es wichtig ist, heute über die Beziehungen zwischen Italien und der kolonialen Welt nachzudenken, könnte man daher antworten, dass die „Italiener“ mit der kolonialen Alternative - und mit deren hässlichsten Seiten wie der Sklaverei - schon zu tun hatten, als Italien noch gar nicht existierte[16].

Was bringt einen souveränen Staat dazu, in Territorien außerhalb der eigenen Grenzen einzufallen, um dort „Vorposten“ zu besetzen und neue politische, wirtschaftliche und kulturelle Ordnungen einzuführen?

Was Italien betrifft, so gibt es sehr viele Motive, deretwegen im Lauf der Zeit und besonders von der zweiten Hälfte des 19. Jahrhunderte bis zur Mitte des 20. Jahrhunderts die verschiedenen Regierungen - liberale, faschistische, republikanische - versucht haben, „Stücke von Staat“ außerhalb der italienischen Halbinsel zu besetzen und zu entwickeln. Das Interessante ist, dass oft - eigentlich sogar immer - die Handlungsmotive der Regierungen andere sind als die, die sie selbst der Öffentlichkeit mitteilen, wenn sie ihre kolonialen Unternehmungen fördern wollen.

Bei jeder internationalen Präsentation der italienischen Politik fühlten die Regierungen die Notwendigkeit, ihre Entscheidungen zu rechtfertigen, die oft vom Zufall bestimmt waren - etwa von einem Vakuum in der internationalen Politik oder vom Wohlwollen der gerade maßgeblichen Supermacht. So werden die Unternehmungen mit unwahrscheinlichen Erwartungen überfrachtet, sie werden beschrieben als „Gelegenheiten, die man sich nicht entgehen lassen darf“. Auch wenn es nur um Machtdemonstrationen geht wie bei der Besetzung einiger Mittelmeerinselchen, achtet der „Propagandakomplex“ aus damaligen Regierungen und Informationsmedien darauf, die Aktion jedesmal mit Argumenten wie „Zivilisierung“, wirtschaftlichen Vorteilen oder sozialer Prosperität zu rechtfertigen.

Es ist eine verlockende Darstellung, die in vielen Italienern ein Bild der Kolonien formt, schon bevor sie tatsächlich erobert sind. Wenn dann - wie es oft geschieht - die in die neuen Eroberungen gesetzten Hoffnungen enttäuscht werden, tritt an die Stelle der Träume die Verbitterung und an die der Versprechungen von Reichtum die Mühe einer Aufrechterhaltung der Herrschaft.

Rom 2019, S. 72f.

[16] Die Gründung des modernen Staats Italien erfolgte erst 1861. [Anm. d. Übers.]

In dieser - oft sehr weiten - Kluft zwischen den von der Regierung verbreiteten und den von der entstehenden öffentlichen Meinung gehegten Hoffnungen einerseits und der harten Wirklichkeit der Kolonien andererseits liegt einer der ersten Gründe für Schwierigkeiten bei der historischen Analyse des italienischen Imperialismus. Das gilt auch für das, was man eine mögliche „Bilanz" unseres Kolonialismus nennen könnte. Es geht nicht um eine Bilanz von „Italien in der Welt", sondern eher um eine Bilanz der „Welt in Italien" - denn

„der Kolonialismus ist keineswegs nur ein Phänomen im Raum der europäischen Außen- oder Wirtschaftspolitik, er erscheint vielmehr als eines der kulturellen Elemente, auf denen die verschiedenen nationalen Gemeinschaften des alten Kontinents aufgebaut wurden".[17]

Es fängt an - aber nicht gut

Am 17. November 1869 wird mit einer Schiffstour gekrönter Häupter aus ganz Europa der Suezkanal offiziell eingeweiht. Damit wird die Meeresverbindung für den Verkehr geöffnet, die vom Mittelmeer zum Roten Meer führt und eine Umfahrung des gesamten afrikanischen Kontinents entbehrlich macht, wenn man auf dem Meer von Europa nach Asien kommen will. Es ist eine Revolution des Transports, die das Mittelmeer - dessen Bedeutung nach der Öffnung der atlantischen Handelsrouten im 16. Jahrhundert allmählich geschwunden war - zurück ins Zentrum des weltweiten Handelsverkehrs bringt.

Am 15. November 1869 - zwei Tage bevor die Kaiserin der Franzosen Eugénie (Ehefrau Napoleons III.) und der österreichische Kaiser Franz Joseph mit ihren Jachten den Kanal entlang fuhren - spielte sich etwas anderes an Bord des wesentlich bescheideneren Schiffs „Nasser Megid" ab, das einem gewissen Said-Auadh [18] gehörte. Die Brüder Hassan-ben-Ahmad und Ibrahim-ben-Ahmad, Sultane des an der eritreischen Küste des Roten Meeres gelegenen Assab

„verkaufen dem zuvor genannten Herrn Giuseppe Sapeto - und haben ihm verkauft: das Territorium, das zwischen dem Berg Ganga, dem Kap Lumah und seinen beiden Seiten liegt. Daher wird die Herrschaft über das genannte Territorium Herrn Giuseppe Sapeto gehö-

[17] V. Deplano, A. Pes (Hg.), „Quel che resta dell'impero. La cultura coloniale degli italiani". Sesto San Giovanni 2014, S. 10.

[18] Hier und auch sonst folgt die Transkription der zitierten arabischen Namen der in den damaligen italienischen Texten (in diesem Fall die *Gazzetta Ufficiale* Nr. 160 vom 10. 7. 1882).

ren, sobald dieser den Preis dafür gezahlt hat. Es wurde ihm spontan, freiwillig und mit aufrichtiger Absicht verkauft".[19]

Giuseppe Sapeto (1811-1895)[20], der an Bord der „Nasser Megid" den Vertrag mit den Sultansbrüdern von Assab unterzeichnet, ist ein italienischer Entdecker, der seit einiger Zeit in dem Gebiet zwischen Eritrea und Äthiopien lebt. Er hat Arabisch und afrikanische Kulturen studiert, er ist das typische Beispiel eines Europäers, der sich im 19. Jahrhundert mit Afrika beschäftigt. Er ist neugierig auf den afrikanischen Kontinent, er interessiert sich für lokale Kultur und fördert ihre Erforschung. Seine feste Zielvorstellung ist aber, dass diese Aktivitäten zu einer - für die Weißen - „nutzbringenden Zivilisierung" Afrikas führen.

Sapeto - halb Missionar, halb Geschäftsmann - erwirbt an jenem 15. November 1869 die Bucht von Assab im Auftrag der Schifffahrtsgesellschaft Rubattino mit Sitz in Genua[21]. Es ist der erste Kauf von Territorien in Afrika durch ein Unternehmen des neuentstandenen Königreichs Italien. Manche sehen das auch als Anfang der kurzen Periode eines „informellen Imperialismus"[22] Italiens.

[19] Der Text des ersten Vertrags und der folgenden Vertragsverlängerungen bis zum Erwerb der Rechte durch die italienische Regierung finden sich in: G. U. Nr. 160 vom 10.7.1882 (als Anlagen zum Gesetz Nr. 857 vom 5. Juli 1882 „Concernente i provvedimenti per Assab, che segna l'acquisto dei diritti di proprietà da parte del governo").

[20] Eine biografische Notiz findet sich bei www.treccani.it. Ein Bild von Sapeto entwirft auch Angelo Del Boca in „La nostra Africa. Nel racconto di cinquanta italiani che l'hanno percorsa, esplorata e amata" (Vicenza 2003), S. 47ff.

[21] Die Schifffahrtsgesellschaft Rubattino ist verblüffenderweise an mehreren zentralen Episoden der Geschichte Italiens beteiligt. Beispielsweise gehören Rubattino die beiden Schiffe *Piemonte* und *Lombardo*, die „Garibaldis Tausend" * 1860 von Quarto nach Marsala bringen.

*„Garibaldis Tausend": 1067 bewaffnete Freiwillige, die während der italienischen „Unabhängigkeitskriege" unter Führung von Giuseppe Garibaldi 1860 Sizilien von der Herrschaft der bourbonischen Könige befreiten. [Anm. d. Übers.]

[22] Zu einer präzisen Unterscheidung zwischen „informellem Imperialismus" - von rein kommerziellem Charakter - und „formellem Imperialismus" - wo es um die dauerhafte Besetzung des unterworfenen Territoriums und um die Etablierung von durch die Kolonisatoren importierten Institutionen geht - siehe etwa die (auf England und die Vereinigten Staaten konzentrierten) Analysen von A. Kohli in „Imperialism and the Developing World. How Britain and the United States Shaped the global Periphery", Oxford 2020, S. 10ff.

Der Erwerb dieses Küstenstücks ist eine Investition, für die die Gesellschaft Rubattino sich eindeutig aus wirtschaftlichen Motiven entscheidet. Assab - an der Küste des Roten Meeres gelegen und nicht weit von dem englischen Hafen Aden - soll in den Träumen des genuesischen Reeders zu einem Anlege- und Versorgungspunkt für die italienischen Dampfer werden, die den Mittelmeerraum mit Indien verbinden, seit die Wasserstraße von Suez eröffnet ist. Das Rote Meer könnte zu einer der gewinnträchtigsten Schiffahrtsrouten der Welt werden.

Es ist eine profilierte kommerzielle Unternehmung, vorangetrieben von einem der Repräsentanten von Italiens neuentstandener Unternehmerklasse. Auf dem Papier ist es eine perspektivreiche Sache: über einen eigenen Stützpunkt in der Mitte einer neuen, vielversprechenden Handelsroute zu verfügen, bedeutet - zumindest in der Theorie - herausragende Profite. Leider ist es für Rubattino und die Italiener aber schwierig, sich in den von den Engländern monopolisierten Handel einzuschalten. Die Engländer sind nicht nur besser organisiert. Sie kontrollieren sowohl die asiatischen Ausgangspunkte des Handels als auch die besonders florierenden Zielmärkte in Europa, vor allem den englischen.

Die dürftige Nachfrage auf dem kleinen und noch „unausgereiften" Konsumgütermarkt Italiens erlaubt der Firma nicht die Aufrechterhaltung kostspieliger Überseeverbindungen bzw. den Unterhalt des Stützpunkts Assab. Ein Jahrzehnt lang folgen Verträge über den Erwerb weiterer Ländereien rings um die Bucht [23] - es ist der verzweifelte Versuch, einen Aufschwung des Stützpunkts zu sichern: alles vergeblich.

Daher bleiben der genuesischen Gesellschaft nach Jahren der Stillstands zwei Alternativen. Sie kann entweder den Vertrag mit den Sultanen beenden und die Bucht von Assab verlassen oder aber ihre Rechte an andere übertragen - in erster Linie an den italienischen Staat. Im Frühjahr 1882 beginnt im italienischen Abgeordnetenhaus die Diskussion über ein Abkommen, das die Übergabe der Bucht und ihrer Infrastuktur an Italien vorsieht. Was 1869 als privater Kauf und Verkauf begann, endet in einer offenkundigen territorialen Annexion.

[23] Eine Sammlung von Dokumenten zu den von Sapeto vor 1882 in Assab unterzeichneten Verträgen (und eine Analyse) finden sich bei T. Scovazzi, „Assab, Massaua, Uccialli, Adua. Gli strumenti giuridici del primo colonialismo italiano", Turin 1996, S. 1-50.

Fragen des Prestiges

Die wirtschaftlichen Schwierigkeiten veranlassen die Gesellschaft Rubattino zum Aufgeben. Dagegen sind die Entscheidungen der italienischen Regierung - die damals über breite parlamentarische Unterstützung verfügt - vor allem von Motiven des Prestiges diktiert. Das Jahr 1882 bedeutet einen besonderen Moment für die italienische Außenpolitik. Ein Jahr zuvor kam es zur „Ohrfeige von Tunis"[24], nämlich zur französischen Besetzung Tunesiens. Das war eine einseitige Aufkündigung des Status quo, die die Wunschträume des jungen Königreichs Italiens hinsichtlich der südlichen Küste des Mittelmeers zunichte machte.

Der Schock, den die faktische Machtlosigkeit der Italiener gegenüber den Franzosen auslöst, führt direkt zum Sturz der Regierung von Benedetto Cairoli (1825-1889). An seine Stelle tritt Agostino Depretis (1813-1887). Dieser Schock wird auch zu einem der wichtigsten Motive für den Abschluss des Dreibunds[25] mit Deutschland und Österreich-Ungarn 1882.[26] Es ist eine diplomatische Revolution mit paradoxen Zügen. Österreich hat noch Territorien mit italienischsprachiger Bevölkerung in Besitz, die für Italien Stücke „unerlösten" heimischen Bodens sind, darüberhinaus ist Österreich wichtigster Antagonist Italiens auf dem Balkan. Die radikale Wendung soll Italien aus einer gefährlichen diplomatischen Isolierung herausführen: angesichts des französischen Gewaltakts in Tunesien hat kein europäisches Land sich auf seine Seite gestellt.

In einer derart heiklen Situation, wo die italienische Diplomatie noch heftig gegen den französischen Handstreich protestiert und wo das Image des Königreichs Italien Risse bekommt, kann die Aufgabe des einzigen Stückchens von außereuropäischem Land in italienischen Händen - und wenn es private sind - nicht akzeptiert werden. Der afrikanische Vorposten, über dem schon - wenn auch nur zu kommerziellen Zwecken - die Trikolore[27] weht, muss um jeden Preis

[24] „Ohrfeige von Tunis / schiaffo di Tunisi": Schlagwort der damaligen italienischen Presse. [Anm. d. Übers.]

[25] Dreibund / Triplice Alleanza: Militärpakt zwischen Italien, Österreich-Ungarn und Deutschland seit 1882. [Anm. d. Übers.]

[26] Vgl. G. Mammarella, P. Cacace, „La politica estera dell'Italia. Dallo stato unitario ai nostri giorni". Rom-Bari 2010, S. 27ff.

[27] Trikolore: die italienische Flagge mit drei senkrechten Streifen in Grün, Weiß

gehalten werden. Zuzulassen, dass Rubattino in Assab scheitert, hieße vor allem zu bestätigen, was in europäischen Staatskanzleien längst gedacht wird: die Italiener haben nicht das Zeug zu Imperialisten.

Daher wird - mit breiter Unterstützung aus der Welt der Politik - die Gesellschaft Rubattino „entgegenkommend" liquidiert. Assab verwandelt sich von einem bloßen Handelsstützpunkt in ein italienisches Besitztum. So werden die Bilanzen der Firma und auch das nationale Prestige gerettet.

Sicher, der Prozess der Annexion kann nicht weitergehen ohne Zustimmung der kolonialen Supermacht jener Epoche, Großbritannien, das die unbedingte Kontrolle über seine Versorgungsrouten behalten will. Die Aneignung Assabs durch Italien ist nur möglich nach einer Einigung mit dem Vereinigten Königreich, das in der Anwesenheit Italiens eine Chance sieht, die bereits prekär gewordenen Ansprüche Ägyptens auf Kontrolle über die Küsten des Roten Meers weiter zu schwächen und zudem auf längere Sicht zu verhindern, dass diese Gebiete Konkurrenten in die Hände fallen, die mehr zu fürchten sind als das kleine Italien - etwa Frankreich.

Nach einem offziellen Notenaustausch mit dem damaligen italienischen Außenminister Pasquale Stanislao Mancini (1817-1888) billigen die Engländer im Februar 1882 den Vorschlag einer Annexion.[28] Sicher tritt Italien nicht als Protagonist im sogenannten *scramble for Africa*[29] auf. Im Gegenteil: wie der Historiker Nicola Labanca hervorhebt, „führte London Rom am Roten Meer an der Hand"[30], der italienische wurde zu einem „Nebenprodukt" des britischen Kolonialismus.

Auch nach 1882 müssen die italienischen Expansionswünsche sich mit den effektiven Kräfteverhältnissen auf den verschiedenen internationalen Schauplätzen arrangieren. Am Ende - während des Zweiten Weltkriegs - wird es gerade Großrbritannien sein, das Italien aus allen kolonialen Besitztümern, die es im Lauf der Zeit angesammelt hat, vertreibt.

und Rot. [Anm. d. Übers.]

[28] T. Scovazzi, „Assab, Massaua, Uccialli, Adua", a. a. O., S. 54ff.

[29] „Wettlauf um Afrika" - so lautet eine treffende englische Definition des entschiedenen Angriffs der Europäer auf diesen Kontinent am Ende des 19. und Anfang des 20. Jahrhunderts. Eine zusammenfassende Darstellung findet sich etwa bei T. Pakenham, „The Scramble for Africa", New York 1991.

[30] 12 N. Labanca, „Oltremare", a. a. O., S. 63.

Aber zunächst erlaubt das Vorgehen am Roten Meer der Regierung der sogenannten Historischen Linken[31] in Rom, die Außenpolitik auf neuen Kurs zu bringen und den Erwerb Assabs als internationalen Prestigegewinn darzustellen.

Solche Prestigegründe gehören - wie sich noch zeigen wird - zu den wichtigsten Triebkräften nahezu aller kolonialen Abenteuer (und Desaster) Italiens.

Wie verkaufe ich dir die Besetzung: I) „Die Zivilisation bringen"

Der Erwerb des Stützpunkts Assab durch die Regierung und seine formale Umwandlung in eine Kolonie kann jedoch der (noch eng begrenzten) Öffentlichkeit jener Zeit offensichtlich nicht als Mittelding aus öffentlicher Unterstützung für ein scheiterndes kommerzielles Vorhaben und (im Übrigen höchst bescheidenem) Trost für den Verlust von Tunis nahegebracht werden. O f f i z i e l l - wie auch in der Parlamentsdebatte über das Gesetz deutlich wird - sind andere Motive im Spiel: vor allem scheint ein Wille durch, zur friedlichen „Zivilisierung" der Bevölkerung beizutragen.

Der Abgeordnete Alberto Cavaletto (1813-1897) aus Padua erklärt in der Parlamentsdebatte:

„Ich empfehle, mit Ideen wahrer Zivilisation dorthin zu gehen und nicht mit Ideen von Eroberung, mit Ideen, die Bevölkerungen zu zivilisieren, die sich uns freiwillig anschließen wollen und gemeinsam mit unseren Bürgern leben wollen - aber nicht mit Ideen, sich gewaltsam über die Einheimischen zu stellen."[32]

Der parlamentarische Berichterstatter zu dem Gesetz, Vincenzo Picardi (1828-1890), antwortet mit Bestimmtheit, dass es Absicht der Regierung ist, ein Werk der Zivilisierung voranzubringen und sogar ...

„... sollten wir uns nach Möglichkeit an die Neigungen, die Gewohnheiten der Einheimischen anpassen, mit denen wir brüderliche Beziehungen aufnehmen müssen - nicht etwa Beziehungen zwischen Eroberern und Eroberten. [...] Damit das Werk der Zivilisierung fruchtbar ist, möge man insbesondere die Geschichte, die religiösen

[31] Historische Linke / Sinistra storica: linksliberale Strömung (im Gegensatz zur rechtsliberalen „Historischen Rechten / Destra Storica"), die die italienische Politik zwischen 1876 und 1896 dominierte. Links- und Rechtsliberale vereinigten sich 1912. [Anm. d. Übers.]

[32] www.storia.camera.it/regno/lavori/leg14/sed393.ppdf, S. 5.

Gefühle, die Bräuche respektieren und auch innerhalb gewisser Grenzen auf die Wünsche der Bevölkerung eingehen, der man die wundervollen Vorteile der Zivilisation zukommen lassen muss.

Die bestehenden Traditionen und Gewohnheiten zu zerstören, um plötzlich neuartige (weder verstandene noch geschätzte) einzuführen und das koloniale Regime neuen, den Einheimischen unbekannten Männern anzuvertrauen - das würde bedeuten, Misstrauen zu schaffen und den Stolz tief zu beleidigen, in dem diese Volksgruppen[33] fest mit ihren Traditionen verbunden sind."[34]

Das ist tatsächlich ein weitsichtiges - und auch anziehendes, mit der Idee des 19. Jahrhunderts vom Export der Zivilisation vereinbares - Programm. Man muss diese Erklärungen nicht als bloße Verstellung abwerten. Im Gegenteil - ein Teil der intellektuellen Elite des Landes ist davon überzeugt, die Weißen hätten die Pflicht, zur Zivilisierung der Welt beizutragen. Auch in Italien - wie im Rest Europas - ist das Ensemble der Ideen rassischer und kultureller Überlegenheit verbreitet, entsprechend Kiplings berühmter Definition „The White Man's Burden / Die Last des weißen Mannes"[35]. Auch diese Ideen sind ein starker Impuls für koloniale Aktivitäten.

Es ist kein Zufall, wenn die italienischen Abenteuer in Übersee am Ende des 19. Jahrhunderts alle von Regierungen der sogenannten Historischen Linken unternommen werden. Für den „progressiven" Flügel des königlichen Parlaments ist es vollkommen schlüssig, in der Innenpolitik Maßnahmen wie die Ausweitung des Wahlrechts und die Schulreform voranzubringen - und in der Außenpolitik Entwicklung und Zivilisierung „primitiver Völkerschaften".

Darüber hinaus findet diese Machtpolitik - als Fortschritt verkleidet - Zustimmung unter den Massen. Wie der Historiker Eric J. Hobsbawm zusammenfasst: „Bei alledem lässt sich schwerlich bestreiten, dass die Idee einer auf die eigene Überlegenheit gegründeten Beherrschung einer Welt von Dunkelhäutigen in entfernten Regionen ihre eigene Popularität hatte und damit einer imperialistischen Politik Vorschub leistete."[36] Leider aber geraten die edlen Vorschläge für die

[33] Im italienischen Text steht „razze" - der Begriff „razza" war diffuser und weniger „biologisch" geprägt als der deutsche Begriff „Rasse". [Anm. d. Übers.]

[34] www.storia.camera.it/regno/lavori/leg14/sed393.ppdf, S. 6.

[35] Titel eines Gedichts von Rudyard Kipling aus dem Jahr 1899, das zum Manifest des rassistischen Imperialismus wurde.

[36] Eric J. Hobsbawm, „Das imperiale Zeitalter. 1876-1914". Frankfurt-New York

Zukunft des italienischen Afrika fast sofort in Konflikt mit der Realität einer rassistischen, räuberischen und blutigen Herrschaft.

Zur Leitung der Kolonie ungeeignete Männer (fast alle sind Militärs) werden ohne angemessene Vorbereitung an Schlüsselpositionen der Verwaltung gestellt - und die Kritik bleibt nicht aus. 1891 dringt der Widerhall einer hässlichen Geschichte von Gewalt und Raub bis zur italienischen Öffentlichkeit. Ans Licht kommen Fälle von Folter, gewaltsame Übergriffe auf die Bevölkerung und sogar gezielte Morde - geplant vom italienischen Kommandeur der einheimischen Polizei in Massaua, dem Leutnant der Königlichen Carabinieri [37], Dario Livraghi.[38] Zweck dieser Verbrechen, die als Polizeioperationen getarnt werden, ist offenbar der Wille Livraghis, sich durch Ausplünderung der Eritreer zu bereichern und sich den Besitz der getöteten einheimischen Führer anzueignen.

Sein Prozess findet starke Resonanz in den Informationsmedien, auch weil Livraghi - der zunächst in die Schweiz flieht - schließlich freigesprochen wird, zusammen mit seinen Komplizen. Dagegen werden die nicht zu verheimlichenden Gewalttaten den einheimischen Truppen angelastet. Der Prozess wirkt auf viele Kommentatoren wie manipuliert, sein Ende wird von den antikolonialistischen Kreisen mit Zorn zur Kenntnis genommen. Grundsätzlich wirft der „Livraghi-Skandal" ein ungünstiges Licht auf das Thema „Kolonien", auf verschiedenen Seiten wird auch über die Möglichkeit gesprochen, die Küstengebiete am Roten Meer wieder aufzugeben, die - statt der erhoffen wirtschaftlichen Vorteile - Unehre über die Streitkräfte bringen.

Der Export der „Zivilisation" beginnt nicht gerade unter den besten Vorzeichen.

2008, S. 95. Zu einem Überblick über die Auswirkungen des Imperialismus auf die populäre Kultur der westlichen Völker vgl. J. M. MacKenzie, „Imperialism and Popular Culture 1880-1960", Manchester 1986.

[37] Königliche Carabinieri / Carabinieri Reali: in die italienische Armee eingegliederte Polizei (in Friedenszeiten mit ähnlichen Aufgaben wie die Polizia di Stato / Staatspolizei). [Anm. d. Übers.]

[38] Zum „Livraghi-Skandal" vgl. I. Rosoni, „La Colonia Eritrea. La prima amministrazione coloniale italiana (1880-1912)", Macerata 2006, S. 150ff sowie A. Del Boca, „Gli italiani in Africa orientale, vol. I – dall'Unità alla Marcia su Roma", Mailand 1992, S. 435ff.

Wie verkaufe ich dir die Besetzung: II) „Das große Bankett"

Außer den moralischen Motiven begleiten allerdings auch andere die Öffnung eines Raums, der von Außenminister Pasquale Stanislao Mancini (1817-1888) im Abgeordnetenhaus als „im politischen Sinn italienisch" definiert wird.[39] Es geht immer darum, wirtschaftliche Aktivitäten zu entwickeln, die nicht allein die Aufwendungen decken, sondern dem Staat Gewinn bringen.

Die üppigen Geschäftschancen in Übersee locken viele und die Regierung ist überzeugt, sie könne angemessenen Schutz und Garantien für die Etablierung privater Unternehmen dort bieten - auch weil das in anderen Ländern entwickelte Kolonialsystem den Herrschenden Prosperität gebracht zu haben scheint. Reichtum und Macht Großbritanniens und Frankreichs scheinen zu bestätigen, dass Kolonien eine vorteilhafte Investition sind.

In Italien sind schon seit einiger Zeit Erzählungen von all dem Wunderbaren - vor allem in Afrika - in Umlauf, das viele reich machen könnte. Giuseppe Sapeto - der Ex-Missionar, der den Vertrag der Gesellschaft Rubattino über Assab unterzeichnet hat - schreibt bereits 1865 einen Essay „L'Italia e il Canale di Suez. Operetta popolare" / „Italien und der Suezkanal. Kurze volkstümliche Darstellung"[40] über die Vorteile des transkontinentalen Handels. Auf dem Titelseite des Werks - den Handelskammern des Königreichs Italien gewidmet - stellt Sapeto klar: „Das einzige Motiv, Euch dieses Bändchen zu widmen, werteste Herren, ist der größte Wunsch, den ich - wie auch Ihr - habe, nämlich unser Vaterland reich durch Handel werden zu lassen, blühend durch Industrie und mächtig durch Tugend."[41]

Reisende und Entdecker berichten während des ganzen 19. Jahrhunderts in Europa vom Exotismus geheimnisvoller Orte, die offenbar reich an Schätzen und an Rohstoffen - bereit zur Nutzung - sind. Die Überzeugung ist verbreitet, gerade Afrika sei ein „jungfräulicher" Kontinent, der erforscht und vor allem ausgebeutet werden müsse. Eine dynamische und moderne Unternehmerklasse kann sich nicht die Gelegenheit entgehen lassen, am Bankett teilzunehmen.

[39] www.storia.camera.it/regno/lavori/leg14/sed393.ppdf, S. 3.

[40] G. Sapeto, „L'Italia e il Canale di Suez. Operetta popolare", Genua 1865.

[41] Ebd., S. 3.

Allerdings ist Italiens Unternehmerschaft in den letzten beiden Jahrzehnten des 19. Jahrhunderts nicht annähernd vergleichbar mit ihrem englischen oder französischen Gegenpart. Chronischer Kapitalmangel setzt der geschäftlichen Expansion oft Grenzen, der italienische Markt ist deutlich weniger entwickelt als der anderer europäischer Länder und die staatlichen Strukturen, die anderswo wirtschaftliche Aktivitäten effizient unterstützen, existieren in Italien einfach nicht.

Gerade der Fall der Gesellschaft Rubattino ist aufschlussreich. Eine auf dem Papier überzeugende Idee wird für eine italienische Firma, die versucht, von internationalen Geschäften zu leben, letztlich zu einer Falle. Als einzige Lösung in Sichtweite erscheint massives staatliches Eingreifen. Viele glauben nur an einen „ersten Anstoß". Den Vorstellungen der Regierungen zufolge sollen die Kolonien nicht nur sich selbst finanzieren, sondern auch zum Wohlstand Italiens beitragen. Daher muss man Private dazu zu bringen zu investieren.

Es gibt aber eine objektive Tatsache, die nicht einmal der Wille der Regierung beiseite schieben kann. Assab - mit seinen wenigen Quadratkilometern Küste zwischen dem Roten Meer und der Wüste - ist alles andere als ein Überfluss verheißendes Paradies für Unternehmer. Kaum haben die Italiener ein erstes Stückchen Afrika erworben, müssen sie zur Kenntnis nehmen, dass das absolut keine Träume von Größe und Reichtum rechtfertigt.

Daher ist in der öffentlichen Erzählung von der ersten ärmlichen Kolonie Italiens immer nur von einem „Anfang" die Rede. Assab ist nicht einfach eine italische Exklave auf afrikanischem Boden - vielmehr wird von ihm als erstem Brückenkopf für die Eroberung des Kontinents erzählt. Was als friedliches Abenteuer angekündigt war, verwandelt sich in eine fieberhafte Militäroperation, um das gewonnene Territorium zu erweitern. Das Stück Küste unter italienischer Kontrolle wird militarisiert und zur Basis für offensive Vorstöße ins Landesinnere. Den Hafen in Betrieb zu halten kostet viel und bringt fast keinen Gewinn. Das wäre schon bei einem kurzen Blick auf die Bilanzen der Schifffahrtsgesellschaft Rubattino deutlich geworden. Wieder aus Assab weggehen kann man aus den bekannten Gründen des Prestiges nicht. Also - wie es in Hasardspielen öfter geschieht - entscheidet man sich nach einem ersten Misserfolg dazu, eine neue Summe zu setzen.

Von Assab nach Massaua. Von Massaua nach Asmara. Die „koloniale Premiere"

Assab fällt nach undurchsichtigen Verhandlungen zwischen privaten Unternehmern und lokalen Sultanen in die Hände der italienischen Regierung. Der Hafen von Massaua dagegen - als Handelsstützpunkt wesentlich reicher und begehrenswerter - gelangt dank einer günstigen internationalen Konstellation in die italienische Einflusssphäre.

Der nahe Sudan - formal unter ägyptischer Kontrolle - erlebt gerade eine offene Revolte und die Regierung in Kairo - angeblich unabhängig, tatsächlich aber gelenkt von Großbritannien - wird dadurch enorm geschwächt. In der Folge bleiben einige Häfen in ägyptischem Besitz am Roten Meer - darunter Massaua - auf riskante Weise sich selbst überlassen.

Das Risiko liegt darin, dass eine europäische Macht - gerade Frankreich - sich diese Häfen mit einem Handstreich aneignen könnte. Eben deshalb schlägt die englische Diplomatie Italien vor, seinen Machtbereich auszudehnen und nach dem Hafen von Assab auch den von Massaua zu besetzen.

Offensichtlich stellen die Italiener für die britische Regierung keine Gefahr dar. Im Gegenteil, sie können ähnlich wie die ägyptische Regierung nach Belieben benutzt werden - als Schachfiguren, nicht als eigenständige Akteure im großen Spiel des Zugriffs auf Afrika.

So kommt es, dass auf englische Aufforderung hin ein italienisches Militärkontingent sich 1885 der Hafenstadt Massaua bemächtigt - nach einer kurzen Phase gemeinsamer Herrschaft mit Ägypten. Die Italiener landen am 5. Februar 1885, die letzten ägyptischen Soldaten ziehen sich am 2. Dezember zurück

Da die Italiener nicht durch die Medien vorbereitet sind, erweist sich die plötzliche Besetzung Massauas als schwer zu verstehen:

„Warum ist Italien nach Massaua gegangen? Wir tun nicht so, als ob wir es wüssten, und vielen anderen dürfte es so gehen wie uns. Der eine oder andere wagt sogar zu behaupten, dass vielleicht nicht einmal die Regierung, die diese Expedition veranlasst hat, es weiß", heißt es im Juli 1885 ironisch in einem Leitartikel[42] des „Corriere della Sera"[43] . Aber die Rechtfertigung der Regierung klingt jetzt eindeutig

[42] «Perché l'Italia è andata a Massaua», Corriere della Sera, 20./21. Juli 1885.

[43] Corriere della Sera: bis heute existierende überregionale „bürgerliche" Tageszeitung. [Anm. d. Übers.]

imperialistisch: Assab ist als die einzige Kolonie Italiens nicht haltbar, dafür ist es zu klein und zu gering besiedelt.

Eine Ergänzung durch Massaua könnte nicht nur die italienische Präsenz in der Region stärken, sondern auch wirtschaftliche Vorteile sichern. Und diese Region wird immer öfter als begehrenswert und vor allem als „verfügbar" beschrieben.

In Wirklichkeit kann auch der Besitz von Massaua keinen wirtschaftlichen Gewinn garantieren - aus den selben Gründen, die die Entwicklung von Assab blockieren. Der Handel ist zu gering, die Konkurrenz der anderen europäischen Stützpunkte in der Region zu stark.

Diese Besetzung von Gebieten ist nur zu rechtfertigen, wenn man sie nicht so sehr als Stützpunkte für den internationalen Handel sieht, sondern als Häfen für das reiche Landesinnere. Die äthiopische Hochebene - Zentrum eines unabhängigen multiethnischen Reichs, das der weltweiten Öffentlichkeit damals fast unbekannt ist - stellt den möglichen Ausgangspunkt einer weiteren italienischen Expansion dar. Es handelt sich demnach um ein von europäischen Hypotheken „freies" und unendliches Land, das als sehr reich vorgestellt wird.

Die italienische Expansion nach 1885 wird der öffentlichen Meinung großenteils erklärt als Unternehmen zur Konsolidierung bereits erreichter Positionen, zur rationaleren Organisation des Kolonialbesitzes und zum Schutz noch zu gewinnender Interessengebiete. Deswegen wird Asmara besetzt, die Stadt im Hinterland Massauas.

Aus dem selben Grund werden kleine Forts an der Straße zur Hochebene errichtet, weshalb es zu immer heftigeren Zusammenstößen mit lokalen Widerstandsgruppen kommt. In einer Art Teufelskreis werden immer mehr Gelder und Energien aufgewandt - in der Hoffnung, Italiens „afrikanischen Traum" zu verwirklichen. Es ist ein Traum, der immer deutlicher imperialistische Züge annimmt: mit einem Königlichen Dekret [44] vom 1. Januar 1890[45] werden die Besitztümer, die Italien durch seine anhaltenden Versuche der „Erosion" angrenzender Territorien gewonnen hat, zu einer einzigen Kolonie zusammengefasst, die den Namen „Eritrea" erhält[46].

[44] Königliches Gesetzesdekret / Regio decreto-legge: Rechtsverordnung, von der Regierung beschlossen und vom König bestätigt. [Anm. d. Übers.]

[45] Königliches Dekret Nr. 6592 vom 1. Januar 1890 *Regio Decreto che organizza una amministrazione civile nella colonia Eritrea*, in: G. U. Nr. 4 vom 7. 1. 1890.

[46] Dieser Name bezieht sich auf den Namen, den die antiken Griechen dem Indischen Ozean und dem Roten Meer gaben: „Eritreisches Meer".

2.

Ankunft
Koloniale Großtuerei: zu jeder Eroberung die passende Lüge

Weißt du, wo die Erde mehr Blumen blühen lässt?
Weißt du, wo die Sonne magischer lächelt?
Über dem Meer, das uns mit dem goldenen Afrika verbindet,
Weist uns Italiens Stern den Weg zu einem Schatz,
Weist uns den Weg zu einem Schatz!

Giovanni Corvetto, Colombino Arona
„Nach Tripolis! / A Tripoli!"
(1911)[47]

Die Anfänge von Italiens kolonialem Abenteuer wirken eher zufällig. Sie ergeben sich weniger aus politischem Kalkül als aus dem unerwarteten Zustandekommen günstiger Bedingungen für eine Eroberung. Die Formulierung wirtschaftlicher und politischer Motive, um den überseeischen Unternehmungen dann weiteren Schwung zu verleihen, lässt sich dagegen dem Willen der Regierungen - und der kulturell oder wirtschaftlich am Kolonialismus interessierten Eliten - zuschreiben, das Land zuverlässig auf imperialistischem Kurs zu halten.

In diesem Kapitel werden die Erzählungen in den Mittelpunkt rücken, die das langjährige massive Engagement für Sicherung und Erweiterung der italienischen Besitztümer in Übersee vor der einheimischen Öffentlichkeit rechtfertigen sollten.

Vom „blühenden Eritrea" nach Abessinien[48] - zur (gescheiterten) Eroberung eines Landes von Wilden

Die Etablierung der Kolonie Eritrea und der Übergang zur direkten Herrschaft durch Schaffung einer ad hoc-Bürokratie sind nicht der

[47] Giovanni Corvetto: italienischer Politiker (Rechtsliberaler) und hoher Militär (1830-1898) / Colombino Arona: italienischer Musiker (1871-1952). [Anm. d. Übers.]

[48] Abessinien (italienisch: Abissinia): vor allem im 20. Jahrhundert verbreitete Bezeichnung für Äthiopien, teilweise als herabsetzend empfunden. [Anm. d. Übers.]

Endpunkt der italienischen Kolonialpolitik, sie werden vielmehr - ein bisschen paradox - zu einem neuen Startpunkt.

Die formelle Regelung sollte mehr Stabilität bringen. In Wirklichkeit bleiben aber die westlichen Grenzen der italienischen Besitztümer absichtlich unbestimmt. Die italienischen Behörden stellen zum einen klar, welche Ansiedlungen unter ihrer direkten Kontrolle stehen. Sie beginnen auch, direkte Herrschaft durch Rechtsprechung und erste Ansätze einer Besteuerung der Bevölkerung auszuüben. Sie wollen aber nicht offiziell festlegen, wo ihre Ansprüche in Richtung des äthiopischen Hochlands enden.

Ab 1890 folgen ständige Grenzkonflikte mit den Bevölkerungen, die sich im Landesinneren der Invasion widersetzen oder die einfach den einheimischen Herrschern treu bleiben. Das koloniale Spiel Italiens hat schon die nächste Etappe der Expansion im Blick: das äthiopische Reich. Das letzte freie Land des afrikanischen Kontinents ist ein äußerst ausgedehntes Territorium, bewohnt von zahlreichen Ethnien, die einander oft bekämpfen.

Blockiert werden die italienischen Träume von Ruhm auch vom Lauf der Geschichte. Die Zeit expansionistischer Versuchung fällt zusammen mit dem Moment, wo die zentrale Macht in Äthiopien - nach Jahrzehnten innenpolitischer Konflikte - sich in den Händen einer der größten politischen Persönlichkeiten Afrikas im 19. Jahrhundert konzentriert - in den Händen des Kaisers[49] Menelik II.[50]

Der Wille Italiens, sich die üppigsten der noch verfügbaren Leckereien auf dem „afrikanischen Bankett" anzueignen, verändert unaufhaltsam den Charakter der Kolonie Eritrea - sie wird zu einem Vorposten, wo die Macht von Militärs ausgeübt wird und wo Rechtssystem, Infrastrukturen und Gesellschaftspolitik der Aggressionsstrategie gegen Äthiopien untergeordnet werden.[51] Die ersten Gouverneure der Kolonie sind Militärs, ebenso die große Mehrzahl des übrigen Personals, das zwischen 1890 und 1896 in dem Gebiet eintrifft.

Eine erste Heranziehung von Bewohnern durch die Besatzer erfolgt mit der Rekrutierung einheimischer Soldaten für Unterstützungsaufgaben. Schon 1885 machen sich die ersten hundert irregulären erit-

[49] Der Titel lautet auf Amharisch - eine der am weitesten verbreiteten Sprachen auf der äthiopischen Hochebene - „Nəguśä Nägäśt", wörtlich „König der Könige".

[50] Ein Überblick über das Leben Meneliks II.: H. G. Marcus, „Life and Times of Menelik II: Ethiopia 1844-1913", Trenton 1994 (Erstausgabe 1975).

[51] Vgl. G. P. Calchi Novati, „L'Africa d'Italia", a. a. O., S. 149ff.

reischen Soldaten bei der Besetzung von Massaua nützlich.[52] Vor Ort angeworbene Einheiten kämpfen neben - oder anstelle von - Italienern bei vielen Zusammenstößen an den Grenzen.

1891 - kaum ein Jahr nach Einsetzung der Kolonialregierung - wird offiziell das „Regio corpo truppe coloniali d'Eritrea / Königliches Korps der Kolonialtruppen Eritreas" geschaffen. [53] In der Tat sind die einzigen „lokalen Ressourcen", die die Besatzer offenbar erfolgreich nutzen, die militärischen Fähigkeiten der Besetzten. Diese Truppen werden Àscari[54] genannt - ein Wort, das im Lauf der Zeit (mit negativem Anklang) in die italienische Sprache eingeht. Für fast die gesamte koloniale Epoche werden in der nationalen Erzählung Italiens die Àscari als einzige Akteure aus der Bevölkerung der Kolonien geduldet.

Diese Truppen werden auf verschiedenen Kriegsschauplätzen des afrikanischen Kontinents „verbraucht". Man zeigt sie gleichsam als Kuriosität auf den Paraden des liberalen und des faschistischen Italien. Mit ihren ungewöhnlichen Uniformen verkörpern sie die Faszination des Exotischen und - oft mit infamer Rhetorik - der entfesselten Gewalt.

In einer Mischung aus Unterschätzung des Feindes und mangelnder organisatorischer Vorbereitung setzt die Regierung weiter auf eine aggressive und mitunter offen verächtliche Politik gegenüber dem äthiopischen Nachbarn, der als „nicht auf der Höhe" der Herausforderung durch die Italiener gesehen wird.

1889 - gerade erst hat man in Eritrea einen Gouverneur eingesetzt - wird dem Kaiserreich Äthiopien ein Freundschafts- und Handelsvertrag vorgeschlagen. Unterzeichnet wird er in dem äthiopischen Ort Uccialli (Wichale). Tatsächlich ist der Text des „Vertrags von Uccialli" ein ziemlich plumper Versuch, den neu ins Amt gelangten Kaiser Menelik II. zu hintergehen. Die Regierung in Addis Abeba[55] soll ein italienisches Protektorat über die gesamte äthiopische Region akzeptieren - ein befremdliches Vorhaben.

[52] Zur Geschichte des Einsatzes von Kolonialisierten in der italienischen Armee vgl. D. Quirico, „Lo squadrone bianco. Storia delle truppe coloniali italiane", Mailand 2003

[53] Eine kurze unter dem ikonografischen Aspekt wichtige Einführung in das Thema bietet der Sammelband „Ascari d'Eritrea. Volontari eritrei nelle Forze armate italiane. 1889-1941. Catalogo della mostra", Florenz 2005.

[54] Singular: „àscaro" oder auch „àscari" (nach dem arabischen Wort „'askarī" / „Soldat").

[55] Addis Abeba ist erst kurz zuvor Hauptstadt Äthiopiens geworden.

Der Text wird in den Sprachen beider Vertragsparteien - Italienisch und Amharisch - verfasst. Aber die beiden Versionen unterscheiden sich in einem zentralen Punkt. In Artikel 17 des Vertrags heißt es in der italienischen Version: „Seine Majestät der König der Könige Äthiopiens stimmt zu (consente), die Regierung Seiner Majestät des Königs von Italien für alle Verhandlungen in Anspruch zu nehmen, die er mit anderen Mächten oder Regierungen aufnehmen wird“.[56]

Menelik II. stimmt also nach Auffassung der Italiener zu, sich in der Außenpolitik von Italien vertreten zu lassen. In der amharischen Version jedoch bedeutet das Verb, für das im Italienischen „consente / er stimmt zu“ steht, einfach „er kann“. Äthiopiens Kaiser stellt sich vor, unter Umständen die italienische Diplomatie als Vermittlerin zu nutzen. Ein einziges fragwürdig übersetztes Wort soll der italienischem Regierung das Recht geben, auf internationaler Bühne im Namen Äthiopiens zu sprechen. Es ist der Versuch, ein Land zu betrügen, das man offensichtlich für zu zurückgeblieben und für diplomatisch zu inkompetent hält, um solche sprachlichen Nuancen zu durchschauen.

Als Menelik II. klar wird, wie in den europäischen Staatskanzleien über den Vertrag gesprochen wird, geht er sofort auf Distanz und hebt die volle Unabhängigkeit seines Reichs hervor. Am 24. August 1890 schreibt der Kaiser nicht nur an Italiens König Umberto I., um die Revision des italienischen Vertragstextes zu verlangen, sondern auch an andere europäische Staatsoberhäupter wie Königin Victoria von England, um den italienischen Anspruch öffentlich zurückzuweisen.[57] Die Hoffnung, die „abessinischen Wilden“ zu täuschen, zerbricht kläglich, die Affäre bietet Menelik II. sogar eine internationale Bühne, um sich als stark und unabhängig darzustellen.

Eritrea - Kolonie vom Typ „Kaserne“ - lebt für weitere fünf Jahre im Alarmzustand, mit ständigen Zusammenstößen an der Grenze. Sobald Nachrichten davon nach Italien gelangen, werden die Konflikte in der dortigen Presse als unbedeutende Scharmützel oder als Missverständnisse abgetan. Aber sie sind Teil eines wirklichen Guerillakriegs, an dem Italien in erster Linie mit „einheimischen“ Truppen beteiligt ist. Der Einsatz italienischer Soldaten dagegen ist riskant - eine Niederlage ließe sich kaum vertuschen. Weiße Tote - Offiziere oder Soldaten - haben Familien in Italien, die auf sie warten, ihre Tötung

[56] „Trattato di amicizia e commercio tra il Regno d'Italia e l'Impero d'Etiopia“, Uccialli, 2 maggio 1889, in: T. Scovazzi, „Assab, Massaua, Uccialli, Adua“, a. a. O., S. 120.

[57] Ebd., S. 138ff.

muss mit offiziellen Untersuchungen und Berichten analysiert und gerechtfertigt werden. Der Tod von Eritreern im Dienst der Königlichen Armee Italiens dagegen ist keine Nachricht wert.

So werden den 500 (in Wirklichkeit 430) italienischen Toten der Schlacht von Dògali am 26. Januar 1887 etliche Straßen und Plätze gewidmet, darunter die „Piazza dei Cinquecento / Platz der Fünhundert" vor der Stazione Termini[58] in Rom.[59] Für die Tausende Soldaten der Kolonialtruppen - oder der Truppen von Verbündeten -, die unter der italienischen Fahne gestorben sind, wird kein derartiger Monumentalismus aufgeboten.

Über die anhaltenden Spannungen wird im Heimatland nicht berichtet. Es herrscht die Vorstellung, am Roten Meer arbeite man am Aufbau einer „Modellkolonie", mit einigen Unannehmlichkeiten an der westlichen Grenze - verschuldet durch die Streitsucht der primitiven äthiopischen Nachbarn, mit denen man am besten ein für alle Mal abrechnen sollte.

Aus diesem Grund reagiert man in Italien oft ungläubig, als am 3. März 1896 die ersten Nachrichten über einen Zusammenstoß zwei Tage zuvor zwischen italienischen Soldaten - die versuchen, auf das äthiopische Hochland vorzudringen - und der Armee Meneliks eintreffen. Die „Schlacht von Abba Carima" (erst später wird sie „Schlacht von Adua" genannt) lässt die Zeitungen nicht zur Ruhe kommen - und das Stückchen Land am Roten Meer, das von den Italienern besetzt ist, findet auf einmal öffentliche Aufmerksamkeit. Bis dahin spielten die eritreischen Angelegenheiten keine große Rolle in der öffentlichen Debatte, nur außenpolitische Zirkel beschäftigten sich mit ihnen. Jetzt dagegen drucken die Zeitungen Karten von der eritreisch-äthiopischen Grenze auf Seite Eins, sie versuchen, die Leser mit den Orten vertraut zu machen, wo so viele italienische Soldaten gestorben sind. Der Zusammenstoß zwischen 17 000 Soldaten des italienischen Heeres - davon 10 000 Italiener - und dem über 100 000 Mann starken Heer des Negus endet in einem Massaker.

[58] Hauptbahnhof. [Anm. d. Übers.]

[59] Dògali ist das erste echte militärische Desaster Italiens als Kolonialmacht. Übertroffen wird es dann - nach Zahl der Toten und Resonanz in der Presse - von dem Desaster in Adua 1896. Dògali hielt sich in Italien lange als Thema in persönlichen und literarischen Erinnerungen - bis heute. Das Eintreffen der Nachrichten von dieser Niederlage in Rom steht etwa am Anfang des Romans „La linea del colore. Il gran tour di Lafanu Brown" von Igiaba Scego (Mailand 2020).

„In der Schlacht wurden 289 Offiziere sowie etwa 4600 Unteroffiziere und Soldaten und 1000 Askari getötet. Etwa 1000 Eritreer und 1900 Italiener fielen in die Hände des Feindes".[60]

Francesco Crispi[61] - Exponent der Historischen Linken und Ministerpräsident - hatte hervorgehoben, aus der Eroberung Äthiopiens könne d e r "qualitative Sprung" werden, um Italien als Großmacht zu etablieren. Der Stopp des Feldzugs, der zuerst als „Niederlage" bezeichnet wurde und dann als „Katastrophe" - als nach und nach die Zahlen der Toten, Verwundeten und Vermissten bekannt wurden -, bringt stattdessen das Ende der Regierung Crispi und auch der italienischen Hoffnungen in Afrika. Vor allem führt dieses Geschehen zum Entstehen eines massiven Minderwertigkeitskomplexes gegenüber den übrigen Akteuren des internationalen Imperialismus.[62]

In Italien gewinnt die vielgestaltige antikoloniale Bewegung an Bedeutung, die von Sozialisten - als Anhängern eines pazifistischen und egalitären Internationalismus [63] - bis zu Kreisen des mittleren und höheren liberalen Bürgertums reicht, die im Kolonialreich eine sinnlose Vergeudung von Ressourcen sehen. Nach Adua überwiegt in der sich formierenden öffentlichen Meinung des Landes die Vorstellung, koloniale Expansion sei ein Fehler. Beschuldigten zuvor die prokolonialistischen Regierungen noch Kritiker des Kolonialismus einer „Sympathie für Barbaren" [64], so folgt jetzt brutale Ernüchterung wegen eines Abenteuers, das viele bereits als gescheitert ansehen.

[60] I. Rosoni, „La Colonia Eritrea. La prima amministrazione coloniale italiana (1880-1912)", Macerata 2006, S. 166.

[61]Francesco Crispi: führender italienischer Politiker in der zweiten Hälfte des 19. Jahrhunderts, Linksliberaler [Anm. d. Übers.]

[62] Es ist ein Minderwertigkeitsgefühl, das auch im Ausland bemerkt wird. Lenin spricht in seinem Werk „Der Imperialismus als höchstes Stadium des Kapitalismus" 1916 mit Blick auf Italien von „Lumpenkolonialismus". Diese Definition wird den italienischen Imperialismus in seiner ganzen Geschichte begleiten. Vgl. u. a. L. Ricci in: „La lingua dell'Impero. Comunicazione, letteratura e propaganda nell'età del colonialismo italiano", Rom 2005, S. 10.

[63] Zur Ablehnung des Kolonialismus als militärischer Aggression gehört das interessante Phänomen des Pazifismus von Frauen in Italien, der gleichermaßen antikolonial und antimilitaristisch war. Vgl. M. Scriboni, „Abbasso la guerra! Voci di donne da Adua al primo conflitto mondiale (1896-1915)", Pisa 2008.

[64] Vgl. R. Rainero, „L'anticolonialismo italiano da Assab ad Adua", Mailand 1971, S. 17.

Wegen Adua muss Eritrea - das über ein Jahrzehnt lang als „Vorposten" gegen Äthiopien dargestellt wurde - eine neue Funktion übernehmen. Das „Tor" zum Imperium wird vor den italienischen Kolonialisten rüde zugeschlagen. Der Sinn des Besitzes jenes Landstreifens am Roten Meer muss völlig neu erfunden werden.

„Jungfräulich und fruchtbar": die erste „Siedlungskolonie"

Das gewaltsame Aus für die Begehrlichkeiten in Richtung des äthiopischen Reichs zwingt die italienische Regierung, die Bedeutung der Kolonie Eritrea für die (nationalen und internationalen) Kräfteverhältnisse grundlegend zu überdenken. Kostspielig zu unterhalten und unbestreitbar wenig produktiv, nicht als natürliche „Drehscheibe" für die vermuteten Reichtümer Äthiopiens geeignet, wird Eritrea in den letzten Jahren des 19. Jahrhunderts Mittelpunkt einer Propagandakampagne, die aus ihm eine „Siedlungskolonie" machen will.

Nach dem Vorbild Frankreichs in Algerien herrscht die Vorstellung, man könne das Besitztum am Roten Meer als eine Art Überdruckventil für die Millionen Menschen nutzen, die jedes Jahr aus Italien auswandern. Das Thema ist schon länger in der Diskussion. 1890 wird der Abgeordnete Leopoldo Franchetti von Ministerpräsident Crispi mit dem Auftrag, die Entwicklungschancen der Kolonie zu studieren, dorthin geschickt. Sein Bericht nach der Rückkehr[65] hebt das agrarische Potential des Territoriums hervor, vor allem - wahrscheinlich übertrieben - die Fruchtbarkeit des Bodens.

Tatsächlich aber finden sich die von Franchetti beschriebenen Potentiale überwiegend in Gebieten - nämlich den Ausläufern der äthiopischen Hochebene -, die die Italiener nicht wirklich kontrollieren und deretwegen es ständig Streit mit dem äthiopischen Nachbarn gibt.

Nach 1896 führt die Notwendigkeit, dem kolonialen Abenteuer einen ökonomischen Sinn zu verleihen, zu einer entschiedenen Schwerpunktsetzung in der Landwirtschaft - nach Afrika sollen „Kolonisten exportiert" werden. Aber die Ergebnisse sind weiterhin ernüchternd. Das Problem: trotz der Rekrutierungskampagnen und der anhaltenden medialen Propaganda, die den Italienern die Idee eines agrarischen „Edens" am Roten Meer verkaufen will, suchen Millionen Emigranten ihr Glück lieber an Zielen, die fester in ihrer Vorstellungswelt verankert sind.

[65] L. Franchetti, „Sulla colonizzazione agricola dell'altipiano etiopico. Memoria dell'onorevole Franchetti deputato al Parlamento italiano". Rom 1890.

Während die italienischen Regierungen sich noch abmühen, die Kolonie als gleichrangige Alternative zur transatlantischen Migration darzustellen, nehmen Nord- und Südamerika Hunderttausende Italiener auf.

Zwischen 1891 und 1900 wandern 283 000 Personen aus Italien aus. Im folgenden Jahrzehnt sind es sogar 603 000.[66] Von diesen entscheiden sich nur wenige hundert für das „jungfräuliche, fruchtbare" Eritrea - und von den wenigen kehren etliche schon bald in die Heimat zurück. Die Kolonie wird auch nicht zum Ziel für umtriebige Unternehmer oder Abenteurer. Nach der Zählung von 1899 leben insgesamt 1741 Europäer - ohne Militärpersonal - in Eritrea: Italiener, aber auch Österreicher, Franzosen, Griechen und Schweden. Die Gesamtzahl der Einwohner der Kolonie beträgt 330 000.[67]

Das sind Daten, die nicht den Vorstellungen von einer Siedlungskolonie entsprechen. Und doch wird Eritrea in der Publizistik als solche dargestellt und von den Gouverneuren entsprechend regiert. Um die industrielle Landwirtschaft zu fördern, beginnen die italienischen Besatzer eine umfangreiche Neuordnung des Territoriums. Sie beschlagnahmen Boden und anderes Vermögen der Dörfer, die des Aufruhrs oder der Zusammenarbeit mit dem äthiopischen Nachbarn beschuldigt werden. Vor allem aber erklären sie weite Gebiete erst zu „Niemandsland" und dann zu italienischem Staatsbesitz (der zum Verkauf steht).

Schon zwischen 1893 und 1895 beschlagnahmt die italienische Verwaltung mit mehreren Dekreten 400 000 Hektar landwirtschaftliche Fläche.[68] Weitere werden folgen. Es handelt sich überwiegend um Ländereien für die Weidewirtschaft und die Existenzsicherung der nomadischen und halbnomadischen Bevölkerung, die sich von den Weiden, die seit tausend Jahren in ihrem Besitz sind, vertrieben sehen - zugunsten einiger Agrarunternehmen, die auf extensive Bewirtschaftung setzen und vom Kolonialstaat subventioniert werden.

Dieser Druck verändert im Lauf das Jahre den Charakter der Kolonie, er nimmt Tausenden von Einwohnern elementare Möglichkeiten der Existenzsicherung und zerstört das Gleichgewicht der eritreischen Subsistenzökonomie. Einer der Gründe, weshalb Eritrea allmählich

[66] Nach: statistiche storiche, www.istat.it.

[67] Vgl. I. Rosoni, „La Colonia Eritrea. La prima amministrazione coloniale italiana (1880-1912)", a. a. O., S. 103.

[68] Ebd., S. 98

zu einer Rekrutierungszone für die italienische Kolonialarmee wird, ist, dass es für die einheimische Bevölkerung keine anderen Möglichkeiten des Überlebens gibt, als ihre jungen Männer zum Militärdienst zu schicken.

Trotz der Bemühungen (besonders nach 1896), Eritrea irgendwie nützlich und gewinnbringend werden zu lassen, bleibt der Haushalt der Kolonie für die gesamte Zeit der italienischen Besetzung defizitär.

Es gibt keine nennenswerten Aktivitäten, die man besteuern könnte, eine industrielle Agrarproduktion kommt allenfalls mit massiver öffentlicher Förderung in Gang und auch die protektionistische Politik, die schon Ende des 19. Jahrhunderts einsetzt, bringt keine wettbewerbsfähige einheimische Produktion zustande.

Ersichtlich ohne eine genaue Zielbestimmung, ohne Vorzüge oder größere Entwicklungschancen bleibt Eritrea - das im Lauf der Zeit mit einer Antonomasie[69] als die „Erstlingskolonie" bezeichnet wird - ein „Loch" im italienischen Staatshaushalt und eine vertane Chance an der „Front der Zivilisierung".

Somalia: unbekanntes Land

Während die Besitztümer am Roten Meer noch mit Anfangsschwierigkeiten zu tun haben und sie bei den Italienern für mehr Kopfzerbrechen als Zufriedenheit sorgen, richtet die Regierung - bei ihrem kolonialen Abenteuer wieder gedrängt und unterstützt von Großbritannien - ihr Interesse schon auf andere Ziele. Am 8. Februar 1889 wird ein Vertrag unterzeichnet, der ein italienische Protektorat über das Sultanat Obbia (Hobyaa) anerkennt, eine staatliche Formation an der Küste des Indischen Ozeans.

Am 7. April desselben Jahres wird ein vergleichbarer Vertrag mit dem Sultanat Midschurtinia[70] unterzeichnet, das einen Küstenstreifen am Horn von Afrika zwischen Rotem Meer und Indischem Ozean kontrolliert. Auch in diesem Fall - wie beim eritreischen Abenteuer - handelt es sich um eine Art „Subkolonialismus" oder Kolonialismus „im Auftrag" (der britischen Herrschaft). Italien wird immer mehr zu einer Schachfigur im eigentlichen imperialen Spiel zwischen Frankreich und Großbritannien.

[69] Antonomasie: ein Eigenname wird durch eine Umschreibung ersetzt. [Anm. d. Übers.]

[70] Midschurtinia: italienisch „Migiurtinia", somali „Majeerteeniya" - Sultanat in Nordsomalia (bis 1924). [Anm. d. Übers.]

Das Fadenscheinige des Projekts ist auch für das breite Publikum erkennbar: Italien kommt nach Somalia, weil es der Regierung Seiner britischen Majestät so gefällt. Diese untergeordnete Stellung wird von den diplomatischen Kreisen Italiens immerhin als nützliche Gelegenheit gesehen, sich in die Salons „der Diplomatie, die zählt", einzuschmuggeln - auch wenn das Foreign Office[71] sich gegenüber Italien (mit bilateralen Verträgen und „Sondergenehmigungen" zu kolonialer Eroberung) bestimmt nicht wie „unter Gleichen" verhält.

Das bedeutet dennoch kein Problem für die italienische Regierung, die von einer günstigen Konstellation profitiert, um ihre (vorgebliche) Kontrolle auf fast tausend Kilometer Küste an Indischem Ozean und Rotem Meer auszudehnen.

Die Protektoratsverträge werden von Besatzern und Besetzten recht unterschiedlich aufgefasst. Während das italienische Außenministerium die Protektorate als ausschließliche eigene Interessensphäre betrachtet, verstehen die lokalen Sultanate das Protektorat als eine Form von Schutz und vor allem von Legitimation gegen Machthaber in der Nachbarschaft. Insbesondere geht es ihnen darum, sich einen europäischen Alliierten für Streitigkeiten - zum Beispiel - mit der Regionalmacht Äthiopien zu sichern.

All das verändert die aber Lage kaum. Das tatsächliche italienische Engagement in jenen Gebieten nach 1889 soll möglichst noch geringer bleiben als das in Eritrea. Die kommerzielle Durchdringung der neuen Besitztümer wird privaten Firmen überlassen. 1893 vertraut man den Fortschritt von Landwirtschaft, Handel und Besiedlung in den gerade erworbenen Territorien Vincenzo Filonardi (1853-1916) an, einem Militär, Politiker, aber auch „kommerziellen Akteur"[72] mit Interessen im nicht weit entfernten Sansibar.

Es geht um einen Rückzug des Staates - angesichts der schon beträchtlichen Schwierigkeiten bei der Kolonialisierung Eritreas. Filonardis Firma werden 300 000 Lire jährlich als Subvention gewährt, er selbst wird als ziviler und militärischer „Bevollmächtigter" eingesetzt. Drei Jahre später - nachdem der Vertrag kaum etwas gebracht hat - vertraut man die Verwaltung der Kolonie einer anderen, eigens gegründeten Firma an: der Società Anonima Italiana del Benadir (Ita-

[71] Foreign Office: britisches Außenministerium (seit 1782). [Anm. d. Übers.]

[72] N. Labanca, „Oltremare", a. a. O., S. 89.

lienische Aktiengesellschaft des Benadir)[73]. Am 15. April 1896 übernimmt sie den Auftrag - und die Schulden - Filonardis.

Dieser private Vertrag wird bei der Erneuerung des staatlichen Auftrags 1899 durch ein Gesetz[74] bestätigt. Dort werden auch die Eigentümer der Aktiengesellschaft genannt: Silvio Benigno Crespi (1868-1944) - einer der reichsten und aktivsten Unternehmer der italienischen Baumwollindustrie -, Giorgio Mylius (1870-1935) - ebenfalls ein reicher Baumwollindustrieller - und Angelo Carminati (1856-1934), ein Unternehmer mit Interessen in Branchen von der Chemie bis zur Produktion von Stoffen.[75]

In dem Gesetz, das den Vertrag erneuert, wird die Società Anonima del Benadir verpflichtet,

„für den zivilen und wirtschaftlichen Fortschritt der Kolonie zu sorgen und darüber im Detail gegenüber der italienischen Regierung - die stets das Recht zur Überwachung des Handelns der Aktiengesellschaft besitzt - Rechenschaft abzulegen. Die Aktiengesellschaft hat darüber hinaus in bestmöglicher Weise das wirtschaftliche Leben in den ihr überlassenen Gebieten zu fördern und kann zu diesem Zweck alle Maßnahmen ergreifen, die sie für notwendig hält".[76]

Im Gegenzug

„wird die Regierung der Gesellschaft vom 10. Mai 1898 bis zum 30. April 1910 die jährliche Summe von 400 000 Goldfranken[77] zahlen und vom 1. Mai 1910 bis zum 16. Juli 1946 350 000 Goldfranken jährlich - sei es für den Unterhalt der vorhandenen Stützpunkte, sei es für jene, die die Gesellschaft in der Folgezeit noch gründen will".[78]

Eine hübsche Summe Geld, in begehrter Währung - nach den Vorstellungen der Regierung ausreichend, um einen „informellen Imperi-

[73] Benadir (auch Banaadir): Region Somalias um Mogadischu, Zentrum der Interessen dieser Gesellschaft. [Anm. d. Übers.]

[74] Gesetz Nr. 466 vom 31. Dezember 1899 „Che approva la Convenzione relativa alla concessione, da parte del R. Governo, alla Società Anonima commerciale italiana del Benadir (Somalia italiana) delle città e dei territori del Benadir e del rispettivo ‚hinterland'", in: G. U. Nr. 304 dd 31-12-1899.

[75] Vgl. www.treccani.it.

[76] Gesetz Nr. 466 vom 31. Dezember 1899, Art. 1.

[77] Goldfranken / franc-or: französisches offizielles Zahlungsmittel seit 1803, bis Anfang des 20. Jahrhunderts auch international verbreitet. [Anm. d. Übers.]

[78] Gesetz Nr. 466 vom 31. Dezember 1899, Art. 2.

alismus" zu etablieren, wie es Großbritannien bis 1857 mit der Ostindien-Kompanie[79] gelungen war.

In Artikel 4 legt das Gesetz weiter fest:

„die Regierung wird mit der Aktiengesellschaft zusammenwirken und ihr regelmäßig die den Sultanen von Obbia und Alula jährlich geschuldeten Summen zukommen lassen - 3600 Maria-Theresien-Taler[80]. Dies wird der Fall sein, solange die Regierung gegenüber den genannten Sultanen eine derartige Verpflichtung besitzt."[81]

Es wird also deutlich gemacht, was den beteiligten Politikern in Italien und im Ausland schon bekannt ist: das Protektorat über die somalischen Gebiete bedeutet keine Herrschaft, die von den lokalen Sultanen durch Unterwerfung akzeptiert wird. Die Italiener bezahlen „mit barer Münze" für die Möglichkeit, die Region wirtschaftlich zu durchdringen. Im Gegenzug sichern sich die somalischen Herrscher den Schutz eines technologisch fortgeschrittenen und militärisch aufgerüsteten Staates, der bereits offene Rechnungen mit ihrem gefährlichsten Nachbarn hat, mit dem äthiopischen Reich.

Auch wenn in den europäischen Staatskanzleien und in der öffentlichen Meinung Italiens solche Verträge als eine Form von direktem Einfluss dargestellt werden - die somalischen Sultane sehen in ihnen nicht mehr als Handels- und Bündnisverträge, für die Italien noch dazu bezahlt. Es ist eine Sorte von Abkommen, die zwischen weißen und außereuropäischen Mächten damals nicht selten ist. Es folgt gewöhnlich massive wirtschaftliche Intervention. Diesen Verträgen liegt die Idee zugrunde, dass schon nach kurzer Zeit die aus den Protektoraten stammenden Gewinne den Tribut, der den lokalen Machthabern überreicht wird, bei Weitem übersteigen.

Leider aber bringt die wirtschaftliche Durchdringung der Regionen des Horns von Afrika den italienischen Regierungen nicht die erhofften Ergebnisse: der Società di Benadir gelingt es nicht, eine nennens-

[79] Britische Ostindien-Kompanie / British East India Company (1600 bis 1874): britisches Unternehmen, das wirtschaftliche und auch politische Kontrolle über weite Teile Indiens ausübte. 1858 vom britischen Staat entmachtet. [Anm. d. Übers.]

[80] Silberwährung, die vor allem im 18. und 19. Jahrhundert im Welthandel - und besonders auf dem afrikanischen Kontinent - verbreitet ist. Auch Italien beginnt 1890 mit der Prägung dieser Münzen (mit dem Bild der italienischen Könige) für die Nutzung in der Kolonie Eritrea. Sie werden 1936 durch die „Lira dell'Africa Orientale Italiana / Lira des Italienischen Ostfarika" ersetzt.

[81] Gesetz Nr. 466 vom 31. Dezember 1899, Art. 4.

werte wirtschaftliche Aktivität zu entfalten. Die beteiligten Unternehmer - interessiert vor allem an der landwirtschaftlichen Ausbeutung der Region - leisten nichts Bedeutendes, auch wenn sie gegenüber der Bevölkerung herrisch auftreten und sogar blutige Revolten auslösen.

Die zur Verfügung stehenden Mittel sind gering und werden schlecht genutzt, so dass man von einem „Lumpenkolonialismus" sprechen kann[82]. Neunzig Prozent des Budgets der Aktiengesellschaft entfallen auf Militärausgaben, um ein Minimum an Kontrolle und Sicherheit für die Italiener zu garantieren[83]. Das Abenteuer der Baumwollunternehmer in Somalia endet in einem Desaster, die Konzession wird 1903 widerrufen, massive Anschuldigungen wegen Veruntreuung von Finanzmitteln und sogar wegen Sklaverei richten sich gegen die Industriellen[84].

Vor Gericht wird der Vorstand der Aktiengesellschaft freigesprochen - wie so oft, wenn Italienern wegen Verbrechen in Afrika in Italien der Prozess gemacht wird. Aber der Imageschaden für das italienische Unternehmertum in Übersee und für die koloniale Sache insgesamt ist enorm.

Der Staat ist gezwungen, direkt in die Geschäftsstrategie einzugreifen. 1905 sorgt er für erste Verwaltungsstrukturen an der Küste des Indischen Ozeans. Die für Eritrea geltenden Normen[85] werden auf die abhängigen Gebiete in Somalia übertragen. Die so vereinigten Territorien erhalten - entsprechend dem linguistischen Modell der nahen britischen Kolonie Somaliland[86] - 1908 den Namen „Somalia italiana"[87]. Es ist die zweite italienische Kolonie in Afrika.

Aber in den italienischen Zeitungen - wenn von Kolonialfragen die Rede ist - geht es um Berichte von Zusammenstößen an den Grenzen

[82] Vgl. A. Naletto, „Italiani in Somalia. Storia di un colonialismo straccione", Caselle 2011.

[83] N. Labanca, „Oltremare", a. a. O., S. 90.

[84] Vgl. G. Chiesi, E. Travelli, „Le questioni del Benadir, Atti e relazioni dei commissari della Società", Mailand 1904.

[85] Königliches Dekret Nr. 90 vom 26. Januar 1905, „Autorizzazione al procuratore del Re in Asmara di delegare funzionari per gli atti di istruttoria da compiersi nei possedimenti del Benadir", in: G. U. Nr. 77 01-04-1905.

[86] Somaliland: Region im Norden des heutigen Somalia, seit 1884 weitgehend britisch kontrolliert. [Anm. d. Übers.]

[87] Gesetz Nr. 161 vom 5. April 1908 „Per l'ordinamento della Somalia italiana", in: G. U. Nr. 102 30-04-1908.

und noch mehr um Berichte von Skandalen, nicht so sehr um ruhmreiche Zivilisierung. Es herrscht die Vorstellung, diese Besitztümer seien nur große Propagandaspielzeuge, die öffentliche Gelder verschlingen. Im Parlament und anderswo mehren sich - im Widerstreit mit den frühen italienischen Kolonialvereinen - die Stimmen gegen ein italienisches Engagement in Afrika.

Wie andere europäische Länder hat auch das Königreich Italien zu Anfang des 20. Jahrhunderts seine antikoloniale Bewegung, die nicht nur von ethischen Bedenken - dem Bewusstwerden der imperialistischen Überwältigung - motiviert ist, sondern auch - und vor allem - von der offensichtlichen Nutzlosigkeit und wirtschaftlichen Ineffizienz des Kolonialsystems[88].

Somalia, das noch unproduktiver als Eritrea ist, hat weniger „Glück" als die „Erstlingskolonie" beim Versuch, die kollektive Vorstellungswelt jener Jahre für sich einzunehmen - auch wenn es paradoxerweise der letzte Fetzen Afrikas sein wird, der unter italienischer Kontrolle bleibt, nämlich bis zum 1. Juli 1960. Es ist im Grunde unbekanntes Gebiet, bekannt sind allenfalls die Namen einiger Städte. Das Spezifische Somalias verliert und vermischt sich mit den tausend Formen, von einem Afrika zu erzählen, das sich nicht einordnen lässt.

In China - um die Last des weißen Mannes zu tragen

Das völlige Fehlen einer klaren Linie bei der italienischen imperialistischen Bewegung zeigt sich in einer Reihe von kolonialen Abenteuern, die ohne die mindeste Vorstellung von einem Plan für die Entwicklung möglicher neuer „Vorposten Italiens in der Welt" begonnen werden.

Der Fall der italienischen Konzession[89] im Fernen Osten und die Wechselfälle, die zur Aneignung eines Stückchens des chinesischen Reichs durch das Königreich Italien führen, sind das klassische Beispiel für einen opportunistischen Versuch, eine prestigeorientierte Außenpolitik zu entwickeln, auch zum Schaden der eigenen mittel- und langfristigen wirtschaftlichen Perspektiven.[90]

[88] Vgl. R. Rainero, „L'anticolonialismo italiano da Assab ad Adua", a. a. O.

[89] Konzessionen: Bezeichnung für Teilgebiete eines Staates mit weitgehend an andere Staaten abgetretenen Hoheitsrechten. [Anm. d. Übers.]

[90] Zur Geschichte der italienischen Konzession in China vgl. A. Di Meo, „Tientsin. Storia delle relazioni tra Italia e Cina (1866-1947)", Rom 2015.

Gegen Ende des 19. Jahrhunderts führen ständige Übergriffe und Verletzungen der chinesischen Souveränität vor allem durch Großbritannien und Russland zum Ausbruch einer antiwestlichen Revolte in China.[91] Das Aufkommen der nationalistischen Han-Bewegung und die erniedrigende Vasallenschaft, in der China sich befindet, lassen 1898 die ersten Unruhen ausbrechen. Die Bewegung, die ihr Zentrum in einigen Jugendsportorganisationen hat, wird von der westlichen Presse als „Boxerrevolte" (boxer rebellion) bezeichnet. Der Aufstand, der weite Teile des chinesischen Reichs erfasst, richtet sich vor allem gegen die Unterwürfigkeit des kaiserlichen Hofs und der Beamten gegenüber den Okzidentalen, die das Land seiner Reichtümer berauben.

Bis zu jenem Moment hatte eine Reihe von mit Waffen aufgezwungenen Vereinbarungen Peking dazu gebracht, das zu unterschreiben, was schließlich als „die Ungleichen Verträge" in die Geschichte eingehen sollte.[92] Aber ein diffuser Wunsch nach nationaler Revanche verbreitet sich und scheint auf eine Befreiung des alten Reiches von den Ausländern zu zielen. Um das Risiko eines Verlusts ihrer Vormacht über das Reich der Qing[93] abzuwenden, entscheiden sich die Engländer - die die größten ökonomischen Interessen in jenem Stück Asiens besitzen und die eine Art Protektorat über die chinesische Regierung errichtet haben -, eine regelrechte internationale Mission zu organisieren, um die Interessen den Westens zu verteidigen, also in erster Linie ihre eigenen.

Hintergrund der Idee, die Verteidigung des Status quo in China in die Hände einer westlichen Koalition zu legen, ist vor allem, dass Großbritanniens Ressourcen damals vom Krieg gegen die Buren in

[91] Eine zusammenfassende Darstellung der Boxerbewegung und ihrer Bedeutung für die internationalen Beziehungen des chinesischen Reichs findet sich bei R. Bickers, R.G. Tiedemann (Hg.), „The Boxers, China and the World", Lanham 2007.

[92] Als *unequal treaties* bezeichnet werden verschiedene von den europäischen Mächten und den Monarchien China, Korea und Japan im Lauf des 19. Jahrhunderts unterzeichnete Verträge. Sie zwingen den Staaten des Fernen Ostens mit Gewalt vor allem in Handelsfragen erniedrigende Bedingungen der weißen Imperialisten auf. Zum Fall China vgl. O. Coco, „Colonialismo europeo in Estremo Oriente. L'esperienza delle concessioni territoriali in Cina", Rom 2017, S. 63ff.

[93] Qing: Die Qing-Dynastie herrschte im Kaiserreich China von 1644 bis zur Gründung der Republik 1912. [Anm. d. Übers.]

Südafrika absorbiert werden.[94] Indem sie mit Erfolg die chinesische Revolte zu einer antieuropäischen Aktion erklärt, gelingt es der englischen Regierung, eine Repressionsmaßnahme gegen ein niedergehaltenes Volk in einen Kampf für die Verteidigung der Zivilisation zu verwandeln.

Begünstigt durch fremdenfeindliche Gewaltakte, die vor allem zum Christentum übergetretene Chinesen und westliche Missionare treffen, wird die von London in Gang gebrachte Expedition in den Zeitungen Europas und der USA voller Enthusiasmus zu einem Kreuzzug der weißen Zivilisation gegen das gelbe Barbarentum erklärt.

Auch italienische Zeitungen - besonders im Vorfeld der Entscheidung der Regierung für die Intervention - bringen Berichte über Gewaltakte und Massaker, die in erster Linie Europäer und konvertierte Chinesen treffen:

„Man telegrafiert uns aus London, 16. Juni, abends:

‚Man telegrafiert aus Schanghai. Die aus Tientsin heute Nacht eingetroffenen Informationen besagen, dass mehrere Brände im Osten der Stadt ausbrachen. Drei englische und amerikanische Kirchen und eine große Zahl von Wohnungen, die Ausländern gehören, wurden niedergebrannt. Der Telegraf ist unterbrochen. Telegrafenmasten wurden verbrannt. Ein Zug mit Proviant und Munition für die internationalen Truppen fuhr zurück, da er nicht bis Lang-Fang gelangen konnte'.

Diese Zugrückfahrt wird von einer anderen Depesche aus Schanghai bestätigt:

‚Tientsin, den 16.: Meldungen aus Peking versichern, dass zahlreiche einheimische Konvertiten und Bedienstete von Europäern am Donnerstag im Osten der Stadt von Boxern massakriert wurden. Die katholische Kathedrale in Peking wurde in Brand gesteckt'."[95]

Dieser Aspekt der internationalen Propaganda ist entscheidend, um die - sonst eher unklaren - Motive für den enthusiastischen Kriegseintritt der italienischen Regierung zu verstehen. Das Königreich der Dynastie Savoyen hat im „Himmlischen Reich"[96] keine besonderen Interessen zu schützen. Es existieren keine nennenswerten Handelsstütz-

[94] Die Burenkriege sind zwei Konflikte (1880-1881 und 1899-1902), in denen Großbritannien gegen von weißen Siedlern - mit dem Ziel der Kontrolle Südafrikas - gegründete Staaten steht.

[95] „Gli avvenimenti della Cina: Chiese e case d'europei incendiate. Massacri di stranieri", Corriere della Sera, 17. Juni 1900.

[96] Himmlisches Reich / tiānxià: vieldeutiger chinesischer Begriff, der u. a. das Chinesische Kaiserreich (bis 1912) bezeichnete. [Anm. d. Übers.]

punkte und der direkte Warenaustausch ist unbedeutend. Es gibt nur eine Gesandtschaft, d. h. eine einfache diplomatische Vertretung, mit einer kleinen Wachmannschaft von Marineinfanteristen. An einem bestimmten Punkt der Boxerrevolte wird die Gesandtschaft - wie auch andere europäische Vertretungen - bedroht.

Die Beteiligung an der Niederwerfung der Boxerrevolte ist jedoch keineswegs eine militärisch unterstützte kommerzielle Operation oder eine Art Rettungsaktion für gefangene Diplomaten. Es handelt sich um eine Demonstration rassistischer Macht gegenüber der unter europäische, imperiale, weiße Herrschaft geratenen Welt. In seiner auf traurige Weise berühmten Ansprache an Soldaten vor der Abfahrt nach China - in die Geschichte eingegangen als „Hunnenrede" - hetzt der deutsche Kaiser Wilhelm II. die Truppen so auf:

„Bewährt die alte preußische Tüchtigkeit, zeigt euch als Christen im freundlichen Ertragen von Leiden, möge Ehre und Ruhm euren Fahnen und Waffen folgen. [...] Pardon wird nicht gegeben. Gefangene werden nicht gemacht. [...] Wie vor tausend Jahren die Hunnen unter ihrem König Etzel sich einen Namen gemacht, der sie noch jetzt in Überlieferung und Märchen gewaltig erscheinen lässt, so möge der Name Deutscher in China auf 1000 Jahre durch euch in einer Weise bestätigt werden, dass es niemals wieder ein Chinese wagt, einen Deutschen scheel anzusehen!"[97]

An dieser Strafaktion teilzunehmen, bedeutet für Italien, als legitimer Partner dieser Herrschaft anerkannt zu werden.

Das erklärt, warum es in der Regierung etliche gibt, die jubeln, als die Engländer den internationalen Mächten vorschlagen, gegen die Boxerrevolte vorzugehen und als Italien unter diese Mächte eingereiht wird. Die Aufforderung zur Teilnahme ist die von den Italienern so lang ersehnte Ernennung zu Bannerträgern der Zivilisation. Für die Öffentlichkeit, die von den schrecklichen Massakern an chinesischen Christen liest, ist die Intervention nicht nur wünschenswert, sondern auch notwendig, um den Fortschritt der Zivilisation - offensichtlich begleitet von der Ausbreitung des Christentums - zu sichern.

Am 5. Juli 1900 billigt die Regierung die Entsendung eines Kontingents von zweitausend Soldaten in den Fernen Osten - mit der

[97] Vollständiger Text (mit Erläuterungen zu seiner medialen Wirkung) bei: T. Klein, „Die Hunnenrede (1900)", in: J. Zimmerer, „Kein Platz an der Sonne. Erinnerungsorte der deutschen Kolonialgeschichte", Frankfurt am Main 2013, S. 164ff. [Die Rede wird hier zitiert nach Johannes Penzler (Hg.), „Die Reden Kaiser Wilhelms II.", Bd. 2, Leipzig o. J., S. 209ff. Anm. d. Übers.]

Aufgabe, die italienischen Interessen in China zu verteidigen. In den Zeitungen oder den parlamentarischen Debatten zum Thema wissen zumindest einige diese Interessen auch konkret zu definieren.

Die historische Bedeutung dieses Moments für Italien und für seinen Rang als Großmacht haben viele verstanden. Der „Corriere della Sera" vom 21. Juli 1900 - als die Expedition schon in Gang ist - berichtet von dem bewegenden Telegrammwechsel zwischen einer Familie von Patrioten und dem König:

„Ein Brief aus Stilo (bei Reggio Calabria), den wir heute früh erhalten haben, übermittelt uns eine Kopie der folgenden Telegramme, die in den letzten Tagen zwischen den Brüdern Achille und Raffaele Fazzari - die bewundernswerten Anteil an der Geschichte unseres Risorgimento haben - und dem König ausgetauscht wurden[98]:

‚Mongiana, 15. Juli 1900. An I. Majestät König Umberto - Rom. Sire. Wir haben sechs zum Krieg fähige Söhne. Wenn I. M. anordnen wollten, würden sie nach China aufbrechen, um Ehre Vaterlands zu verteidigen. Wir wären glücklich. ACHILLE und RAFFAELE FAZZARI.'

Auf dieses Bekenntnis von Loyalität und Vaterlandsliebe antwortet der Hof:

‚Quirinal[99] - Rom, 16. Juli 1900. An Herrn Abgeordneten Achille Fazzari und Herrn Raffaele Fazzari - Mongiana. Das in hohem Maß patriotische Angebot von Herrschaften an Allerhöchsten König mit Telegramm von gestern ist gleichwertig jener althergebrachten Hingabe an Italien und die Dynastie, die Sie jederzeit so umfassend bewiesen. Seine Hoheit der Souverän dankt Ihnen für die ihm erklärte Ergebenheit und sendet Ihnen herzlichen Gruß.'"[100]

Es ist eine Anrufung der nationalen Ehre, die - in den Berichten der Presse - zeigen soll, wie das internationale Engagement dem Land Ruhm bringt.

Das italienische Expeditionskorps kämpft 1900 und 1901 für die Rückeroberung einiger Rebellenhochburgen, zusammen mit Soldaten der anderen imperialen Staaten: Großbritannien, Vereinigte Staaten, Russland, Frankreich, Deutschland, Österreich-Ungarn und Japan. Es

[98] Die Übersetzung folgt dem damals verbreiteten „Telegrammstil". [Anm. d. Übers.]

[99] Quirinal / Quirinale: Palast in Rom, Residenz der italienischen Könige, heute Amtssitz des Staatspräsidenten. [Anm. d. Übers.]

[100] „I fratelli Fazzari offrono i loro figli al Re per combattere in Cina", Corriere della Sera, 21. Juli 1900.

ist eine Art vorweggenommener G8, die sich tatsächlich den Namen „Eight Nations Alliance“ gibt.

Nachdem die Nationalisten besiegt sind, akzeptiert die chinesische Regierung den westlichen „Schutz“ und räumt den Siegermächten weitere Vergünstigungen in einigen Sektoren der Wirtschaft ein. Die bedeutende Hafenstadt Tientsin (Tianjin) am Golf von Bohai des Gelben Meeres wird unter den Okkupanten aufgeteilt. Auch Italien - das den Preis von 18 toten Soldaten bei der Expedition bezahlt hat - darf am Tisch der Friedensverhandlungen sitzen. Die „Konzession von Tientsin“ - etabliert am 7. September 1901 - umfasst gerade einmal 46 Hektar Land an dem Fluss, der zum Hafen führt. Großenteils ist es sumpfiges Gebiet, das bis dahin als Friedhof genutzt wurde.

Das ist ein ärmliches Ergebnis - die Engländer besetzen 388 Hektar Stadtgebiet, in der schon ausgebauten Hafenzone. Für Italien zeichnen sich auch keine günstigen wirtschaftlichen Perspektiven am Horizont ab. Man hätte das Gelände trockenlegen und für den Bau von Hafenmolen vorbereiten müssen. Vor allem hätte man die Last auf sich nehmen müssen, praktisch von Null an in Gebieten, wo Engländer, Franzosen und Russen schon seit Jahren aktiv sind, ein Handelsnetz zu schaffen und zu unterhalten.

Aber der Zweck der Mission ist offensichtlich ein anderer - und wird auch erreicht: sich das Ticket erster Klasse verschaffen, um sich am Zugriff auf die Welt zu beteiligen. Nach der Niederlage von Adua besteht ein verzweifelter Wunsch, den verlorenen Nationalstolz aufzurichten. Bekräftigt wird der Wille, gleichberechtigt neben den anderen „Weißen“ zu stehen. Unter diesem Gesichtspunkt ist die Mission ein Erfolg: die Resonanz in der sich damals formierenden Öffentlichkeit ist stark, die Boxerrevolte und der Mut von Italiens Soldaten gehen sogar in die Fantasiewelt der Epoche ein. So wird Emilio Salgari einen - mäßig erfolgreichen - Roman „Le stragi della China, o Il sotterraneo della morte / Chinas Massaker oder Der Untergrund des Todes“ schreiben.[101]

Die Tatsache, auch in diesem Zusammenhang nur eine Art "Mittel zum Zweck" des britischen Imperialismus gewesen zu sein, der italienische Ansprüche unterstützte, um die Truppenstärke des antichinesischen Expeditionskorps zu erhöhen, scheint die Regierung oder die

[101] Emilio Salgari, „Il sotterraneo della morte“. Rom 1995 (Erstausgabe * 1901).

* Eine deutsche Ausgabe erschien ebenfalls 1901: „Unter chinesischen Rebellen“ (mehrere Neuausgaben bis 2017). [Anm. d. Übers.]

(wohl auch wenig aufmerksame) öffentliche Meinung Italiens nicht wirklich zu stören. Die Tatsache, am „Konzert der Nationen" teilgenommen zu haben, oder journalistische Berichte lesen zu können, die von italienischen Soldaten Schulter an Schulter mit englischen, französischen und deutschen berichten, ist ein mehr als ausreichender Ertrag der italienischen Investition in China.

Die „Konzession von Tientsin" reiht sich so in das italienische Kolonialreich ein - es erscheint nach Eritrea auf der Liste der Besitztümer in Übersee. Der Alltag in der Konzession - die wenig mehr als ein multiethnisches Stadtviertel ist - wird in den folgenden vierzig Jahren gelegentlich in den „bunten Meldungen" von Italiens Presse auftauchen, vor allem mit Blick auf „Brauchtum". In der diplomatischen Welt gleichsam vergessen, für die Handelsbeziehungen inexistent, bleibt das „italienische" Tientsin ein kostspieliges Vorzeigeobjekt imperialer Politik ohne nennenswerten Einfluss auf das Gesamtbild der italienischen kolonialen Kultur.

Die Konzession wird behandelt wie eine Kuriosität (oder wenig mehr), wie eine Art Luxusabstellplatz für Diplomaten - der junge Außenseiter Galeazzo Ciano[102], noch nicht mit Mussolinis Tochter Edda verheiratet, wird hierhin abgeschoben. Sie erfüllt aber stets den Zweck, den ihr die italienische Diplomatie von Anfang an zugedacht hatte: sie soll Italiens Recht beweisen, den Status einer Großmacht zu beanspruchen.

Das italienische Territorium in China wird - nach vierzig verschlafenen Jahren - nach der italienischen Kapitulation vom 8. September 1943 von den Japanern besetzt. Der Friedensvertrag vom 10. Februar 1947 besiegelt die Rückkehr des Konzessionsgebiets an China und den Verlust jenes kleinen Stücks Überseeterritorium, das nie wirklich in die koloniale Vorstellungswelt Italiens eingegangen war.

„Tripolis, die vierte Küste"

Während Eritrea, Somalia und Tientsin mehr oder weniger zufällige Ziele eines Expansionswillens sind, an dem kaum etwas rational, aber vieles emotional und propagandistisch ist, verhält es sich mit den italienischen Gefühlen für Tripolis anders.

[102] Galeazzo Ciano: faschistischer Politiker, u. a. Außenminister, Schwiegersohn Mussolinis. Wegen Beteiligung an dessen Sturz 1944 von den Faschisten hingerichtet. [Anm. d. Übers.]

Seit der staatlichen Einigung[103] gilt als natürliches Ziel für die expansionistischen Ansprüche des neuentstandenen Königreichs Italien die südliche Küste des Mittelmeers. Diese nordafrikanischen Gebiete sind seit Jahrhunderten ein sehr wichtiger Partner für die Geschäftswelt und die Außenbeziehungen der italienischen Halbinsel. Schon vor 1861 haben staatliche Einheiten wie das Königreich Neapel, die Republik Venedig und selbst Piemont[104] im Mittelmeer privilegierten Einfluss. 1825 zum Beispiel kommt es in Tripolis zu einer der seltenen Machtdemonstrationen der Marine des damaligen Königreichs Sardinien. Savoyische Kriegsschiffe nehmen die Hafenanlagen unter Beschuss - als Vergeltung gegenüber den Piraten, die zu jener Zeit noch Zuflucht in der Stadt finden. 1833 wiederholt das sardische Königreich dieses Vorgehen.[105]

Auch im 19. Jahrhundert bleibt das Mittelmeer eher eine Zone des Austauschs als eine Grenze. Besonders an seiner Südküste leben viele Hafenstädte mit multikulturellen, multiethnischen und multireligiösen Gemeinschaften - in einem Kontext, den man „pränational" nennen könnte, der also noch nicht in die Logik der sprachlichen, kulturellen, territorialen und historischen Gegensätze des europäischen 19. Jahrhunderts einbezogen ist.

Die kommerziellen Chancen und die relativ geringe Entfernung zum europäischen Kontinent begünstigen im ganzen 19. Jahrhunderte die „weiße" Einwanderung in Nordafrika. Tripolis beherbergt im 19. Jahrhundert eine italienische Gemeinschaft - wie viele andere Küstenstädte, etwa Alexandria in Ägypten und vor allem Tunis: „1881 wurde die italienische Bevölkerungsgruppe in der Regentschaft Tunis auf elftausend Personen geschätzt".[106]

Gerade Tunis steht im Zentrum der Aufmerksamkeit des neuentstandenen italischen Expansionismus. Auf der anderen Seite der

[103] Einigung Italiens: von 1860 bis 1870 wurden die bisherigen Teilstaaten zum Königreich Italien (ausgerufen 1861) zusammengeschlossen. [Anm. d. Übers.]

[104] Königreich Neapel, Republik Venedig, Piemont (Teil des Königreichs Sardinien): Teilstaaten Italiens vor 1861. [Anm. d. Übers.]

[105] Vgl. M. Lenci, „Corsari. Guerra, schiavi, rinnegati nel Mediterraneo", Rom 2006.

[106] G. Marilotti, „L'Italia e il Nord Africa. Storia dell'emigrazione sarda in Tunisia (1848-1914)". Rom 2006, S. 107.

Straße von Sizilien[107] gelegen, mit einer lange Zeit großen und dort verwurzelten Minderheit von Italienern (ein Stadtteil von Tunis erhält den Namen „Klein-Sizilien") und auch mit interessanten wirtschaftlichen Perspektiven scheint das tunesische Küstengebiet in den ersten beiden Jahrzehnten nach 1861 der für die Italiener anziehendste Teil Nordafrikas zu sein.

Daher ist die Errichtung des französischen Protektorats über Tunesien 1881 ein Schock für die italienische Diplomatie und eine kalte Dusche für die öffentliche Meinung, die diese bittere Demütigung durch das Schaffen „vollendeter Tatsachen" als tödliche Verletzung der nationalen Interessen empfindet. Die südliche Küste des Mittelmeers hat in jenem Moment für Italien keine lebenswichtige wirtschaftliche Bedeutung. Aber es ist sicher, dass in Italien viele denken, Tunis hätte die erste Etappe des kommenden italienischen Expansionismus sein können. Während die französischen Truppen die Grenze zwischen Algerien und Tunesien überschreiten, hebt ein italienischer Kommentator hervor, dass Tunis „unser" Zugang zum afrikanischen Kontinent ist. Wenn eines Tages die Reichtümer dieses weiten Gebiets für die Europäer zugänglich sind, wäre es Tunis, über das sie den Weg nach Italien nehmen könnten. Und dieser Weg wird verschlossen.[108]

Diese Brüskierung wird vor allem als Stopp für die Träume von internationaler Expansion aufgefasst und konfrontiert die italienische Politik mit ihrer internationalen Bedeutungslosigkeit. Wie schon zuvor - und wie häufig auch in Zukunft - wird die Flamme des italienischen Imperialismus von Prestigedenken und von mühsam verborgenen Minderwertigkeitskomplexen genährt.

Das Problem mit der nordafrikanischen Küste in der zweiten Hälfte des 19. Jahrhunderts besteht aber darin, dass es sich - bedauerlich für die italienischen Regierungen - um ein schon überfülltes „Stück Welt" handelt. Von Marokko über Algerien bis Tunis herrscht Frankreich, Ägypten ist britisches Protektorat. Der Rest sind zwei Küstenregionen unter türkische Kontrolle: Tripolitanien - d. h. die Region um Tripolis - und die Kyrenaika, die ihren Namen von der antiken römischen Stadt Cyrene hat, mit der Hauptstadt Bengasi.

Unter allen vorstellbaren Zielen scheint Tripolis das verlockendste - mit Blick auf seine Dimensionen und Chancen. Es handelt sich um einen wesentlich weniger interessanten Raum als Tunis, dafür ist es ein

[107] Straße von Sizilien / Canale di Sicilia: Meeresgebiet zwischen Sizilien und Tunesien. [Anm. d. Übers.]

[108] „L'affare di Tunisi", Corriere della Sera, 6. April 1881.

für die Italiener „erreichbares" Ziel - vorausgesetzt, es gelingt ihnen, ihren Willen gegenüber den anderen Mächten durchzusetzen.

Die osmanische Souveränität über diese Stadt scheint kein Problem für die italienische Diplomatie zu sein. Die Kontrolle Konstantinopels über die Gebiete ist sehr lose und in Wirklichkeit hat sowohl in Tripolitanien als auch in der Kyrenaika eine antitürkische Stimmung Voraussetzungen für Revolten mit dem Ziel Unabhängigkeit geschaffen. Eine der Strategien der italienischen Regierung ist es, gegenüber der einheimischen Bevölkerung die Karte der „Befreiung" von der osmanischen Herrschaft auszuspielen. Aber die Türkei ist nicht die wichtigste Sorge der Italiener: worauf es wirklich ankommt, ist, den richtigen Moment zu finden, um mit der Eroberung zu beginnen, ohne Reaktionen der übrigen Kolonialmächte zu provozieren.

Wichtigstes Hindernis ist die kühle britische Haltung gegenüber diesem Projekt. Wie alle anderen italienischen Kolonialabenteuer setzt auch das von Tripolis die Zustimmung - oder zumindest das schweigende Stillhalten - Englands voraus. Das Problem ist, dass das Mittelmeer nicht das Rote Meer ist. London ist vielleicht bereit, eine gewisse Präsenz Italiens an der Küste von Assab oder am Indischen Ozean nördlich von Sansibar zu dulden - das sind trostlose Orte von geringem strategischem und wirtschaftlichem Wert. Aber es ist etwas ganz anderes, sich damit abzufinden, dass der Mittelmeerraum auf einmal vollständig von westlichen Mächten kontrolliert sein soll. Im Fall eines - wenig wahrscheinlichen - Bündnisses zwischen Frankreich und Italien könnten diese sogar ein solches strategisches Gewicht gewinnen, dass die britische Marine unruhig werden müsste. Und London wäre die kürzeste Verbindung[109] zwischen dem eigenen Land und Indien versperrt.

Hauptsächlich aus diesem Grund - während das Auftauchen Italiens in Eritrea und Somalia abrupt, zufällig und in vieler Hinsicht unerwartet war - entwickelt sich das Interesse an Tripolis und der südlichen Küste des Mittelmeers über wesentlich längere Zeit. Das „italienische Tripolis" wird zu einem populären Thema der Informationsmedien und der öffentlichen Meinung. Seit der französischen Einnahme von Tunis spricht man - auch im Journalismus - von Tripolis als einer möglichen „Kompensation" für die früheren italienischen Ansprüche und von Tripolitanien und der Kyrenaika als Einflusszone Roms.

Die Stellung Italiens - in antifranzösischer Funktion - innerhalb des

[109] Kürzeste Verbindung: der Suezkanal wurde 1869 eröffnet. [Anm. d. Übers.]

Dreibunds, die Manöver, um das internationale Ansehen des osmanischen Reichs zu schädigen, und die Verstärkung der italienischen Flotte (trotz des Risikos, die bereits „angegriffenen" Staatskassen zu leeren): das alles hängt mit der Vorstellung zusammen, Italien müsse eine Rolle als Großmacht im Mittelmeer spielen und wieder sein Prestige festigen. Eritrea und Somalia sind nur beiläufige Herausforderungen für die Diplomatie, Tripolis dagegen ist eines der zentralen Ziele der italienischen Außenpolitik um die Jahrhundertwende.[110]

Das erste Jahrzehnt des 20. Jahrhunderts bringt Umwälzungen, die auf eine Verbesserung der italienischen Position hoffen lassen. Dazu gehören zunehmende Spannungen zwischen Frankreich und Deutschland gerade auf den kolonialen Schauplätzen - unter anderem die Entwicklungen, die in die Geschichte als „Marokkokrisen" eingehen (die letzte ereignet sich 1911).[111] Gleichzeitig ist das osmanische Reich in die letzte Phase seiner institutionellen Krise eingetreten. Schließlich scheint Österreich-Ungarn, der mit Unbehagen betrachtete Verbündete im Dreibund, nach der Aneignung Bosnien-Herzegowinas - 1908, auf Kosten der Türken - bereit, den Italienern im Mittelmeerraum freie Hand zu lassen.[112]

15 Jahre nach Adua, am 50. Jahrestag der staatlichen Einigung Italiens, scheint der Moment des „Sprungs nach Süden" gekommen und das liberale Italien scheint bereit zum Handstreich.

Zur Beschleunigung des Ganzen tragen innere Konflikte der Regierung Giovanni Giolittis[113] bei. Um seine Mehrheit zu stabilisieren und von den Problemen seiner Amtszeit abzulenken, entscheidet er sich, die Karte des Krieges auszuspielen. Der Königshof und das Haus Savoyen - wie häufig in der Geschichte Italiens - unterstützen begeistert das, was ein müheloses und ruhmreiches Abenteuer zu sein scheint.

[110] Vgl. L. Saiu, „La politica estera italiana dall'Unità a oggi", a. a. O., S. 39ff.

[111] Als „Marokkokrisen" werden die Spannungen zwischen den westeuropäischen Mächten - besonders Großbritannien, Spanien, Frankreich und Deutschland - wegen der Kontrolle über Marokko bezeichnet. Die Marokkokrise von 1911 ist die „Krise von Agadir", die zu einer direkten Konfrontation zwischen französisch-englischen und deutschen Kolonialinteressen führt. Vgl. E. J. Hobsbawm, „L'età degli Imperi (1875-1914)", Mailand 1996, S. 366f.

[112] Zu den Umwälzungen in der europäischen Politik im ersten Jahrzehnt des 20. Jahrhunderts im allgemeinen vgl. C. Clark, „Die Schlafwandler: Wie Europa in den Ersten Weltkrieg zog", München 2013.

[113] Giovanni Giolitti: führender liberaler Politiker Italiens zu Beginn des 20. Jahrhunderts, wiederholt Ministerpräsident. [Anm. d. Übers.]

Die militärischen und industriellen Apparate erklären, sie seien bereit für die Herausforderung. Ein bedeutender Teil der wirtschaftlichen und kulturellen Elite des Landes scheint das Unternehmen zu unterstützen.

Die öffentliche Meinung dagegen bleibt kühler: der italienische Staat leidet unter enormen inneren Disproportionen und Ineffizienzen, die Wirtschaftskrise gibt keine Ruhe, hunderttausende Menschen wandern aus, die sozialen Probleme machen die systemische Krise des liberalen Italien deutlich. Angesichts all dessen scheint nichts überflüssiger als ein koloniales Abenteuer mit zweifelhaftem Ausgang und noch ungewissen, aber sicher gewaltigen Kosten. In diesem Moment formiert sich die pazifistische Bewegung im Land - bewegt von wirtschaftlichen, aber auch humanitären Motiven. Es kommt zu Demonstrationen gegen den Krieg und zu gewaltsamen Zusammenstößen.[114] Unter den leidenschaftlichsten Pazifisten findet sich der damalige Sozialist[115] Benito Mussolini, der am 14. Oktober 1911 sogar festgenommen wird. Die Anschuldigungen lauten unter anderem auf:

„Aufforderung zur Gewalt, Widerstand gegen die Staatsgewalt, Verletzung der Freiheit von Rekruten und von Geschäftsleuten, Beschädigung von Bahnlinien, Telefon- und Telegrafenleitungen".[116]

Das Werben für neue Eroberungen wird nicht durch das Bild gefördert, das die bereits von Italien kontrollierten Kolonien abgeben. 1911 befindet sich der Etat der italienischen Territorien in Übersee auf beklagenswerte Weise im Defizit. Eritrea und Somalia absorbieren viele menschliche und finanzielle Ressourcen und scheinen im Gegenzug nichts zu bieten. Trotz vieler Pläne zu kolonialer Ausbeutung verharren die Etats der kolonialen Verwaltungen auf tragische Weise in den roten Zahlen, es fehlen Mittel für Infrastrukturen, die einen wirtschaftlichen Aufschwung der Gebiete in Übersee ermöglichen würden.

Aus der Distanz gesehen scheint es klar, dass die Eroberung eines Stücks trockener afrikanischer Erde auf keinen Fall die Lösung für die Probleme Italiens sein kann. Aber genau als das wird die Invasion dargestellt.

[114] Vgl. L. D'Angelo, „Pacifismo e umanità. Il pacifismo democratico italiano dalla guerra di Libia alla nascita della Società delle Nazioni", Bologna 2016.

[115] Mussolini gehörte vor dem Ersten Weltkrieg zur Führung der italienischen Sozialistischen Partei. [Anm. d. Übers.]

[116] R. De Felice, „Mussolini il rivoluzionario (1883-1920)". Turin 2018, S. 108.

1911 wird dem Publikum der italienischen Zeitungen als d i e Lösung für alle italienischen Übel „Libyen" vorgestellt - ein geografischer Begriff der Antike, der die Regionen Tripolitanien, Kyrenaika und Fessan zusammenfasst und den man schließlich auch zum Namen der Kolonie macht.

Von dem Land, das erobert werden soll, erzählt man wie von einem landwirtschaftlichen Paradies. Es würde sich nach der Eroberung als beglückendes Ziel für die italienische Emigration erweisen. Diese könnte endlich ihren Genius auf Boden richten, der sich auch im Besitz d e r Nation befindet, die ihn nutzbar gemacht hat. Der Reichtum der Ländereien Tripolitaniens und der Kyrenaika wird dermaßen überschätzt, dass es ans Lächerliche grenzt. Gegen die so oft besungene Fruchtbarkeit dieses Bodens wendet sich die Ironie derer, die sich dem Projekt widersetzen. Berühmt ist immer noch die Definition, die dem Sozialisten Gaetano Salvemini[117] zugeschrieben wird: Libyen als „große Sandkiste".

Es ist ein Ausdruck, den im Lauf der Jahre auch die italienischen Besatzer als ziemlich treffend anerkennen müssen. Und doch wird Italiens Unternehmung gerade mit Blick auf die Landwirtschaft als ausgesprochen vorteilhaft dargestellt. Die kommerziellen Möglichkeiten, die die libyschen Häfen bieten - sie stehen großenteils den Italienern schon zuvor zur Verfügung -, werden dagegen nicht besonders herausgestellt. Libyen liegt zu nahe bei Italien, als dass sich von gewinnversprechendem Verkehr, der sich weiter ausbauen oder von Chancen für neue Geschäfte sprechen ließe.

Ohne einen inländischen Markt für Konsumgüter, der diese Bezeichnung verdient, könnte Libyen höchstens als Handelsstützpunkt wachsen - aber angesichts der geografischen Nähe würde das größtenteils zu Lasten der sizilianischen Häfen gehen. Der w a h r e Reichtums Libyens, so heißt es, ist sein Boden.

Betont wird vor allem die Möglichkeit, das afrikanische Territorium für bäuerliche Siedler attraktiv zu machen. Grundidee ist, dass die „Araber" - hier wie anderswo haben die Invasoren keine klare Vorstellung von der Komplexität der Gesellschaft, die sie angreifen wollen und die sie für eine undifferenzierte Masse halten - wenige sind gemessen an der ungeheuren Weite des Territoriums und dass sie

[117] Gaetano Salvemini: antifaschistischer Historiker und Politiker (1873-1957). [Anm. d. Übers.]

nicht fähig sind, ihren eigenen Boden optimal auszubeuten, der daher in die Hand anderer gelangen müsse, die ihn nutzbar machen.

Es ist eine rassistische und typisch imperialistische Vorstellung, die den Vorteil hat, scheinheilige Erklärungen zur Notwendigkeit eines Exports der Zivilisation zu vermeiden. Das Recht auf fruchtbaren Boden - auch wenn schon andere auf ihm leben - tritt an Stelle des Versuchs, den Kolonialismus mit Zivilisation zu bemänteln, wie er in den öffentlichen Debatten über Eritrea unternommen worden war. 1911 hat Italien gewissermaßen ein „Recht" auf Libyen - und so wird es dann auch gefordert.

Die militärische Unternehmung, so behauptet man, wird auch die Rüstungsindustrie fördern - wegen der Bestellungen bei italienischen Firmen. Es ist ein Versuch, die nationale Industrie durch großzügige Aufträge, die die Unternehmen sich dank des Krieges verschaffen können, wieder in Schwung zu bringen. Vor allem hofft man, dass sich mit dem Feldzug auch s o f o r t i g e Gewinne erzielen lassen.

Als größte Probleme bei der Ausnutzung der Kolonien Eritrea und Somalia gelten die Entfernung vom Mutterland und die Zurückgebliebenheit der unterworfenen Bevölkerungen. Libyen scheint deutlich weniger Schwierigkeiten zu machen. Nur einige Stunden Seereise trennen es von Italien, seine Küstenstädte wirken weniger fremdartig und moderner als die Ansiedlungen am Roten Meer und am Indischen Ozean.

Gerade die räumliche Nähe überzeugt die öffentliche Meinung Italiens davon, Libyen sei weniger „wild" als die vorhergehenden Eroberungen. Es geht nicht um das „Schwarze Afrika", von dem Joseph Conrads Romane erzählen, sondern um eine eher nahöstliche Szenerie wie in „Tausendundeine Nacht". Das ist kein zweitrangiges Detail - nach Auffassung vieler war Libyen für bäuerliche Siedler anziehender, da es so nah und Sizilien und Süditalien in vieler Hinsicht ähnlich ist.

Es gibt jedoch kritische Stimmen, die bemerken, es sei besser, das für die Zivilisierung Libyens vorgesehene Geld für eine „Zivilisierung" I t a l i e n s zu verwenden. In den Zeitungen der Opposition werden die Schwachstellen des Propagandadiskurses herausgestellt, den die Regierung an die öffentliche Meinung richtet. Der Wille zur „Zivilisierung", der eines der Motive des Angriffs auf Libyen sein soll, wird vielfach ins Lächerliche gezogen. Ein Kommentator der sozialistischen Tageszeitung „Avanti!" schreibt:

„Der Süden Italiens - noch auf barbarische Weise afrikanisch - wird nie hoffen dürfen, auf zivilisierte Weise europäisch zu sein, solange man davon träumt, es predigt und sich aufmacht, die hunderte Millionen Lire, die - tatsächlich und nicht nur als Gerede - für seine Erlösung und Zivilisierung nötig sind, auf kriminelle und antiitalienische Weise für die Eroberung Eritreas, des Benadir und des noch auf seine Eroberung wartenden Tripolitanien zu verschwenden."[118]

Der Protest der Sozialisten und der zerstreuten antikolonialistischen Gruppen besitzt eine eigene stringente Logik, die - über die internationale Solidarität hinaus - hervorhebt, dass es genug wirtschaftliche und soziale Gründe gibt, um die Idee eines überseeischen Reichs zurückzuweisen. Diese dissonanten Stimmen bleiben jedoch in der Minderheit. Unterschätzt wird vor allem die mediale Bedeutung des Geschehens und seine Wirkung auf die öffentliche Meinung. Im Spiel sind nicht so sehr logische Überlegungen, sondern emotionale Impulse.

Der Krieg von 1911/12 ist ein kolonialer Aggressionskrieg, der als Krieg für den nationalen Wiederaufstieg Italiens erzählt wird. Die damals „sichtbarsten" Intellektuellen unterstützen die Intervention. Berühmt ist der Rede, die Giovanni Pascoli[119] im November 1911 - nach Kriegsbeginn - hält:

„Die große Proletarierin[120] hat sich bewegt. Früher schickte sie ihre Arbeiter, die im Vaterland überzählig waren, anderswohin - und sie mussten für viel zu wenig Geld arbeiten. [...] Sie waren fast wie die Neger in Amerika geworden - die Landsleute des Mannes, der Amerika entdeckte[121]. Und wie die Neger wurden sie immer wieder außerhalb des Gesetzes und der Humanität gestellt und gelyncht. [...] Seit geheiligt, ihr für das Vaterland Gestorbenen! Ihr wisst nicht, was ihr für uns und für die Geschichte bedeutet! Ihr wisst nicht, was Italien euch schuldet! Italien ist vor fünfzig Jahren geschaffen worden[122]. Am

[118] „Verso la follia Tripolina, il proletariato contro la guerra", *Avanti!,* 25. September 1911.

[119] Giovanni Pascoli: Dichter und Publizist (1855-1912). [Anm. d. Übers.]

[120] Die große Proletarierin: wesentlich von G. Pascoli geprägter, von linksnationalistischen Strömungen übernommener Begriff - Italien sei gegenüber den traditionellen Großmächten benachteiligt und daher eine „proletarische Nation". [Anm. d. Übers.]

[121] Mann, der Amerika entdeckte: Cristoforo Colombo („Christoph Kolumbus"). [Anm. d. Übers.]

[122] Vor fünfzig Jahren: 1861 war die Schaffung des italienischen Nationalstaats (Ausrufung des neuen „Königreichs Italien") weitgehend abgeschlossen. [Anm. d. Übers.]

heiligen fünfzigsten Jahrestag habt ihr zustande gebracht, was das Gelübde unserer Vorfahren war, die nicht hofften, dass das in so kurzer Zeit wahr werden würde - ihr habt bewiesen, dass außer Italien auch die Italiener geschaffen worden sind."[123]

Pascoli fasst in seiner Rede die tiefen emotionalen Hintergründe dieser kriegerischen Unternehmung zusammen. Die gewählten Worte sind suggestiv und aufschlussreich - um so mehr, weil sie von dem Mann gewählt werden, der in jenem Moment als bedeutendster italienischer Dichter gilt. Es geht nicht um ein einfaches koloniales Abenteuer: in Tripolis soll - der ganzen Welt, aber auch den Italienern selbst - bewiesen werden, was Italiener wert sind.

Mit der Waffe in der Faust soll klargestellt werden, dass die Italiener nicht sind wie die „Neger in Amerika". Die emotionale und rassistische Komponente gewinnt die Oberhand über alle anderen Motive. Es zählen nicht die anhaltenden Zweifel an der Zweckmäßigkeit, die kargen Mittel des Staatshaushalts für eine Unternehmung mit geringen Chancen zu verwenden. Es spielt keine Rolle, dass letztlich die Idee, aus dem Territorium um Tripolis eine Siedlungskolonie zu machen, willkürlich und kaum zu realisieren ist. Eine Macht, „die respektiert wird", muss sich erfolgreich am *scramble for Africa* beteiligen, wenn sie nicht ihren Status verlieren will.

Nicht zuletzt ist Libyen Testfall für einen biologischen Suprematismus, der sich in Italien ebenso wie im Rest Europas ausbreitet: in Afrika zu siegen bedeutet, die Zweifel zu beseitigen, ob man zu Recht zu jener Welt weißer Eroberer gehört, die Kipling besang. Tripolis ist auch die Rache für Adua.

Die Regierenden Italiens geben vor, „die Last des weißen Mannes" zu tragen - um jeden Preis: Symbol der Zugehörigkeit zur Welt der Überlegenen. Es ist eine Haltung, die rasch im kolonialen Rassismus enden wird und die der gesamten italienischen Politik in Afrika im Lauf des 20. Jahrhunderts einen verhängnisvollen Akzent verleihen wird.

Befrieden, um jeden Preis

Die Eroberung und dann die Sicherung Tripolitaniens und der Kyrenaika tragen alle Schwierigkeiten und Widersprüche in sich, die der italienische Kolonialismus hervorbringt - ähnlich wie schon am

[123] A. Schiavulli (Hg.), „La guerra lirica. Il dibattito dei letterati italiani sull'impresa di Libia (1911-1912)". Ravenna 2009, S. 43ff.

Horn von Afrika und später in den Initiativen der Faschisten. Nach einem leichten Sieg [124] über die osmanischen Truppen in den libyschen Küstenstädten treffen die Italiener auf unerwarteten Widerstand der vielen einheimischen Stämme. Es ist ein langwieriger, erbitterter Widerstand, der in Blut erstickt wird. Was eine rasche Militäraktion werden sollte, verwandelt sich in einen der längsten Konflikte, an dem italienische Truppen beteiligt waren.[125]

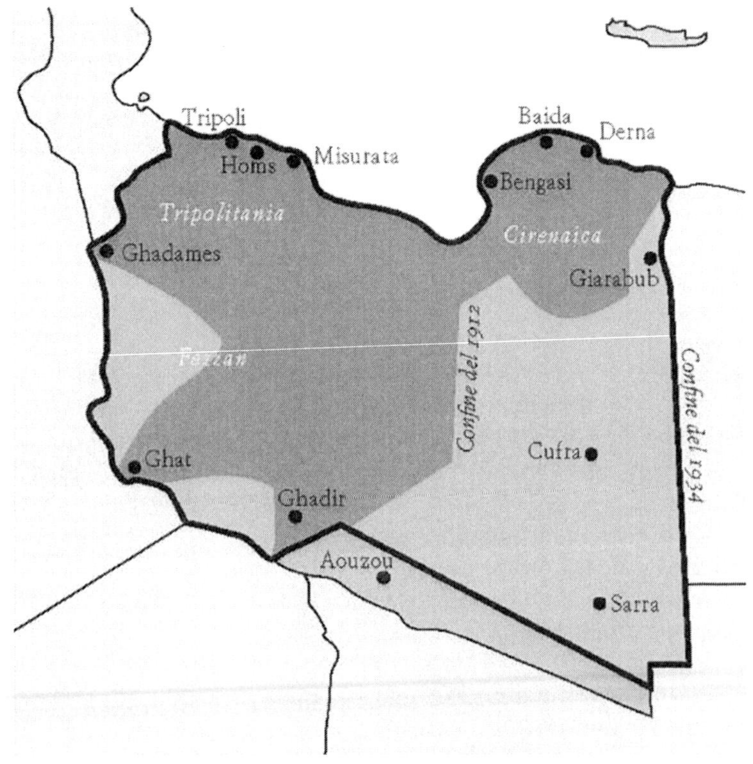

Abb. I Das koloniale Libyen

[124] Leichter Sieg: 1911 griffen italienische Truppen die türkische Besatzungsarmee im heutigen Libyen an. [Anm. d. Übers.]

[125] Der Historiker Nicola Labanca stellt das - angefangen mit dem Buchtitel - in einem seiner Essays klar: „La guerra italiana per la Libia 1911-1931 / Der italienische Krieg um Libyen 1911-1931“, Bologna 2012.

Man war weithin der Illusion erlegen, man könne sich den Bewohnern der eroberten Gebiete als Befreier darstellen. In Wirklichkeit - nach einer ersten Annäherung - gelingt es den Italienern wegen einer Reihe von Fehleinschätzungen, sich so gut wie alle lokalen Mächte zu Feinden zu machen. Einer Handvoll türkischer Offiziere - geblieben, um eine Guerilla zu organisieren - gelingt es sogar, zahlreiche Gruppen aus Tripolitanien und der Kyrenaika um die „gemeinsame Sache" der Religion zusammenzuschließen.

Rasch wird aus einem triumphalen „Ausflug" der Italiener ein heiliger Krieg gegen sie selbst, die Ungläubigen. Das geringe Wissen über die Eroberten - und ihre Unterschätzung - sind Hauptursache der Schwierigkeiten, auf die die Invasoren stoßen. Obwohl die Unternehmung in Libyen die bis dahin am besten vorbereitete und bei weitem durchdachteste ist, zeigen die Invasoren, dass sie in Wirklichkeit nicht mit den lokalen Dynamiken vertraut sind.

Auch wenn Giolitti sich beeilt, die italienische Eroberung für abgeschlossen zu erklären und die Invasion geradezu als Blitzkrieg darstellt (die ersten italienischen Truppen landen in Tripolis am 3. Oktober 1911, das Dekret über die Annexion wird vom König am 5. November unterzeichnet[126]), zieht der Konflikt sich in einer ganzen Reihe von Gefechten in die Länge. Zerstört wird die die Vorstellung, man könne aus den neuen Gebieten sofort das versprochene Paradies machen.

Der unerwartete Widerstand gegen die Invasion widerlegt für die Öffentlichkeit die italienische Propaganda von einem Libyen, das eine reife Frucht ist, bereit für die Ernte. Als die Sache nicht in der erhofften Weise vorangeht, bricht in den italienischen Soldaten eine blinde, tierhafte Wut durch. Nach einer Reihe blutiger Rückschläge am Rand von Tripolis beginnen die Besatzungstruppen Ende Oktober 1911 mit brutaler Unterdrückung: „Gegen die Stadt ging man mit Feuer und Schwert vor: etwa 1800 der 30 000 Einwohner von Tripolis wurden bei Repressalien erschossen oder gehängt".[127]

Als sei der Widerstandswille der Angegriffenen nicht bedacht worden und aus dem kaum verhohlenen Bewusstsein heraus, es mit Nichteuropäern zu tun zu haben - und daher mit Individuen ohne volle Menschenwürde -, schrecken die Italiener nicht vor Zerstörungen und Plünderungen, vor Vergewaltigungen und anderen

[126] Königliches Dekret Nr. 1247 vom 5. November 1911 „Che pone sotto la sovranità piena ed intera del regno d'Italia la Tripolitania e la Cirenaica", in: G. U. vom 27. 11. 1911. Das Dekret tritt formell am 12. Dezember 1911 in Kraft.

[127] N. Labanca, „Oltremare", a. a. O., S. 115.

Gewaltakten zurück, die in einem europäischen Konflikt undenkbar gewesen wären.

Die maßlose Anwendung von Gewalt gehört zu den infamsten Zügen des imperialistischen Rassismus und die Geschehnisse von Tripolis zeigen - auch wenn das italienische Kolonialreich nicht dem anderer weißer Mächte gleichkommt -, dass die Brutalität, zu der die Italiener bereit sind, nicht hinter der anderer Staaten zurücksteht.

Über allem hängt die Furcht, auf internationaler Ebene eine miserable Figur zu machen. Wenn der italienisch-türkische Krieg der (soundsovielte) Test für die „Reife" des liberalen Italien sein soll, dann darf das Land nicht versagen. Diese Auffassung wird von vielen geteilt, wie die regelrechten Informationskriege zeigen, die die italienischen Medien führen, um den Berichten der internationalen Presse über Niederlagen etwas entgegenzusetzen. Auf den Seiten des Corriere della Sera beklagt sich etwa der Journalist und Politiker Andrea Torre (1866-1940):

„Ein großer Teil der österreichischen und deutschen Presse bietet weiterhin ungenaue oder geradezu verfälschende Nachrichten über den Krieg in Tripolitanien, durchdrungen von einer ungerechtfertigten Häme uns gegenüber [...] Es ist lächerlich, dass sie fantastischen und nicht belastbaren Nachrichten, die aus Konstantinopel kommen, Seriosität und Glaubwürdigkeit zubilligen. Dagegen wissen sie die genauen und zuverlässigen Nachrichten in den offiziellen Kommuniqués der italienischen Regierung und in der Qualitätspresse unseres Landes nicht so zu schätzen, wie diese es verdient haben."[128]

Die Überlegungen von Torre machen die Unfähigkeit deutlich, zu akzeptieren, dass „Schlagzeilen von Freunden" - wie in den Zeitungen der anderen Länder des Dreibunds - auch einmal Italienern und Türken die gleiche Glaubwürdigkeit zubilligen könnten. Der Journalist deutet am Ende sogar ein internationales Komplott an, das den offensichtlichen Meinungsumschwung begründen soll:

„Es fällt auf, dass der größte Teil dieser Presse, die die türkische Unzivilisiertheit gegen die italienische Zivilisiertheit verteidigt, von einem bestimmten kosmopolitischen finanziellen Element motiviert wird, das seine Interessen durch unser gegenwärtiges Handeln verletzt sieht - und erst recht bedroht sieht im Fall einer Auflösung des osmanischen Reichs."[129]

[128] A. Torre, „Le notizie false propalate all'estero sulla guerra in Tripolitania, il fatto inatteso e incompreso", *Corriere della Sera*, 2. November 1911.

[129] Ebd

Man befürchtet einen möglichen Verrat „internationaler Finanzkreise", weil man letztlich nicht begreift, warum Europäer Türken mehr vertrauen könnten als Weißen (wie den Italienern). Die Wucht des Angriffs dieses und anderer Leitartikel deutet auf ein immer stärkeres Unbehagen. Es geht um die Furcht - wie schon im Fall von Adua 1896 - vor einem Scheitern, das Italien demütigen und an den Rand des Klubs der imperialen weißen Mächte drängen würde.

Der Guerillakrieg in Libyen zieht sich über Jahrzehnte hin, mit wechselhaftem Verlauf. Nachdem der Erste Weltkrieg einen Stopp erzwungen hat, werden diese Angelegenheiten - sowohl für die Regierungen als auch für das kollektive Bewusstsein Italiens - zweitrangig. Langsam tritt das „libysche Paradies" wieder hinter eine Vorstellung von dieser Kolonie als wildem und ungastlichem Land zurück - geeignet vor allem für romanhafte Abenteuer und Geschäfte am Rand der Legalität.

Nach der Unterbrechung durch den Ersten Weltkrieg nimmt das Werk der Unterwerfung - dreist als „Wiedereroberung" der rebellischen Kolonie bezeichnet - 1921 wieder Schwung auf, als der neue Gouverneur Giuseppe Volpi (1877-1947) nach Tripolis kommt. Unter seiner Führung gelingt die systematische militärische Besetzung des Territoriums, gefördert auch durch die Machtübernahme Mussolinis. Man kann sagen, dass der Faschismus das von den liberalen Gouverneuren begonnene Werk fortsetzt - mit Blick auf das Ziel (die Unterwerfung der einheimischen Bevölkerung) wie auch in den gewaltsamen Methoden.

Dabei bekommt die Wiedereroberung Libyens nach 1922 noch stärkere propagandistische Bedeutung: das Regime sieht in dem Widerstand der unruhigen Kolonie einen Angriff auf seine Fähigkeit, das eigene Territorium zu kontrollieren. Dort, wo die schwache liberale Demokratie zu scheitern schien, will das neue Regime triumphieren - und es spart nicht bei Aufwand und Gewalt.

1929 leitet Rodolfo Graziani[130] die letzte Phase der Unterdrückung ein:[131] durch eine umfassende und zugleich verschwenderisch aufwendige militärische Besetzung gewinnt er die Kontrolle über die gesamte Küste und wendet sich dann ins Landesinnere, in die Region des Fessan. Dort greift die italienische Armee zu den brutalsten Tech-

[130] Rodolfo Graziani: führender faschistischer Politiker, Marschall. [Anm. d. Übers.]

[131] Ein Überblick über die italienischen Militäroperationen in Libyen: N. Labanca, „La guerra italiana per la Libia 1911-1931", a. a. O.

niken der Gegenguerilla, die bis dahin bekannt sind: Bombenangriffe auf Zivilisten - auch mit Giftgas -, andere Gewaltakte gegen die Bevölkerung und Massendeportationen in Konzentrationslager[132], um den libyschen Partisanen jede Form von Unterstützung zu entziehen. Es waren Praktiken systematischer Auslöschung, die einige Historiker geradezu von Völkermord sprechen lassen.[133]

Mit der Gefangennahme des Führers der Widerstandsbewegung Omar al-Mukhtar (Umar al-Muchtar) 1931 - zwanzig Jahre nach dem Beginn der Invasion - enden Italiens Operationen großen Stils in Libyen, die Kolonie wird für „befriedet" erklärt. Der Preis, den die Einheimischen bezahlen, ist gewaltig: Deportationen, Massaker und Verwüstung bestimmen den Weg zum „italienischen Frieden". Dabei vermittelt das Mussolini-Regime eine eindeutige Botschaft: maßlose, unmenschliche Gewalt ist die einzige Sprache, die die Kolonialbevölkerung versteht. Nach dem Feldzug bleibt Rodolfo Graziani mit einem Beinamen in Erinnerung, der die Methoden „unseres" Kolonialismus treffend charakterisiert. Es ist ein makabrer Beiname, den der Hierarch[134] jedoch nicht zurückweist - „Schlächter des Fessan".[135]

Zwei Jahrzehnte offenen Kriegs (1911-1931) und ein weiteres Jahrzehnt heftigen - mehr oder weniger passiven - Widerstands gegen die Besatzung (1931-1942) hinterlassen tiefe Spuren im Selbstbild der einheimischen Bevölkerung. Tripolitanien, die Kyrenaika und der Fessan werden gemeinsam 1950 die Unabhängigkeit unter dem Namen „Vereinigtes Königreich Libyen" erhalten.

Das wichtigste koloniale Erbe besteht tatsächlich darin, dass die verschiedenen Völker und Regionen, aus denen sich der italienische

[132] Zu den Brutalitäten in den italienischen Konzentrationslagern in Libyen: A. Badr, „La resistenza libica all'occupazione italiana. Voci dal campo di El Agheila", Moretta 2019. Zu den Konzentrationslagern für libysche Gefangene in Italien: C. S. Capogreco, „I campi del duce. L'internamento civile nell'Italia fascista", Turin 2004.

[133] Zum Beispiel A. A. Ahmida, „The Genocide in Libya. Shar, a Hidden colonial History", London 2020. Zur möglichen Definition der italienischen Operationen in Libyen als „Völkermord" vgl. M. Flores, „Il genocidio", Bologna 2021, S. 111ff.

[134] Hierarch / gerarca: Führungspersönlichkeit der faschistischen Partei Italiens. [Anm. d. Übers.]

[135] Graziani wird auch eine Reihe von Büchern schreiben, um sein Verhalten in Libyen zu verherrlichen und/oder zu rechtfertigen, z. B. „Pace romana in Libia" („Römischer Frieden in Libyen"), Mailand 1937.

Kolonialbesitz in Libyen zusammensetzte, im gemeinsamen Kampf gegen die Invasoren geeint wurden und so eine Nation entstand.

Der Dodekanes, eine seltsame „weiße“ Kolonie

Der Krieg gegen das osmanische Reich 1911/12 bringt Italien auch den Besitz einer Inselgruppe in der Ägäis, mit Namen Dodekanes[136]. Die größte dieser Inseln ist Rhodos. Sie sind strategisch günstig auf der Route vom Mittelmeer ins Schwarze Meer gelegen. Sie werden während des Kriegs in Libyen von der italienischen Marine besetzt, um Druck auf die türkische Diplomatie auszuüben, damit diese die Kapitulationsbedingungen akzeptiert.

Der Friedensvertrag von Lausanne zwischen Italien und der Türkei vom 18. Oktober 1912 sieht den Abzug der italienischen Besatzungstruppen von den Dodekanes-Inseln vor. Es kommt aber nicht dazu, da Italien behauptet, die Türkei schüre weiterhin Widerstand in Libyen. Daher verwaltet die italienische Regierung die Inseln von 1912 bis zum 4. Februar 1923 - als der zweite Vertrag von Lausanne die definitiven Besitzrechte Italiens an den Inseln anerkennt - „missbräuchlich“.

Das Leben dieser im Gesamtbild des italienischen Imperialismus „anomalen“ Kolonie wird vor allem von den Spielen der internationalen Politik bestimmt. Angesichts ihrer strategischen Position bleiben die Inseln ein Jahrzehnt lang unter direkter Militärverwaltung. Der erste z i v i l e Gouverneur, Mario Lago (1878-1950), übernimmt sein Amt erst am 16. November 1922. Mit der Ankunft des Faschismus auf den Inseln gewinnen sie eine neue Bedeutung als Schaufenster des italienischen Imperialismus für die Welt. Es werden einige städtebauliche Projekte begonnen, vor allem auf der Hauptinsel Rhodos. Und man fördert kommerzielle Abenteuer, um die sehr geringe italienische Zuwanderung auf die Inselgruppe zu steigern.

Die Propaganda versichert immer wieder, der Dodekanes sei das „Tor zur Levante“[137], die östliche Trasse für Italiens Expansionismus im Mittelmeerraum. Es setzt eine Politik ein, die die „italianità“ - den italienischen Charakter - der Inseln bekräftigen soll. Man erinnert an verstaubte Bindungen an Venedig, bezieht sich bei der Inbesitznah-

[136] Griechisch wörtlich: „zwölf Inseln“ - nämlich Astipalea, Rhodos, Kalkhi, Karpathos, Kaso, Tilos, Nisiro, Kalimnos, Lero, Patmos, Simi und Kos.

[137] Levante: ältere Bezeichnung für den östlichen Mittelmeerraum. [Anm. d. Übers.]

me auf das ideelle Erbe der Serenissima[138]. Man startet ein Zuwanderungsprojekt, das als „Wiederansiedlung" auf schon längst italienischem Territorium dargestellt wird. Trotz der Bemühungen des Regimes registriert die Volkszählung von 1936 - die letzte vor dem Zweiten Weltkrieg - unter fast 130 000 Bewohnern nicht mehr als 7000 Italiener, die meisten von ihnen leben auf Rhodos.[139]

Unabhängig von der propagandistischen Funktion der Besetzung ist sofort klar, dass der Dodekanes keine Kolonie wie die anderen ist und es auch nicht sein kann. Schon während der ersten Tage der militärischen Besetzung wird beispielsweise die Idee verworfen, das Modell eindeutig voneinander - nach Einheimischen und Besatzern - getrennter Ebenen der Rechtsprechung wie in Eritrea aufzugreifen. Die Bewohner der Inseln - Griechen oder Türken - können als „Weiße" nicht dem Apartheidregime unterliegen, das in den afrikanischen Kolonien gilt, angefangen mit dem nahen Libyen.

Für die erste Zeit - die der direkten militärischen Besetzung - akzeptieren die italienischen Verwalter sogar, dass die Einheimischen sich weiter an osmanische Bräuche und Vorschriften halten. Sie geben damit zu verstehen, dass es sich um eine zeitweilige Besetzung handeln könnte. Für eine solche Zeitweiligkeit spricht auch, dass während und unmittelbar nach dem Ersten Weltkrieg die Inseln zu den Interessenschwerpunkten der griechischen Außenpolitik gehören und Athen mehr als einmal Anspruch auf sie erhebt. Ein geheimes Abkommen zwischen Griechenland und Italien[140] sieht geradewegs ein Tauschgeschäft vor: der Dodekanes wäre Griechenland zugefallen, das dafür die italienischen Pläne in Albanien unterstützt hätte.

Erst in den 1920er Jahren, nachdem Italiens Besitz bestätigt ist und die Inseln als möglicher Stützpunkt einer „Italianisierung" gelten, kommt es zu ernsthaften Versuchen, die Ägäis in die Ordnung des italienischen Imperialismus zu integrieren. Der Dodekanes nimmt - im Vergleich zu den anderen besetzten Gebieten - eine besondere Position ein. Es ist offensichtlich, dass die Inseln für Italien nicht viel mehr sein können als eine kostspielige Ausstellung italienischer Erfolge. 1933

[138] La Serenissima: wörtlich „Die Heiterste" oder „Die Gelassenste", Selbstbezeichnung der Republik Venedig im 17. und 18. Jahrhundert. [Anm. d. Übers.]

[139] Laut www.seriestoriche.istat.it.

[140] Der sogenannte Venizelos-Tittoni-Vertrag vom Juli 1919, benannt nach dem griechischen Premierminister und dem italienischen Außenminister.

schreibt Francesco Dessy, ein für landwirtschaftliche Entwicklung zuständiger Beamter der ägäischen Kolonie:

„Italien - bedrängt von der Notwendigkeit, in Übersee Zentren für die Produktion von Rohstoffen und Expansionsmöglichkeiten für seine wachsende Bevölkerung zu finden - kann von dem kleinen Besitztum in der Ägäis weder das eine noch das andere verlangen. Es ist dennoch nützlich für die Zwecke, die die Nation in den Kolonien verfolgt. Unsere Nation ist aufgerufen, im Kontakt mit anderen Bevölkerungen, die einen ähnlichen Grad an Zivilisiertheit erreicht haben wie wir, ihre Reife zu beweisen, die leitende Funktion in allen Bereichen zu übernehmen. Es ist eine Art Prüfung, die unsere Nation vor den Augen anderer ablegt - nämlich der neuen Untertanen, die wir aus der Lethargie aufwecken müssen und der Ausländer, die in unserer Nachbarschaft die gleiche Aufgabe wie wir übernommen haben. Das ist die Mission, zu deren Erfüllung Italien im Osten aufgerufen ist, wo die Erinnerungen an seinen Ruhm und seine Größe fortbestehen und neu aufleben."[141]

Das Thema der Zivilisierung ist in diesem Sinn viel wichtiger als andere, um Italiens Machtwillen zu rechtfertigen. Die Idee hinter der Besetzung der Inseln ist vermeintlich, den Völkern, die im zivilisatorischen Wettlauf noch ein wenig zurückliegen, den Weg zu weisen. Die italienischen Angebote sollten als die am meisten ausgereiften und angemessensten vorgestellt werden, um den Bewohnern der Ägäis - Weiße, aber noch nicht ganz „erwachsen" - die letzten Errungenschaften des Fortschritts zu erklären.

Dies ist der wichtigste Grund für die besondere Situation des Dodekanes. Im Unterschied zu anderen Territorien wird er nie formell zur „Kolonie" erklärt. Dieser rechtlichen Definition vorgezogen wird in den offiziellen Dokumenten des ersten Jahrzehnts der Besetzung der vagere Begriff „italienisches Territorium". 1924 - der zentralistischen Tendenz des Faschismus folgend - beginnt man, von „Besitztum" zu sprechen. Was dieser Ausdruck im rechtlichen Sinn bedeuten soll, bleibt unklar. Auf jeden Fall ist es eine Definition, die die ägäischen Inseln aus dem (auch semantischen) Kontext der „italienischen Kolonien" löst.

Es gibt eine grundsätzliche Schwierigkeit bei der Einordnung dieses Territoriums, das nicht die klassischen Charakterzüge einer Kolonie

[141] F. Dessy, „Agricoltura nel Possedimento Italiano delle Isole Egee", in: Società Agraria di Bologna (Hg.), „La Valorizzazione Agraria delle Colonie Italiane", Bologna 1933, S. 230f.

aufweist. Demnach sollte - auf Ebene der Imagination - das jeweilige Gebiet von „eindeutig niedriger stehenden" Menschen bewohnt sein, etwa von Schwarzen. Für die Italiener - nicht nur für die öffentliche Meinung, sondern auch für die Regierenden - sind die Kolonien Orte, wo die „niedriger stehenden Rassen" leben, nicht die Weißen.

Mit der Frage, wie die Bevölkerung der Ägäis in das Gesamtbild der italienischen Herrschaft einzuordnen sei, beschäftigen sich die faschistischen Juristen intensiv. Sie stützen sich auf pseudowissenschaftliche Positionen regimenaher Wissenschaftler, die in den dreißiger Jahren feststellen, die griechischen Einheimischen seien rassisch nicht unterlegen.[142] Der Status von „Untertanen" liegt auf halber Strecke zwischen der vollen italienischen Staatsbürgerschaft und dem Status k o l o n i a l e r Untertanen. So können die Bewohner des Dodekanes als einzige unter faschistischer Herrschaft ohne „rassische" Einschränkungen die volle italienische Staatsbürgerschaft beantragen.[143]

Entscheidend für die mangelnde Erinnerung der Bevölkerung an diese mittelmeerische Herrschaftsform, die dreißig Jahre galt, ist gerade ihre Abweichung vom „Modell". In dieser „(Nicht)Kolonie" stellt der italienische Imperialismus seinen ganzen rassistischen kolonialen Entwurf vor (man könnte fast von Ideologie sprechen). Es geht nicht um Territorium, sondern um Rasse. Es ist keine Frage der Ferne vom Machtzentrum oder des - tatsächlichen oder vermeintlichen - Abstands im Zivilisationsniveau. Die Kolonien sind der Ort, wo der Weiße den Anderen, den Schwarzen, den noch zu Unterwerfenden trifft, um ihn zu erziehen oder - häufiger - auszubeuten.

„Abessinien: das faschistische Imperium"

„Alle Knoten wurden von unserem leuchtenden Schwert durchschlagen und der Sieg in Afrika wird in die Geschichte des Vaterlandes eingehen - rein und unbefleckt, so wie die gefallenen und die überlebenden Legionäre von diesem Sieg träumten und ihn wollten. Endlich hat Italien sein Imperium, sein faschistisches Imperium - weil es die unzerstörbaren Zeichen des Willens und der Macht des römischen

[142] Zur Frage der Staatsbürgerschaft der Bewohner des Dodekanes vgl. F. Espinosa, „Una cittadinanza imperiale basata sul consenso: il caso delle isole italiane dell'Egeo (1924-1940)", in: S. Lorenzini, S. A. Bellezza (Hg.), „Sudditi o cittadini? L'evoluzione delle appartenenze imperiali nella prima guerra mondiale", Rom 2018, S. 189ff.

[143] Ebd., S. 192.

Liktorenbündels[144] trägt, weil es das Ziel ist, auf das hin die überschäumenden und zugleich disziplinierten Energien der jungen ungestümen Generationen Italiens vierzehn Jahre lang gelenkt wurden.

Es ist ein Imperium des Friedens, weil Italien Frieden für sich und für alle will und sich nur dann für den Krieg entscheidet, wenn es von machtvollen, unabweisbaren Notwendigkeiten des Lebens dazu gezwungen wird. Es ist ein Imperium der Zivilisiertheit und Menschlichkeit für alle Völker Äthiopiens. [...] Das italienische Volk hat das Imperium mit seinem Blut geschaffen. Es wird es mit seiner Arbeit fruchtbar machen und wird es mit seinen Waffen gegen jeden verteidigen.

In dieser höchsten Gewissheit, o Legionäre[145], erhebt die Standarten, die Waffen und die Herzen, um zu salutieren - nach fünfzehn Jahrhunderten. Das Wiedererscheinen des Imperiums auf den schicksalhaften Hügeln Roms: werdet ihr seiner würdig sein? (Die Menge ruft ‚Ja!'). Dieser Ruf ist wie ein heiliger Schwur, der euch gegenüber Gott und gegenüber den Menschen verpflichtet - für das Leben und für den Tod! Schwarzhemden[146], Legionäre - ein Hoch dem König!"[147]

Im Gegensatz zu den anderen kolonialen Invasionsunternehmen Italiens wurde der Angriff auf Äthiopien 1935 zum Gegenstand zahlreicher analytischer Interpretationen, er hinterließ einen viel stärkeren Eindruck in der öffentlichen Erinnerung und im zivilen Bewusstsein der Italiener. Diese besondere Nachwirkung hängt mit den Zielsetzungen der Hauptakteure dieser Aggression zusammen - und vor allem mit den Formen, in denen von ihr erzählt wird.

Der Äthiopienkrieg von 1935 ist eine „faschistische" Unternehmung - man könnte sie sogar als „d i e faschistische Unternehmung" sehen: mehr als das Eingreifen Italiens in Spanien, wo die Bühne oft von anderen Akteuren - wie der Sowjetunion oder Nazideutschland

144 Liktorenbündel: altrömisches Herrschaftssymbol (Rutenbündel mit Beil), vom Faschismus übernommen. Auch in den USA und Frankreich verwendet. [Anm. d. Übers.]

145 Legionäre / legionari: Angehörige der faschistischen Miliz. [Anm. d. Übers.]

146 Schwarzhemden / camicie nere: typisches Kleidungsstück der faschistischen Milizen - im übertragenen Sinn Bezeichnung für alle italienische Faschisten. [Anm. d. Übers.]

147 Transkription der Tonaufnahme der Rede Mussolinis zur Proklamation des Imperiums am 9. Mai 1936. Vgl. „Il fascismo in Italia: i discorsi 1935-1936", Casa discografica Signal, 1972.

- beherrscht wird, mehr sogar als der faschistische Krieg von 1940[148], wo sofort die untergeordnete Rolle des Mussolini-Regimes gegenüber dem germanischen Verbündeten klar wird.

„Äthiopien" dagegen ist - typischer als andere - eine Unternehmung des Totalitarismus made in Italy: wegen ihres Verlaufs und noch mehr wegen der Art der Erzählung für die Bevölkerung und wegen der Wahrnehmung durch die damalige Gesellschaft und die folgenden Generationen. Und es ist - deutlicher als andere - ein „gewonnener Krieg"[149] oder zumindest einer, der so aufgefasst wird.

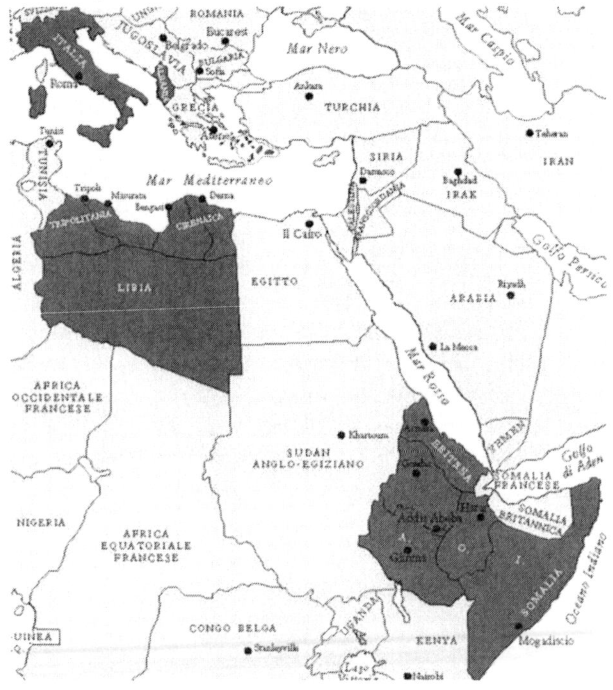

Abb. II Die Darstellung des Imperiums in der faschistischen Ära

148 Krieg von 1940: weitgehend erfolglose Angriffe Italiens auf Frankreich (im Juni), auf britische Stützpunkte in Nord- und Ostafrika (seit Juni) und auf Griechenland (seit Oktober). [Anm. d. Übers.]

149 Die Kontrolle über das gewaltige äthiopische Reich bleibt auch nach dem Fall von Addis Abeba und der Erklärung zur Einstellung der Feindseligkeiten ziemlich unvollständig. Manche Wissenschaftler heben hervor, man könne nicht wirklich von Frieden während der ganzen Besatzungszeit sprechen - so Nicola Labanca in seinem Buch „La guerra d'Etiopia (1935-1941)", Bologna 2015.

In der Propaganda der dreißiger Jahre gegenüber dem äthiopischen Reich sind die ganzen rhetorischen Ausreden gegenwärtig, die schon mit Blick auf die anderen Abenteuer Italiens in Übersee in Umlauf gebracht wurden: der Traum von sagenhaften Reichtümern, die auszubeuten wären; die Chance, ein „Ventil" für die Auswanderung aus Italien zu schaffen; die Idee, den „zivilisatorischen" Traum Wirklichkeit werden zu lassen - unter Beteiligung des italienischen Volks.[150]

Was die Propaganda im Zusammenhang mit Äthiopien tatsächlich von der hinsichtlich Eritreas, Somalias und auch Libyens unterscheidet, ist die Bedeutung dieser Eroberung als „epochale Herausforderung".

Einige Elemente dieser Herausforderung, wie sie sich in der damaligen öffentlichen Erzählung Italiens herauskristallisierten, fallen auf. An erster Stelle steht die Heldensage, die mit Blick auf den Zusammenstoß zwischen dem „neuen Italien" und den alten westlichen „Demoplutokratien"[151] verbreitet wurde - ganz besonders die offene Herausforderung an Großbritannien, das bis dahin, wie man sah, der wahre Lenker der Schicksale des italienischen Imperialismus war.

Der Kolonialismus Mussolinis möchte „erwachsen" wirken, unabhängig - und wie aus einem seltsamen unbewältigten Ödipuskomplex richtet sich die faschistische Propaganda im Moment des Angriffs auf Abessinien gerade gegen das britische Imperium.[152]

Die Eroberung Äthiopiens ist auch eine Schlacht der „jungen" Nationen gegen die alten, in einem Kampf Darwinschen Typs um das Überleben - wie er vom Regime auch behauptet wird, als Italien an der Seite Hitlerdeutschlands in den Zweiten Weltkrieg eintritt.[153] Diese

[150] Ein Überblick über die faschistischen Propagandatechniken zur Vorbereitung der Italiener auf die Invasion in Äthiopien findet sich bei M. Palmieri, „L'ora solenne. Gli italiani e la guerra d'Etiopia", Mailand 2015.

[151] Demoplutokratie / demoplutocrazia: populärer Begriff der faschistischen Propaganda, zusammengesetzt aus „democrazia" und „plutocrazia". Ähnlich bezeichnete der Nationalsozialismus die demokratischen Staaten als „Plutokratien". [Anm. d. Übers.]

[152] Zur Propaganda, die den Angriff auf Äthiopien begleitet, vgl. N. Labanca, „Una guerra per l'impero. Memorie della campagna d'Etiopia", Bologna 2005.

[153] In seiner Rede vom 10. Juni 1940 stellt Mussolini klar, worum es geht: „Es ist der Kampf der armen und menschenreichen Völker gegen die Organisatoren des Hungers, die sich brutal das Monopol auf alle Reichtümer und all das Gold der Erde angeeignet haben. Es ist der Kampf der fruchtbaren und jungen Völker gegen die unproduktiv gewordenen und ihrem Ende entgegengehenden Völker. Es ist der Kampf zwischen zwei Jahrhunderten und zwei Ideen". Zitiert

Interpretation ist wichtig, weil sie - gerade für die öffentliche Meinung Italiens - den Prestigewert der Eroberung von ihrem tatsächlichen ökonomischen Nutzen trennt.

Außerdem findet sich die Eroberung Äthiopiens seit langem unter den Zielen italischer Größe, die der Faschismus propagiert - auch weil die Eroberung ein schon vom liberalen Establishment zwischen 1800 und 1900 ausgesprochener, aber nie verwirklichter Wunsch war.

So haben die italienischen Massen - der vom Faschismus manipulierten Information ausgeliefert - jahrelang Zeit, sich an die Idee der Unvermeidlichkeit eines Zusammenstoßes und einer italienischen Beherrschung jenes Stücks von Afrika zu gewöhnen. Mussolini stellt sich umgehend als Erfüller der vom Italien der liberalen Ära nicht gehaltenen Versprechungen dar - dazu gehört auch die „äthiopische Frage". Der Duce kann sich leicht als möglicher „Rächer von Adua"[154] ausgeben.

Für Eritrea, Somalia und Libyen muss man - wenigstens in der ersten Zeit - eine Erzählung von ihrem „Nutzen" entwerfen. Demnach sind es wertvolle, für die Entwicklung Italiens unverzichtbare Gebiete. Wenn die künstlich geschürten Hoffnungen dann unvermeidlich enttäuscht werden, bleibt bei vielen Kommentatoren die Verbitterung zurück, es mit nutzlosen und kostspieligen Kolonialabenteuern zu tun zu haben - was eine Stimmung der Desillusionierung gegenüber dem Imperialismus entstehen lässt.

Äthiopien, das schon seit den ersten Eroberungsversuchen Ende des 19. Jahrhunderts zu einer Art Schatztruhe verklärt wurde, die man sich zunutze machen konnte, wird dann in Mussolinis Reden zum Element einer „Reifeprüfung" des faschistischen Imperialismus. Der Nutzen des bevorstehenden Zusammenstoßes soll vor allem an dem durch eine Eroberung gewonnenen Prestige gemessen werden. Nachdem die „Prüfung" - mit der Eroberung von Addis Abeba - endlich bestanden ist, beeilt man sich, den Erfolg mit der Verleihung eines begehrten Status zu feiern: auch Italien besitzt jetzt sein Imperium. Nach einem halben Jahrhundert gescheiterter Versuche scheint das Land endlich aus eigener Stärke dem Club der Großmächte anzugehören.

nach R. De Felice, „Mussolini il duce. II. Lo stato totalitario", Turin 2019, S. 842.

[154] Als zu Beginn der Invasion in Italien die Nachricht vom Einzug der eigenen Truppen in die Stadt Adua eintrifft, sprechen die Zeitungen von einer den italienischen Waffen „neu geweihten" Stadt (*Corriere della Sera* vom 7. Oktober 1935).

Der von Vittorio Emanuele III. neu angenommene Titel „König und Kaiser“[155] ahmt den Titel des englischen Monarchen nach, der sowohl Souverän des Vereinigten Königreichs als auch Kaiser des indischen Raj[156] ist. Es ist eine formale Angleichung, die das faschistische Regime, der italienische Königshof und das Haus Savoyen durchaus hervorheben.

In dieser Rhetorik wird aus der Invasion Äthiopiens eher eine Neuauflage der großen Zusammenstöße in Risorgimento oder Grande Guerra[157] als eine imperialistische Unternehmung der Expansion. Nachdem die Rhetorik von der Eroberung des eigenen Platzes in der Geschichte der Menschheit - und von den historischen „Prüfungen“, denen sich die Völker unterziehen müssen - bis zum Exzess gesteigert wurde, bleibt dem Regime nichts mehr zu tun als die Früchte der geschlossenen Unterstützung der Massen für das Vorhaben einzusammeln.

Die Antifaschisten - die wenigen noch in Freiheit lebenden und die zahlreicheren im Exil - heben demgegenüber den Charakter eines Invasionskriegs hervor, der offensichtlich gegen einen souveränen Staat mit Sitz im Völkerbund losgebrochen wurde. Aber diese Argumente machen wenig Eindruck auf die italienische Gesellschaft, vor allem, weil die faschistische Repression und die Zensur mit allen Mitteln ihre Verbreitung verhindern - aber auch, weil die Botschaft von der Revanche gegenüber den anderen weißen Großmächten zu stark ist.

Die - im Ergebnis etwas paradoxe - Erzählung von der Eroberung des Imperiums stellt die Invasion Äthiopiens zu einem erheblichen Teil als Krieg zur Befreiung aus der Hierarchie der europäischen Nationen dar, wie sie aus dem Vertrag von Versailles von 1919 folgte.[158]

Es ist ein Wunsch nach Revanche, der - schon lange vor dem „entstellten Sieg“[159] im Krieg von 1915-18 - die Geschichte des Landes

[155] König und Kaiser: nach der Eroberung 1936 nannte sich Vittorio Emanuele III. auch „Imperatore d'Etiopia“ / „Kaiser von Äthiopien“. [Anm. d. Übers.]

[156] British Raj (oder British India): diese Kolonie (1858 bis 1947) umfasste zeitweise auch Gebiete des heutigen Pakistan, Bangladesch, Myanmar u. a.. 1876 wurde die britische Königin Victoria zur Kaiserin von Indien ausgerufen. [Anm. d. Übers.]

[157] Grande Guerra / Großer Krieg: populäre italienische Bezeichnung für den Ersten Weltkrieg. [Anm. d. Übers.]

[158] N. Labanca, „Oltremare“, a. a. O., S. 184.

[159] „Entstellter Sieg“ / „vittoria mutilata“: von Nationalisten am Ende des Ersten

durchzieht. Das italienische Äthiopien wird zur Kompensation für ein Dreivierteljahrhundert gescheiterter Pläne, enttäuschter Träume, tatsächlicher oder vermeintlicher Demütigungen auf internationaler Ebene.

Gegen diese Erzählung kommen die Gegenerzählungen nicht an - vor allem nach der Eroberung von Addis Abeba und nachdem man sich die „Früchte der Eroberung" angeeignet hat. Die Gegenerzählungen handeln von Ungerechtigkeit gegenüber freien Völkern, von Gewalt, Massakern und auch von den maßlosen Kosten der Invasion - gerechnet in Menschen, Finanzmitteln und Produktionspotential. Aber schon der imperiale Rang, den Äthiopien den Italienern als „Mitgift" schenkt, scheint jeden Einsatz zu rechtfertigen.

Offensichtlich ist - wie wir sehen werden - der von der faschistischen Propaganda geschilderte Feind ein „Konzentrat" aus dem gröbsten biologischen Rassismus jener Zeit. Von Abessinien wird mit düsteren, geradezu bestialischen Akzenten erzählt, die alle typisch europäischen Stereotype des „schwarzen" Afrika heraufbeschwören. Auch aus diesem Grund löst die Idee, gegen einen freien und souveränen Staat in den Krieg zu ziehen, keinerlei Widerstand in der öffentlichen Meinung Italiens aus. Im Gegenteil trägt die Bestialität, die unter den Bewohnern des äthiopischen Reichs wahrgenommen wurde, sogar zur Diskreditierung des Völkerbunds und seiner Funktionsweise bei. Demnach zeigt die Zugehörigkeit eines barbarischen und zurückgebliebenen Staates wie Äthiopien zur Weltgemeinschaft, dass diese „internationale Gemeinschaft" nur ein Schwindel ist, eine Falle, die die imperialistischen Nationen aufgebaut haben, um den Status quo aufrecht zu erhalten und um zu verhindern, dass sich andere einen Platz unter den beherrschenden Völkern sichern.

Dieses emotionale Engagement, bei dem es um das Schicksal Italiens als Nation geht, hat etliche - auch schwerwiegende - Konsequenzen für die Formen, in denen die Eroberung verläuft und die italienische Herrschaft in Äthiopien errichtet wird. Die Verachtung für einen Feind, der als „Untermensch" angesehen wird, bedeutet eine enorme Steigerung der Brutalität in den Kämpfen, sie rechtfertigt die Verwendung von Giftgas oder die systematische Gewalt gegen die

Weltkriegs geprägter Begriff - sie beklagten, dass nicht alle territorialen Forderungen Italiens in den Friedensverhandlungen berücksichtigt wurden. [Anm. d. Übers.]

Zivilbevölkerung während des Kriegs, sie lässt schließlich ein Apartheidregime und eine rassistische Gesetzgebung entstehen.[160]

Die Furcht vor einem militärischen Scheitern bei dieser erstrangigen Herausforderung führt dazu, dass die Expedition ungeahnte Dimensionen annimmt: hunderttausende Männer, ein technologischer Aufwand - Flugzeuge, gepanzerte Fahrzeuge und ein mechanisierter Tross -, der zuvor für eine koloniale Unternehmung undenkbar war.[161] Die außergewöhnlichen Kosten gefährden am Ende die Einsatzfähigkeit der Streitkräfte Italiens. Es ist eine Krise, von das Land sich 1939 - beim Ausbruch des Kriegs in Europa - noch nicht erholt hat.[162]

Der Wille, die eigene Herrschaft abzusichern und die Furcht, auf internationaler Ebene Schwäche zu zeigen, führen - besonders in der ersten Zeit nach der Invasion - zur Errichtung eines wahren Terrorregimes. In vielen Teilen des eroberten Reichs wird es - zu hohen Kosten - sogar bis zur Befreiung 1941 bestehen bleiben.

Viele Historiker heben hervor, dass das „Unternehmen Äthiopien" der letzte große Eroberungszug eines Imperialismus war, der seine Wurzeln in der zweiten Hälfte des 19. Jahrhunderts hat. Es ist - mit Blick auf die Geschichte des Kolonialismus - eine völlig unzeitgemäße Anstrengung. Das „Statut von Westminster"[163], mit dem Großbritannien seine eigene Position als Kolonialmacht neu zu bestimmen versucht, indem es die Dominions (die Kolonien mit hohem weißem Bevölkerungsanteil) anerkennt, datiert schon von 1931. Und das „Unternehmen Äthiopien" bedeutet einen enormen Verbrauch von Energien, die dem Faschismus dann auf den europäischen Kriegsschauplätzen fehlen.

Die Invasion in Äthiopien war wirtschaftlich ruinös, nachteilig für Italiens internationale Beziehungen und hinsichtlich der Dauer der Besetzung fast bedeutungslos. Es vergingen genau fünf Jahre vom Einzug der italienischen Truppen in Addis Abeba am 5. Mai 1936 bis zur Rückkehr des Negus Haile Selassie in die Hauptstadt am 5. Mai

160 A. Del Boca, „Gli italiani in Africa Orientale, III: la caduta dell'impero". Mailand 1992, S. 237ff.

161 Neben vielen anderen vgl. R. De Felice, „Gli anni del consenso (1929-1936)", Turin 2018, S. 637.

162 Vgl. G. Rochat, „Le guerre degli italiani (1935-1943)", Turin 2005.

163 Das „Statute of Westminster" verlieh Dominions wie Kanada, Australien und Südafrika (als Staat der Weißen) weitgehende gesetzgeberische Unabhängigkeit. [Anm. d. Übers.]

1941. Dennoch ist die Invasion in Äthiopien das koloniale Geschehen, das am weitaus stärksten das historische Bewusstsein der Italiener geprägt und - wie wir sehen werden - die (ausgebliebene) Wahrnehmung Afrikas durch die italienische Zivilgesellschaft beeinflusst hat.

3.

Kontakte
Vorurteile beim Blick nach Übersee

Es war einmal der Negus
Jetzt gibt es ihn nicht mehr
Eines schönen Tages traf man sich zu einem heiteren Fest
Mit einem Mann, der sich für den großen Salomo hielt
Man reichte ihm den Kaffee
Dann ließ er dringlich zu einer Heerschau trommeln
Wir wollen einen Zugang zum Meer
Um uns immer waschen zu können
Dann bewaffnete er sich mit seinem Schirm
Und nahm Platz auf seinem kleinen Esel
O Negus, o Negus
Was für ein Hammer wartet auf dich

Fernando Crivelli (Crivel) [164]
„C'era una volta il Negus / Es war einmal der Negus" (1936)

Nachdem die Mechanismen beschrieben sind, die die Italiener dazu bringen, die Entfaltung des kolonialen Imperialismus zu unterstützen - oder sie wenigstens nicht zu stören -, scheint es interessant, auf die Formen einzugehen, in denen sich in den Jahren der Besetzung die öffentliche Erzählung über die Kolonien und ihre Bewohner entwickelt.

Wer erzählt den Italienern, wie die Lage in den gerade eroberten Gebieten ist und wie macht er das? Die Ankunft dort und das Bewusstwerden der Mechanismen einer Kultur, die verschieden ist von der, die man importieren will, lösen ganz besondere Reaktionen (und auch Erzählungen) aus, die das Verhältnis der entstehenden öffentlichen Meinung Italiens zu „Überseethemen" bis praktisch in unsere Tage prägen.

[164] Crivel (Künstlername von Ferdinando Crivelli): vor allem in den 1930er Jahren populärer italienischer Sänger, begeisterter Anhänger des Faschismus. [Anm. d. Übers.]

Die Eile, etwas zu erobern

Wer das Phänomen des italischen Kolonialismus beschreibt, greift oft auf eine nachdrückliche Behauptung zurück: die Italiener - die sich als letzte am „Wettlauf nach Afrika“ beteiligen - versuchen die noch freien Gebiete zu besetzen, also die, in denen sich noch keine koloniale Herrschaft etabliert hat.

Diese Definition, die eine einigermaßen zuverlässige Landkarte zumindest einiger der Ziele des imperialistischen Expansionismus made in Italy entwirft, führt aber zu einer abwegigen Vorstellung von den Zuständen in den Territorien, die nach und nach erobert werden. Tatsächlich konzentriert Italien seine Anstrengungen auf Gebiete, die nicht europäischer Herrschaft unterworfen sind - das heißt aber nicht, dass es dort vor der Invasion keine (durchaus auch differenzierten) Regierungsformen gibt.

In der öffentlichen Erzählung, die sich in der zweiten Hälfte des 19. Jahrhunderts verbreitet, gilt die „Herrschaft der Weißen“ als die einzige vorstellbare Regierungsform. Viele glauben daher, die Kolonialismen - der italienische sogar mehr als andere - hätten die „Zivilisation“ (in einem weiten Sinn) exportiert: nämlich in Gegenden, in denen zuvor ein - mehr oder weniger genau definierter - „Naturzustand“ existiert habe. Diese Mission sei nicht nur verdienstvoll, sondern auch erwünscht gewesen, wie die Publizistik von 1892 erzählt:

„Unser Einfluss in Afrika hat sich friedlich ausgedehnt und dehnt sich auch weiter so aus - und das nur wegen unserer intellektuellen und moralischen Überlegenheit, wegen unserer Haltung zu jener zivilisatorischen Mission, die allein die Eroberungen Europas in Afrika legitimieren kann. Dort, so kann man sagen, haben wir keine Feinde mehr. Die Stämme in der Nähe unserer Besitzungen fallen einer nach dem anderen aus Sympathie in unsere Einflusssphäre, aus Eigeninteresse, man könnte fast sagen, der Schwerkraft folgend. Unsere Freundschaft wird von den entferntesten Stämmen gesucht.“[165]

Es sind nur einige Jahre, bis diese Gewissheit mit der Niederlage von Adua fertig werden muss.

Diese Vorstellung - die ins Religiöse übergeht, als aus dem Export der Zivilisation eine wahre „Mission“ wird - trägt wesentlich zu der damaligen Unterstützung für den Kolonialismus bei. Leider dient sie noch heute als Rechtfertigung. Zudem hat die Annahme, es mit „wilden“ Völkern zu tun zu haben, auf Jahre hinaus in der öffentlichen

[165] La Cultura. Rivista Critica diretta dall'on. Bonghi, Rom 1892, S. 155.

Meinung Italiens selbst die unübersehbaren Debakel des italienischen Kolonialismus gerechtfertigt.

Von Somalia bis Libyen, von Eritrea bis Äthiopien werden sehr oft die „Einheimischen" für die Krisen, die Zusammenstöße und die Gewalttaten verantwortlich gemacht. Da sie nicht verstehen, wieviel Gutes ihnen der Weiße bringen will, rebellieren sie unsinnigerweise und lösen so die „gerechte Vergeltung" des Beherrschers aus. Nur ist dieses Axiom - gerade im Fall Italiens - alles andere als realistisch. Im Gegenteil - fast immer besteht bei den niederträchtigen Angriffen auf das Land anderer, die die Regierungen in Rom beginnen, eine der komplexesten Operationen darin, die Zivilisation auszulöschen, um die Zivilisation zu bringen.

Warum sind wir hier?
1. Wir besetzen „Niemandsland"

Der erste Akt des Angriffs auf die Welt, die Italien zu zivilisieren hat, ist - wie wir gesehen haben - nichts anderes als ein Akt von Kauf und Verkauf.

„Heute am Montag, dem 11. Tag des Monats *sciaban* des Jahres 1286 nach islamischer Zeitrechnung und 15. Tag des Monats November des Jahres 1869 nach europäischer Zeitrechnung, vereinbarten - nach festgestellter Anwesenheit - die Brüder Hassan-ben-Ahmad und Ibrahim-ben-Ahmad und Herr Giuseppe Sapeto an Bord der *Nasser-Megid*, eines Schiffs von Said-Auadh, in Gegenwart der Zeugen das Folgende:

1. Die zuvor genannten Brüder Hassan-ben-Ahmad und Ibrahim-ben-Ahmad, Sultane von Assab, verkaufen dem zuvor genannten Herrn Giuseppe Sapeto - und haben ihm verkauft -: das Territorium, das zwischen dem Berg Ganga, dem Kap Lumah und seinen beiden Seiten liegt. Daher wird die Herrschaft über das genannte Territorium Herrn Giuseppe Sapeto gehören, sobald dieser den Preis dafür gezahlt hat. Es wurde ihm spontan, freiwillig und mit aufrichtiger Absicht verkauft."[166]

Es ist ein Akt von Kauf und Verkauf nach allen damals - und mehr oder weniger auch heute - anerkannten formalen Regeln, der allerdings für den kolonialen Mainstream ein Interpretationsproblem mit sich bringt. Verfügten 1869 die Bewohner der Küsten des Roten Meeres über ausreichendes Wissen, um einen Vertrag dieses Typs zu

[166] Vgl. G. U. Nr. 160 dd 10-07-1882, Anlage.

unterzeichnen? Offensichtlich ja. Und wer hätte die Einhaltung dieses Vertrags durchgesetzt? Das wäre die bestehende einheimische Justiz gewesen, die offensichtlich ausreichend entwickelt war, um bei Immobiliengeschäften zwischen lokalen Herrschern und einer italienischen Privatperson in Anspruch genommen zu werden.

Das alles sollte die Vorstellungen von einer kolonialen Unternehmung verändern. Es handelt sich nicht um eine Neuauflage der alten Beziehungen zwischen Kolonialisierten und Kolonisatoren, wie sie vor allem in der damaligen Publizistik oder in den Rechenschaftsberichten der Entdecker aus moderner Zeit beschrieben werden.

Der Erwerb der Bucht von Assab ist nicht vergleichbar mit dem halb mythischen Coup von Peter Minuit, der 1626 den Einheimischen die Insel Manhattan für Glasperlen und weiteren Ramsch abkauft - eine Geste kultureller Überwältigung, die zu d e m Symbol der vorgeblichen Naivität und Leichtgläubigkeit der Eroberten wird.

In dem Dokument über Assab geht es um privaten Kauf und Verkauf. Es zeigt, dass es damals in den Gegenden, die zur Beute der „Entdecker" werden, keineswegs irgendwelches unbekannte Land gibt, dem man die Zivilisation bringen muss. Es ist einfach eine andere Zivilisation, die seit Jahrhunderten das gemeinsame Leben nach einem eigenen kodifizierten Recht regelt, die über Institutionen und Gesetze verfügt, die nicht einfach missachtet werden können - jedenfalls nicht stärker als es in jener Zeit in Europa möglich ist -, die vielmehr in Form und Inhalt respektiert werden müssen.

Es ist interessant festzustellen, dass in dem Dokument - auch in seiner italienischen Übersetzung in den Händen der Gesellschaft Rubattino - zuerst das Datum des islamischen Kalenders angegeben wird. Das legt nahe, dass es sich um eine Vereinbarung nach lokalen Normen handelt und dass nur die Tatsache, dass einer der Unterzeichner Ausländer ist, die Synchronisierung der Kalender notwendig macht.

Der Kalender Giuseppe Sapetos wird als europäischer Kalender definiert, in einem Verständnis, das wir heute „multilateral" nennen würden. Die Sultane von Assab erkennen die Existenz einer europäischen Zeitrechnung an, aber verstehen sie offensichtlich nicht als dominant.[167]

Die Anerkennung der bindenden Wirkung dieses Vertrags zuerst

[167] Die doppelte Datierung verschwindet aus den Dokumenten, nachdem die Kontrolle über das Territorium auf die italienische Regierung übergegangen ist, die eine multikulturelles Herangehensweise nicht mehr für notwendig hält.

durch Sapeto und Rubattino und dann durch das Königreich Italien - das den Vertrag als historische Voraussetzung des kolonialen Erwerbs sogar in der „Gazzetta Ufficiale" veröffentlicht - bedeutet auch die Anerkennung der effektiven Souveränität der Sultansbrüder über jenes Stückchen Land zwischen Meer und Wüste und ihres Rechts, dieses Land zu verkaufen.

Und doch ist es die italienische Regierung, die - unter Missachtung der Gesetze des Sultanats und auch der damals in Italien geltenden Gesetze - einen Rechtsakt zu Eigentumsfragen in eine Übertragung von Souveränität verwandelt. Es ist so, als ob ein ausländischer Bürger ein Stück staatseigenen Grund und Boden in Italien erwirbt und es dann an sein Herkunftsland weitergibt, damit es Teil dieses fremden Staates wird.

In der Tat wäre das ein „unzivilisierter" Akt.

Der Kauf und Verkauf Assabs und die Manipulation dieses Rechtsakts führen zu zwei Schlussfolgerungen. Die italienische Regierung - wie alle anderen europäischen Mächte, die sich damals am Angriff auf Afrika beteiligen - ist sich deutlich der Tatsache bewusst, dass die von ihr besetzten Gebiete keineswegs ohne staatsrechtlichen Status sind. Es sind keine „freien" Gebiete, die zu zivilisieren sind.

Gerade die Manipulation des Vertrags über Assab von 1869 setzt die Anerkennung einer bestimmten Bedeutung dieses Vertrags und seiner Unterzeichner voraus - selbst wenn es sich nur um Anerkennung zum Zweck einer unberechtigten Aneignung handelt.[168] Diese Gebiete haben eigene administrative Formen entwickelt, die sich in rechtlicher Hinsicht gegenüber den italienischen Ansprüchen auf internationaler Ebene durchaus gleichrangig darstellen und die nur unverhüllter Gewaltanwendung weichen.

Aber in der Heimat zu erzählen, dass man - beginnend bei null - eine neue Zivilisation schafft, ist nützlicher als zu sagen, dass man ein vorhandenes soziales System beseitigt, um es durch koloniale Herrschaft zu ersetzen.

Tatsächlich ist die Vorstellung weit verbreitet, man habe es mit jahrtausendealter Primitivheit zu tun: mit Einheimischen, die noch in der Steinzeit stecken und die unwissend den Reichtum ihres eigenen Landes vergeuden. Es ist ein Reichtum, den das Recht der weißen Zivilisation - wie der Zufall es will - eben den Weißen zuspricht. Man

[168] „Unberechtigt" vom Standpunkt des lokalen Rechts aus, aber auch - wenn man es tatsächlich angewandt hätte - vom Standpunkt des italienischen Rechts aus.

kann sagen, dass genau das die Voraussetzung eines jeden Kolonialismus auf der Suche nach Profit ist.

Die Europäer, die dank der technologischen Revolution seit dem 15. Jahrhundert ihren Kontinent verlassen, sind von verschiedenen Motiven bewegt - im Vordergrund stehen wirtschaftliche. Der Historiker Carlo M. Cipolla erinnert daran: „Als sie die lange und gefährliche Reise begannen, fantasierten die Europäer eher von Gold als von verlorenen Seelen, die aus der Finsternis geholt werden sollten".[169]

Es erweist sich aber als ausgesprochen zweckmäßig, sich weiterhin die zu erobernden Gebiete als frei von jeder Form von Zivilisation vorzustellen bzw. sie so darzustellen.

Die Sultanate von Midschurtinia und Obbia haben sich die Küstengebiete des Indischen Ozeans angeeignet und kontrollieren sie auf effiziente Weise. Sie sind die letzten Erben einer nahezu ununterbrochenen Reihe von Regierungen, von denen man seit der Ausbreitung des Islam am Horn von Afrika weiß, also seit dem 7. Jahrhundert.

Die mit den Italienern unterzeichneten Verträge werden von den lokalen Herrschern keineswegs als vollständige Aufgabe der Souveränität verstanden, sondern eher als eine Rückversicherung und eine Allianz auf internationaler Ebene im Interesse regionalpolitischen Gleichgewichts. Die Italiener gelten als Vertreter einer auswärtigen Macht, die die Einheimischen in eine globale Balance einbezieht, die ihnen aber im Inneren relativ viel Freiheit lässt.

Wie erwähnt, bezahlt Italien die lokalen Sultane für die Billigung des Protektorats. Bis 1923 - als der neue Kurs des Faschismus zur gewaltsamen Abschaffung[170] der Strukturen lokaler Selbstregierung[171]

[169] C.M. Cipolla, „Vele e cannoni". Bologna 2011, S. 115. (italienische Erstausgabe 1983, englische Originalausgabe 1965). Vgl. auch J. Diamond, „Armi, acciaio e malattie. Breve storia del mondo negli ultimi tredicimila anni", Turin 2006 (Erstausgabe 1998).

[170] Vor allem durch das Handeln des faschistischen Hierarchen und *quadrumviro* * Cesare Maria De Vecchi. Nach seiner Ernennung zum Gouverneur Somalias beginnt er ein Werk gewaltsamer „Befriedung", mit Zerstörung des Machtgleichgewichts, das bis dahin mit den lokalen Vertretern bestand (vgl. den Beitrag „De Vecchi, Cesare Maria" in: V. De Grazia, S. Luzzatto [Hg.], „Dizionario del Fascismo", Turin 2019, S. 425ff).
* *quadrumviri* (Singular: *quadrumviro*): vier Anführer der faschistischen Bewegung neben Mussolini Anfang der 1920er Jahre. [Anm. d. Übers.]

[171] Zum Beispiel im Bereich der kolonialen Justiz, mit dem Königlichen Dekret Nr. 3036 vom 20. Dezember 1923 *Modificazioni dell'ordinamento giudiziario della Somalia italiana*, in: G. U. 21 25-01-1924. Durch das Dekret wird die Kontrolle

führt - besteht zwischen Kolonialisierten und Kolonisatoren eine vertragliche Beziehung, zumindest in der Sicht der Somalier. Auch hier gelingt es nur mit "technologischer Gewalt", die grundlegenden Strukturen einer alten und differenzierten Gesellschaft zu beseitigen.

An Ort und Stelle zerstört man Formen lokaler Selbstverwaltung, andererseits berichten die italienischen Zeitungen während der ganzen Kolonialzeit über Episoden, die eine primitive Gestimmtheit der Bevölkerung suggerieren - besonders, wenn gleichzeitig die italienische Zivilisation ins Licht gerückt werden kann:

„Ehre gebührt Italien auch wegen des traurigen Vorfalls von Saati. Eine aus Ailet geflohene abessinische Sklavin kam vor einigen Tagen zum Kommandanten des italienischen Lagers mit der Bitte um Freiheit und Schutz. Vermutlich verlangten Motive kolonialer Politik eine Überstellung der Unglücklichen an ihren Eigentümer. Dieser hatte wahrscheinlich beim italienischen Militär Anspruch auf sie erhoben. Aber zweifellos - so wie jeder sich ein Bild von der Haltung des italienischen Oberkommandos machen kann - wird zivilisiertes Denken auch dieses Mal über politische Vorstellungen siegen. Übrigens ist in Abessinien Sklaverei nach wie vor üblich, im Gegensatz zu früher allerdings eher im Verborgenen."[172]

Diese Episode gehört zu den ersten, die sich in der Presse finden. Sie ist Teil einer von den italienischen - und überhaupt den westlichen - Medien bis heute oft hervorgehobenen hagiografischen Tradition:[173] der „Heroismus der Weißen" ist sehr nützlich, um den Sinn einer Intervention zu verdeutlichen, die „zivilisierend" sein soll.

Eine Militärintervention hinter dem Anspruch eines Exports der Zivilisation zu verstecken, reicht nicht aus, um die Leser - und die öffentliche Meinung im allgemeinen - vom Sinn dieser Intervention zu überzeugen. Die Chronik der Zusammenstöße oder die Rechenschaftsberichte über die Enteignung von Land mit Meldungen zu begleiten, die von der Gutmütigkeit der Italiener - und insbesondere der italienischen Soldaten - sprechen, hat dagegen eine unmittelbare Wirkung auf die Wahrnehmung der kolonialen Bemühungen: die Italiener sind in Afrika, um die abessinischen Sklavinnen zu retten.

der Justiz - an der zuvor auch lokale Vertreter beteiligt waren - in die Hände italienischer Beamter gelegt.

[172] „La carovana abissina per Archiko", *Corriere della Sera*, 29. Oktober 1888.

[173] Vgl. www.esercito.difesa.it/comunicazione.

Und um diese Aufgabe zu Ende zu bringen, sind Italiens Soldaten - vielleicht - bereit, mögliche Motive von „Realpolitik" außer Acht zu lassen. Sie beabsichtigen nicht, die Sklavin - deren Name nicht berichtet und die einfach als die „Unglückliche" identifiziert wird - auszuliefern. Vielmehr könnten sie sich über die Normen des politischen *common sense* hinwegsetzen und den Grundsatz von Italiens Königlicher Armee - die Verteidigung der Schwachen - bekräftigen. Es finden sich keine Berichte über das weitere Schicksal der „Unglücklichen", auch weil nicht s i e die Protagonistin ist: im Mittelpunkt stehen die Armee und ihre Aufgabe, die Zivilisation - mit Gewalt - zu bringen.

Warum sind wir hier?
2. „Wir sind Moderne statt Mittelalter"

Im Fall von Eritrea und Somalia hilft eine gewisse Kurzsichtigkeit hinsichtlich der Geschichte der nichtweißen Völker der Propaganda sehr bei der Verbreitung der Vorstellung, die Kolonien seien „wildes Land". Bei den ersten beiden Besetzungen von Überseegebieten durch Italien fördern Schweigen und Ignoranz mit Blick auf die Verhältnisse dort vor Ankunft der Kolonisatoren die Zweifel, ob die Formen lokaler Selbstregierung ausreichen, um mutmaßliche Standards von Zivilisation zu garantieren.

Der sich herausbildenden öffentlichen Meinung Italiens kann man leicht erzählen, die besetzten Gebiete seien „Niemandsland" gewesen - auch weil bis zum letzten Viertel des 19. Jahrhunderts nur ziemlich wenige Italiener etwas von den Sultanen von Assab oder Obbia oder Midschurtinia gehört hatten.

Anders muss man jedoch die folgenden Schritte des italienischen Imperialismus betrachten.

Was China angeht, kann man unmöglich von Niemandsland sprechen: eine jahrtausendealte Zivilisation - über Jahrhunderte technologischer Motor des Planeten, mit außergewöhnlicher Kontinuität der staatlichen Strukturen - kann nicht als primitiv abgestempelt werden. Als das Königreich Italien an dem Feldzug gegen die Boxer[174] teilnimmt, ist es kaum vierzig Jahre alt, das chinesische Kaiserreich da-

[174] Boxer: ein Aufstand nationalistischer chinesischer Gruppen (im Westen wegen ihrer traditionellen Kampfkunstausbildung als „Boxer" bezeichnet) 1899 entwickelte sich zu einem Krieg zwischen China und einer Koalition damaliger Kolonialmächte, darunter auch Italien. Der Konflikt endete mit der Niederlage Chinas 1901. [Anm. d. Übers.]

gegen etwa viertausend Jahre.[175] Also muss man das Paradigma umdrehen: das Alter der Strukturen und ihr Fortbestehen über die Jahrhunderte sind die wahren Probleme Chinas. Es ist ein „verknöchertes" Land, im Mittelalter stehengeblieben, korrupt und vor allem „dekadent". Das ist das Schlüsselwort der imperialistischen Erzählung über außereuropäische Wirklichkeiten mit b e k a n n t e r Geschichte.

In der Praxis wird zwar akzeptiert, dass bestimmte Völker einen gewissen Grad von Zivilisation erreicht haben. Man suggeriert aber, sie sei erschöpft und der Fortschritt fordere einen Tempowechsel, auch durch einen militärischen Schock.

So bekommt die italienische Expedition nach China den gleichen „zivilisierenden" Wert wie zuvor die zu den Küsten des Roten Meeres. Eine Zivilisation aufzubauen oder wiederherzurichten sind beides Teile der Verpflichtung, die „Weiße" zu erfüllen haben. Auch in diesem Fall werden die Neuigkeiten von der Front begleitet von Berichten über Massaker und andere Gewaltakte, die von der Barbarei der A n g e g r i f f e n e n zeugen, zusammen mit Hinweisen auf Dummheit oder Korruption der Regierenden Chinas und ihre Unfähigkeit, die Situation unter Kontrolle zu behalten.

Auch für Tripolitanien und die Kyrenaika - offiziell noch Teile des osmanischen Reichs - gilt das Bild der „blockierten Zivilisation", die auf der Straße des Fortschritts schon seit Jahrhunderten stillsteht. Die Türkei ist per definitionem für die Pamphletistik, die Presse und auch die europäischen Staatskanzleien „der kranke Mann Europas".[176]

Das ist ein Ausdruck, der das Bild morscher Strukturen vermittelt, die nicht mehr die typischen Züge eines modernen Staates aufweisen. Der italienisch-türkische Krieg ist in den Augen der Regierung in Rom eine Auseinandersetzung, in der es darum geht, einer unfähigen Regierung ohne Zukunft ein Territorium wegzunehmen, das in den Händen der Italiener aufblühen könnte. Das ist - wenn man genauer überlegt - eine zweifelhafte Vorstellung, weil sie an Schakale erinnert, die Kadaver rauben. Dennoch hat sie - ins Positive gewendet - starken Einfluss auf die Vorstellungswelt des Jahres 1911.

Auch deshalb werden die Fälle von Widerstand in Städten wie Tripolis oder Bengasi nach der Ankunft der Soldaten der Königlichen Armee von vielen Italienern als verblüffend und befremdlich emp-

[175] Vgl. M. Sabattini, P. Santangelo, „Storia della Cina", Rom-Bari 2005.

[176] So formuliert es schon Zar Nikolaj I. von Russland 1853 in einem Gespräch mit dem englischen Botschafter (vgl. R. Evans, „Alla conquista del potere. Europa 1815- 1914", Rom-Bari 2020).

funden. Sie können nicht verstehen, warum „die Libyer" die Bemühungen nicht verstehen und es nicht schätzen, dass die alte türkische Verwaltung durch die - zumindest in der Theorie - modernere und effizientere aus Italien ersetzt werden soll.

Dieses verstörende Verhalten - verstanden als entschiedene Ablehnung der Zivilisation - entfesselt eine blinde Wut, die in wahren Massakern an Zivilisten endet. In einem schrecklichen Teufelskreis führt die Vorstellung, die Libyer seien so zurückgeblieben, dass sie die Zivilisation ablehnen, zur Überzeugung, dass sie mit einer Härte bestraft werden müssen, die unter zivilisierten Völkern unvorstellbar ist. Die empfundene Unterlegenheit der Kolonialisierten rechtfertigt wieder bestialische Gewalt ihnen gegenüber.

Die italienische Propaganda der dreißiger Jahre gegen das äthiopische Reich ist eine „schlaue" Mischung aus der Leugnung der Zivilisiertheit jener Gebiete und dem Willen, die „im Mittelalter steckengebliebene" abessinische Zivilisation zu überwinden. Dieses Reich ist ein wildes Territorium und zugleich eine dekadente und kranke Zivilisation, die niedergehalten und auch mit Gewalt in die Moderne geführt werden sollte. In Zeitungen und Wochenschauen werden sowohl das Fehlen eines Systems moderner Werte - viel Raum erhalten Formen der Unterordnung, die man systematisch als „Sklaverei" definiert - als auch die Korruption des dort herrschenden Establishments hervorgehoben.

Man äußert sich sarkastisch über die Körperlichkeit des Kaisers Haile Selassie [177], man zeigt ihn mit den klassischen Attributen des Wilden und zielt mit Karikaturen auf ihn, da er allzu klein sein soll. Auch in diesem Zusammenhang - richtig verstanden - erweist sich die Satire als auf bittere Weise ironisch, wenn man an die notorisch „dürftige" Statur von Vittorio Emanuele III., König von Italien, denkt: auch er wurde im Lauf der Jahre im Vaterland und im Ausland wegen seiner Körpergröße zum Objekt boshafter Satire.

In einer schwierigen Balance gelingt es zu vermitteln, dass das äthiopische Reich ein barbarischer Staat ohne Zeichen von Zivilisierung oder aber mit den Zeichen einer sterbenden Zivilisation ist. Auf jeden Fall gehören beide Motive zu den Motoren der kolonialen Ex-

[177] Auf Amharisch - der Sprache des äthiopischen Kaiserhofs - „Macht der Dreifaltigkeit". Es ist der 1930 - bei seiner Thronbesteigung - von Ras * Täfäri Mäkonnen (Tafari Makonnen), dem Vetter von Kaiser Menelik II., angenommene zeremonielle Name.

* Ras: äthiopischer Adelstitel. [Anm. d. Übers.]

pansion Italiens, die sich auf fehlende Akzeptanz des Anderen und auf mangelndes Verständnis für ihn gründet.

Es ist eine fehlende Akzeptanz, die sich dramatisch in der steten Entmenschlichung des Eroberten zeigt. Sein Bild erhält die Züge widerstreitender Verschiedenheit. Die Abweichung vom siegreichen Modell ist der Fluch über den Kolonialisierten - und diese Verschiedenheit wird von der Propaganda laufend hervorgehoben.

Das Stereotyp erzählen, um das Vorurteil zu bekräftigen

„Man schreibt uns aus Genua:

‚Gestern [27. Juni 1884] sind hier von der Bucht von Assab - der italienischen Kolonie - vier Eingeborene mit zwei Kindern eingetroffen, mit dem Ziel Turin, wo man für sie auf dem Ausstellungsgelände Hütten vorbereitet hat. Sie gehören zum Stamm der Dankali. Einer von ihnen ist Ibrahim, Sohn des Sultans und Thronerbe. Er ist 16 Jahre alt und perfekt schwarz, er trägt einen roten Brustpanzer, darüber einen Mantel aus weißer Seide, der ihm bis zu den Füßen fällt und der Zeichen seiner Ranges ist. Seine Arme und Beine sind nackt, die Haare dicht und kraus, er trägt einen weiten [sic!] Schild aus schwarzem Leder, in dessen Mitte sich der Schwanz eines Büffels - Zeichen der Befehlsgewalt - befindet.

An der Seite trägt er eine wuchtige Hiebwaffe mit zwei Schneiden in einem Beutel [sic!] aus Leder, in der Hand hält er die Lanze mit dem Emblem des Truppengenerals, das aus einer kleinen Kupferplatte besteht. [...] Die Gruppe der Eingeborenen aus Assab - unsere Mitbürger - befindet sich noch in Genua und wartet auf Instruktionen sowohl des Exekutivkomitees der Ausstellungsgesellschaft als auch des Außenministeriums.

Heute hatten Herr Tarchi - Vertreter des Königlichen Kommissars in Assab -, der die Danahil begleitet, und der Delegierte Gamacchio, der zu ihrer Verfügung gestellt wurde, nicht wenig zu tun, um sie im Haus zu halten, wie es den aus Rom empfangenen Anordnungen entspricht. Unsere Gäste, an die frische Luft gewöhnt, wollten sich heute schon bei Tagesanbruch zu einem Rundgang durch die Stadt aufmachen. Zur Stunde des Mittagessens wünschten sie einen Ochsen oder eine Ziege zu schlachten, da sie nur das Fleisch von ihnen selbst getöteter Tiere essen. Nach langer Diskussion gaben sie sich mit einigen Hühnern zufrieden, die sie - miteinander raufend - in Stücke rissen.‘“[178]

[178] „I Dankali per l'Esposizione di Torino", *Corriere della Sera*, 29. Juni 1884.

Der Bericht des Korrespondenten des „Corriere della Sera“ ergänzt perfekt das Bild, das man in Italien - und überhaupt in Europa - von einem Bewohner anderer Kontinente haben muss. [179] Man verbreitet sich über exotische Details wie die Waffe und den Schild - und weitere, die die Fremdheit gegenüber der modernen Welt hervorheben, wie den Büffelschwanz, „Emblem der Befehlsgewalt“. Wahrscheinlich fanden die Besucher der Ausstellung diese Dekoration mit Tierteilen eindeutig bizarr. Vollkommen normal gefunden hätten sie gleichzeitig die Kopfbedeckung aus Bärenfell der Grenadiere aus Sardinien - einer Einheit der Königlichen Heeres - oder die Kapaunfedern auf dem Hut der Bersaglieri[180].

Die physische Beschreibung des jungen Ibrahim gleicht wesentlich mehr der eines Tieres als der eines Menschen: „er ist perfekt schwarz“ - eine Charakterisierung, die sich auch für ein Tierfell eignet -, „seine Arme und Beine sind nackt“. Es ist ein Detail, das sein wildes Wesen hervorhebt - in einer Gesellschaft, die sich damals ausgesprochen verhüllende Kleidung ausdenkt, und die eine sehr komplexe und enge Vorstellung von dem besitzt, was als „Scham“ gilt. Man macht - mehr oder weniger absichtlich - Rangsymbole lächerlich. Das Emblem des Befehlsgewalt an der Lanze wird beschrieben als „kleine Kupferplatte“. Diese Definition könnte - wenn man das Material austauscht - auf praktisch alle Medaillen und Dekorationen der Soldaten der Königlichen Armee Italiens angewandt werden.

Das Auge des Kommentators erfasst einige Details und „verdreht“ sie, andere vergrößert es ins Gigantische, um den Lesern Botschaften nahezubringen. Die „Gäste“, die Dankali, wollen die Stadt, in der sie sich aufhalten, besichtigen, weil sie „an die frische Luft gewöhnt“ sind - also an „rohe“ Verhältnisse. Man erwartet von ihnen nicht die Neugier, die wahrscheinlich jeder hat, der in eine fremde Stadt auf einem anderen Kontinent kommt. Die „Neugier“ ist ein typisches Gefühl des modernen weißen Mannes als Entdecker. Für die „Entdeckten“ passen nur Vorstellungen von Käfigen oder Wildheit.

Der letzte Teil des Textes - über das Mittagessen - soll das Bild mit einer „animalischen“ Episode vervollständigen. Die Wünsche Ibrahims und seines Gefolges in Sachen Essen hängen wahrscheinlich mit

[179] Zur Verbreitung der rassistischen Stereotypen in der Presse Ende des 19. Jahrhunderts s. M. Nani, „Ai confini della Nazione. Stampa e razzismo nell'Italia di fine Ottocento“, Rom 2006.

[180] Bersaglieri: italienische Infanterieeinheiten mit fantasievollen Paradeuniformen. [Anm. d. Übers.]

religiösen Gefühlen zusammen. Sie möchten halāl-Speisen, wie von der islamischen Religion vorgesehen. Ihnen ist klar, dass ihr Wunsch in Genua am Endes des 19. Jahrhunderts nicht zu erfüllen ist - daher bieten sie an, die Tiere für die Mahlzeit selbst zu schlachten. Dieser Vorschlag wird umgedeutet in ein archaisches Bedürfnis, „Beute abzuschlachten". Die abschließende Szene ist beschrieben wie der Streit eines Rudels von Raubtieren um Hühner.

Gerade einmal zwei Jahre nach der Etablierung der Ansiedlung Assab als Kolonie entscheidet sich die italienische Regierung, die Errungenschaften der italischen Zivilisation „zur Schau zu stellen". Sie deportiert einige „Exemplare" von Einwohnern der Kolonie, um sie auf der Esposizione Generale Italiana[181] zu zeigen.

Was damals in Turin veranstaltet wird, ist die erste große nationale Schau des Königreichs, entworfen nach dem Modell der Weltausstellungen in den Metropolen seit Mitte des 19. Jahrhunderts. Sie soll ein Schaufenster der Errungenschaften italienischer Modernität sein. Auf jeden Fall sollen die kolonialen Erfahrungen des Landes hervorstechen. Der junge Prinz Ibrahim und seine drei Begleiter sind das Hauptobjekt eines Arrangements, das den Italienern die Ergebnisse des Exports der Zivilisation zeigen soll.

Der Prinz und sein kleines Gefolge - vom Korrespondenten des „Corriere della Sera" mit einem Hauch von Liberalismus als „Mitbürger" bezeichnet - sollen im Publikum das Bild des gezähmten Wilden festigen: der stolze afrikanische Krieger, der sich wie der Freitag des Robinson Crusoe in seinem barbarischen Stolz zeigt.

Die Beschreibung des Journalisten des „Corriere" zeigt, dass damals nicht nur die öffentliche Meinung, sondern auch die koloniale Führungsetage auf die Ankunft von „Ausstellungsobjekten aus Übersee" in Fleisch und Blut nicht vorbereitet war. Man versteht ihre Ernährungsgewohnheiten nicht, man kennt ihre Gebräuche nicht. Sie sind nur Teil einer Inszenierung, eine choreografische Ergänzung zu den Hütten, die in der Ausstellung aufgebaut wurden. Angesichts der Verzögerung beim Start seiner Kolonialpolitik besitzt Italien - im Unterschied zu anderen Ländern - in den achtziger Jahren des 19. Jahrhunderts in keiner Weise das notwendige *know how*, um sich in der Realität der besetzten Gebiete zurechtzufinden.

[181] Esposizione Generale Italiana / Allgemeine Italienische Ausstellung: umfassende Ausstellungen zu Wirtschaft und Gesellschaft Italiens seit 1881, an wechselnden Orten. [Anm. d. Übers.]

Abgesehen von einigen Autodidakten oder „Protoanthropologen" wie Sapeto, die sich immerhin einen Packen Kenntnisse erworben haben, verfügen so gut wie alle mit der Verwaltung der Kolonie Eritrea betrauten Beamten über keinerlei Vorstellung von deb Charakteristika diese Gebiete. Dieses Defizit - erst Jahrzehnte später mühsam behoben - wird zu einem der Gründe für das ineffiziente Handeln der italienischen Regierungen in ihren Kolonien (und auch für Auseinandersetzungen, Unverständnis und Gewalt).

Die „Menschenzoos" entstehen in der zweiten Hälfte des 19. Jahrhunderts, sie flankieren die öffentliche Erzählung von den Kolonien in Europa. [182] Es geht um Fragmente der Menschheit, aus ihrem Kontext gerissen und dem Publikum der großen europäischen Städte gezeigt, um die gewaltige Arbeit herauszustellen, Völker anderer Kontinente zur Zivilisation zu führen - und auch, um im Publikum die Idee der weißen Überlegenheit zu verankern.

Die ersten Ausstellungen, die auf die Benutzung menschlicher Wesen setzen, haben unmittelbar Erfolg beim Publikum. Die morbide Leidenschaft für das Exotische, das Verlangen nach Neuem, verschwommene Neugier auf den Fremden und nicht zuletzt die uneingestandene Befriedigung, sich besser als Menschen zu fühlen, die wie Tiere ausgestellt werden - all das bedeutet einen sicheren Erfolg für Ausstellungen, die einige Exemplare von „Eingeborenen" im Katalog anbieten.[183]

Prinz Ibrahim und seine Begleiter haben - abgesehen von ihrer Reklamewirkung - eine weitere sehr wichtige Funktion. Sie sollen zeigen, dass auch Italien als Protagonist an der Aufteilung Afrikas beteiligt ist. Und es soll verdeutlicht werden, dass die Italiener - wie alle anderen Europäer - die Zivilisation exportieren. Dem spöttischen Publikum einen unterworfenen Prinzen und seine Begleiter vorzuführen, dient als imperiales Statussymbol. Es bestätigt, dass auch Italien Teil der Avantgarde der weltweiten Zivilisierung ist.

Die Ausstellung in Turin - geöffnet von April bis November - hat enormen Erfolg, sie zieht etwa drei Millionen Besucher an.[184] Die For-

[182] Zur Geschichte der Ausstellungen menschlicher Wesen in Italien s. G. Abbattista, „Umanità in mostra. Esposizioni etniche e invenzioni esotiche in Italia (1880-1940)", Triest 2013.

[183] Diese Idee wird schon von der damaligen Belletristik verbreitet: s. P. Carmagnani, „Luoghi di tenebra. Lo spazio coloniale e il romanzo", Rom 2011.

[184] Vgl. „Scheda dell'Esposizione Generale Italiana 1884", in: www.museotorino.it.

mel ist überzeugend: als Objekte ausgestellte menschliche Wesen werden von da an die größeren Ausstellungen in Italien ausschmücken. 1911 werden wieder acht „farbige" Statisten[185] nach Turin deportiert, um das an den Ufern des Po neu aufgebaute „eritreische Dorf" zu beleben. Den Italienern soll erzählt werden, dass auch der Kolonialismus ein Zeichen des Fortschritts ist, möglich geworden durch die Einigung Italiens.

Prinz Ibrahim, seine Begleiter und die acht Statisten der Ausstellung von 1911 sind eine erste Besänftigung für den wachsenden Unterlegenheitskomplex des italienischen Staates gegenüber dem übrigen sogenannten Westen. Viele, viele andere Versuche werden folgen. Bis zum heutigen Tag.

Das Bestialische des Kolonialisierten in zwei Symbolen: „Nasenring" und „Wecker am Hals"

Zu Anfang stammt der überwiegende Teil der Stereotype der Italiener über die Unterworfenen aus Berichten über die Erfahrungen anderer Kolonialismen: überzogene Geschichten von unerforschten Territorien, von Dschungeln und Savannen voll grausamer Kannibalen, von Abenteurern, die sich an sagenumwobenen verborgenen Schätzen bereichern. Die kollektive Vorstellungswelt der Italiener scheint geprägt von romanhaften Berichten aus fremden Kolonialreichen und deren kultu-

[185] Die Broschüre zur Ausstellung nennt ihre Namen, Religion, Beruf und Herkunft *:
- Haggi Ramadan und Mohammend Faragg, Muslime aus Archico in der Nähe von Massaua, Goldschmiede
- Alì Idris, sudanesischer Muslim, ebenfalls Goldschmied
- Tafarì Gosciù, koptischer Christ aus Adua, bezeichnet als „Maler und Zeichner farbiger Ansichtskarten im naiven Stil"
- Mohammend Ibié und Mohammend Abd-Haggi, beide Muslime aus Adua, Sticker bzw. Weber
- Idris Omer, Muslim aus Cheren in Eritrea, Sattler und Hersteller von Sandalen und Pantoffeln.

Schließlich die einzige - als alt beschriebene - Frau, Alfiot Hamed, Muslimin aus Cassala im britischen Sudan, Weberin von Pflanzenfasern. Es fällt auf, dass nur drei der acht Deportierten wirklich italienische Kolonialuntertanen sind. Die übrigen wurden *ad hoc* rekrutiert, um eritreische Handwerker darzustellen, ohne es zu sein.

Vgl. „Le mostre coloniali all'esposizione internazionale di Torino del 1911, Relazione generale", Rom 1913.

* Die Namen werden in der italienischen Umschrift wiedergegeben. [Anm. d. Übers.]

rellen Spiegelungen - von Jules Verne bis zu Emilio Salgari ist nahezu die Gesamtheit dessen, was man über die Welt „in Übersee" weiß, eine Mischung aus individuellen Berichten, weitergereichten Nachrichten und viel, sehr viel (und nicht immer erstrangiger) Literatur.[186]

Als die Italiener auch physisch in den Kolonien ankommen, sehen sie sich einer Wirklichkeit gegenüber, die sich oft von der vorgestellten unterscheidet. Komplexität und Alter der gesellschaftlichen Strukturen, lokale Ressourcen und sogar die Geografie erschließen sich den neu Angekommenen oft nicht. Dieses Unverständnis führt zu einer nur schwer zu überwindenden Distanz:

„Sie haben keine Vorstellung von dem armseligen Zustand, in dem sie leben. Noch seltsamer: solche, die sich außerhalb Massauas an zivilisierten Orten aufhielten, kehren - gleichgültig, ohne Bedauern - wieder zu jenem Leben zurück. Ich habe etliche gesehen, die einige Zeit Diener von Offizieren oder Reisenden waren, sich europäisch kleideten, aßen wie wir (und die kaum für Probleme sorgten). Von einem Tag auf den anderen - ohne zu klagen - kehrten sie zurück zu dem unsteten Leben von früher, um von einer Handvoll Hirse zu leben, als ihr Herr sie entließ und wegjagte (weil sie - um ihre Dankbarkeit zu zeigen - stahlen)".[187]

Das schreibt der Entdecker und Politiker Vico Mantegazza in seinem Bericht über eine Reise von Eritrea nach Äthiopien 1888. Erzählungen wie diese, die bereits verfestigten Klischees folgen, bekräftigen noch das Bild des wilden Afrika, das nur darauf wartet, zivilisiert zu werden. Aber sie vermitteln auch die Vorstellung, dass doch die Zivilisierung eine im Grunde unnütze, zum Scheitern bestimmte Anstrengung ist. Die Kolonialisierten scheinen „biologisch" dem Fortschritt abgeneigt. Daher kann man in den Kolonien kaum Sinnvolleres tun als sich die Rohstoffe anzueignen, die sonst vergeudet würden - und statt der Menschen den Raum dort zu zivilisieren.

Die Begegnung von Europäern - in diesem Fall Italienern - und kolonialisierten Völkern gleicht sehr oft einem Kulturschock. Die Distanz zwischen beiden Seiten ist so groß, dass viele der v o r der Begegnung mit dem Anderen aufgehäuften Vorurteile und Stereotype sich w ä h r e n d der Begegnung noch verstärken.

[186] Ein Überblick über die Produktion der sogenannten „Kolonialliteratur" Italiens findet sich etwa bei G. Tomasello, „L'Africa tra mito e realtà. Storia della letteratura coloniale italiana", Palermo 2004.

[187] V. Mantegazza, „Da Massaua a Saati. Narrazione della spedizione italiana del 1888 in Abissinia", Mailand 1888, S. 23f.

In diesem Zusammenhang könnte es interessant sein, einem Ausdruck nachzuspüren, der in die italienische Umgangssprache eingegangen ist und der durch das koloniale „Entdeckertum“ allmählich eine neue Bedeutung erhält.

„Ich habe doch keinen Ring in der Nase!“[188] ist ein früher weit verbreiteter Ausdruck, der sich aber auch heute in der gesprochenen Sprache findet und der im Wesentlichen bedeutet „Du kannst mich nicht so leicht auf den Arm nehmen!“ oder „Ich bin doch nicht dumm!“. Es ist ein Satz, wie es viele im Arsenal der Umgangssprache gibt und der bis vor nicht allzu langer Zeit auch in journalistischen und literarischen Zusammenhängen benutzt wurde. Diese Redensart hat eine sehr weitläufige Geschichte, sie geht zurück auf die Realität des bäuerlichen Lebens: es ist ein uralter Brauch, die Nasenscheidewand großer Tiere (wie Rinder oder gezähmte Bären) mit Metallringen zu durchbohren, um sie fügsamer zu machen.

Der vom Ring - wenn an ihm gezogen wird - verursachte Schmerz ist so stark, dass er die Arbeits- oder Unterhaltungstiere davon überzeugt, sich gefügig zu bewegen und die Befehle des Antreibers auszuführen. Auch der mächtigste Stier oder ein Bär können durch das schmerzende Ziehen an einem Ring kontrolliert werden, der ihnen die Nasen aufreißt. So folgen gefährliche Tiere „stupide“ den Anordnungen ihres Führers, ohne sich zu widersetzen.

Zu sagen „Ich habe doch keinen Ring in der Nase!“ bedeutet also, dass man nicht ohne weiteres bereit ist, sich betrügen zu lassen. Der Ausdruck entsteht in der ländlichen Welt, aber macht im Lauf der Zeit eine Entwicklung durch, gewissermaßen wegen einer Erweiterung der sozialen Horizonte dieser Definition. Man entdeckt nämlich, dass es rund um die Welt viele Völker gibt, die sich aus kulturellen Gründen die Nase mit Objekten dekorieren - mit Ringen, Plättchen, Edelsteinen. Sie wurden sogar zu einem Studienobjekt:

„Die Nase mit ihrer Elastizität und Weichheit forderte den vandalischen Willen vieler Volksgruppen heraus. Hier die Beweise. Die Frauen der Tibbous in Nordafrika durchbohren sich den rechten Nasenflügel und befestigen daran ein Stück Koralle. Bei den Barabras Afrikas tragen manchmal die Reichen einen Nasenring. Auf Sansibar tragen die kleinen Mädchen im unteren Bereich der Nasenscheidewand ein Ringchen, das sie p'heti-ia-pouca (Nasenring) nennen. Die Frauen tragen stattdessen eine Art Knopf auf der Haut oberhalb der

[188] Entsprechung im Deutschen: “Ich lasse mich nicht an der Nase herumführen!”. [Anm. d. Übers.]

Nasenflügel. Frauen und Kinder von Labiar tragen an der Nase Goldringe, die mit Perlen oder Glasperlen dekoriert sind.

Die Frauen von Kattivar tragen in der Nase einen Ring voller (echter oder falscher) Edelsteine, ihr Gewicht zieht die Nase auf die Lippen herab. Jesaja und Ezechiel sprechen von Völkern, die Nasenringe tragen. [...] Alle Frauen Nubiens tragen Kupferringe mit Glasverzierungen an der Nase. Wer zwei oder drei Ringe tragen kann, ist glücklich. In Tallaboutchia tragen Jungen Ringe an der Nase. Die Inselbewohner von Rossel (Australien) lassen sich ein Stück Knochen oder Holz in die Nasenscheidewand einsetzen. In Neukaledonien ist dieser Brauch nahezu unbekannt. Während man in Afrika häufiger die Nase quält, zieht man in Amerika dafür die Lippen vor."[189]

Nicht verbreitet sind Nasenverzierungen unter Europäern, die darin folglich ein Moment großer Fremdheit sehen, ein starkes Element von Verschiedenheit. Das zitierte medizinische Mitteilungsblatt stuft daher mit einer guten Dosis Missfallen diese Praktiken als „Folter" und „Qual" ein. Der Redakteur - gefangen in einer eurozentrischen Sichtweise - ist nicht in der Lage, die Parallelen zu einem unter Europäern (vor allem Frauen) sehr verbreiteten Brauch zu erkennen, nämlich sich aus dekorativen Gründen die Ohrläppchen durchstechen zu lassen. Höchstwahrscheinlich hätte keiner der Leser der *Gazzetta medica italiana* von 1862 das als „vandalischen Willen" bewertet.

Die Verwendung von Nasenringen hält der gewöhnliche Europäer, wie wir gesehen haben, nur bei Tieren für üblich. Das gilt auch für die Praktik, Ringe an den O h r e n mancher Tiere (etwa Rinder) anzubringen, um sie identifizieren zu können. Aber auch in diesem Fall fällt die Parallele nicht ins Auge.

Von da aus ist es nur ein kurzer gedanklicher Sprung: den Nasenring tragen Tiere - gerade als groß und dumm gesehene Tiere. Daher haben Menschen, die einen Nasenring tragen, Züge von Bestialität. Die nubischen Frauen oder die reichen Barabras verraten ihre Primitivität durch Dekorationen, wie sie für Tiere typisch sind - für große, möglicherweise grausame, aber doch eher dumme Tiere.

Aus einem einfachen, oft missbrauchten Ausdruck entsteht also eine ganze Vorstellungswelt, die typische Stereotype für Arbeitstiere

[189] P. Mantegazza, „Prime linee di fisiognomia comparata delle razze umane. Lesioni artificiali del corpo umano. Tatuaggio e pitture", in: „Gazzetta medica italiana -Lombardia", Mailand 1862, S. 379f.

oder Tanzbären auf ländlichen Jahrmärkten auf die Kolonialisierten überträgt.

Im späten 19. und frühen 20. Jahrhundert (und durchaus bis heute) darf daher - wenn man einen afrikanischen Einheimischen mit dem Vorrat distinktiver Zeichen darstellen soll - keinesfalls ein Nasenring fehlen (ebensowenig Bastrock und krause Haare). In diesem Zusammenhang sind - oft humoristische - Karikaturen besonders wirksam, außerdem die Comics, die sich in Zeitungen und Zeitschriften verbreiten.

Eben diese Verbreitung von Karikaturen und Comics führt zur Entwicklung neuer Stereotype (und verstärkt die bereits vorhandenen). Wie der Kritiker Alessandro Scarsella in Erinnerung ruft, „kann man bei der Lektüre von Comics - annäherungsweise und vereinfachend - sagen, dass die Beziehung zur Wirklichkeit sich immer in Anspielungen und indirekt darstellt, ausgehend von früheren als exemplarisch wahrgenommenen Modellen. Aus der Karikatur kann ein neues Stereotyp entstehen, das zum Modell und selbst zu einem parodistischen Element wird".[190]

„Der Nasenring" ist eine sprachliche Neuerung, veranlasst durch die kolonialen Erfahrungen. Es gibt ähnlich starke Ausdrücke, die auf den direkten Kontakt mit den Kolonialisierten zurückgehen. Zum Beispiel ist für eine gewisse volkstümliche Sprache der Ausdruck „Ich habe doch keinen Wecker um den Hals hängen!" typisch. Oft ist dann auch vom Nasenring die Rede. Der Ausdruck bedeutet im Wesentlichen „Ich bin kein Ignorant, kein Trottel, ich bin nicht primitiv!".

Dieser Ausdruck entsteht wahrscheinlich bei der zufälligen Beobachtung von Missverständnissen bei der Nutzung von technischen Produkten, die im Warenaustausch an die lokalen Bevölkerungen gelangten. Möglicherweise hatte jemand bemerkt, dass feinmechanische Gegenstände mit etwas komplexerem Mechanismus - dazu könnte gut ein Tischwecker gehören - von den einheimischen Käufern als seltene Objekte aufgefasst wurden (und wahrscheinlich waren sie das durchaus). So galten sie als dekorativer Schmuck und sogar als Statussymbole. Und die Kolonialisierten konnten zutreffend feststellen, dass Europäer gern Uhren an sich trugen, in der Westentasche oder am Handgelenk.

Was die europäischen - und in diesem Fall die italienischen - Vorstellungen durcheinanderbringt (so dass man aus solchen Episoden

[190] A. Scarsella, „Note su fumetto e imitazione storica. Parodia, allegoria, memoria", in: N. Spagnolli, C. Gallo, G. Bonomi (Hg.), „Il Fumetto: fonte e interprete della Storia", Rovereto 2015, S. 71.

sogar idiomatische Ausdrücke herleitet), ist die Tatsache, dass es nicht gelingt, die mögliche Bedeutung eines derartigen Objekts und seinen Wert zu verstehen. Wenn man eurozentrische Maßstäbe benutzt, ist der Wecker am Hals ein lächerlicher Versuch, sich der von den Weißen gebrachten Technologie zu bemächtigen - ebenso beweist er die Unfähigkeit, deren Komplexität zu begreifen. Der Wecker am Hals ist das Symbol der Unfähigkeit des Kolonialisierten, auch nur die einfachsten „Früchte des Fortschritts" einzusammeln. Zugleich ist es das unausgesprochene Eingeständnis, dass ein Versuch, sie zu zivilisieren, vergebliche Mühe ist.

Der biologische Rassismus (also die Idee, die kolonialisierten Bevölkerungen seien nicht intelligent genug, um sich den Fortschritt zu eigen zu machen) ist nur einen Schritt entfernt - oder er steckt gleich hinter dem Wecker.

Das Bestialische des Kolonialisierten wird bei jeder Gelegenheit hervorgehoben. Die Askari (vor allem eritreische Soldaten, die in das italienische Kolonialheer aufgenommen werden) sind - mit Blick auf ihren Mut und ihre Loyalität - nicht etwa der Beweis für eine mögliche de facto - Gleichheit von Kolonialisierten und Kolonisatoren. Vielmehr gelten sie - traurigerweise - als Beweis für die Effizienz der Ausbildung durch italienische Militärs. „Keineswegs unnütz war, gemessen an den Werten der Zivilisation und der Geschichte, die Arbeit, die Italien sich auf seine jungen Schultern lud, wenn sich jetzt bei diesen Barbaren - die noch vor wenigen Jahren umherschweifende Räuber waren, gleichgültig gegen alle moralischen Bindungen - eine so heiße, so bewusste Hingabe an Italien zeigt. Dieses verstand es, zivilisierend zu wirken, seit es verstand, erziehend zu wirken."[191] Das schreibt ein Zeitungskorrespondent über die Ankunft eines Kontingents von Kolonialtruppen in Neapel, die 1912 in Libyen für Italien gekämpft hatten.

Im Faschismus wird die rassistische Pseudowissenschaft zum Staatsdogma, in Zeitschriften wie „La difesa della razza / Die Verteidigung der Rasse"[192] erscheinen prägnante Beschreibungen der rassischen Minderwertigkeit der Afrikaner gegenüber vermeintlichen weißen Tugenden:

[191] „L'entusiasmo degli ascari per l'Italia", *Corriere della Sera*, 29. Juli 1912.

[192] Zweiwöchentlich erscheinende Zeitschrift (vom 5. August 1938 bis zum 20. Juni 1943). Sie enthielt pseudowissenschaftliche Artikel zu den Themen Rassismus, Antisemitismus und faschistischer Imperialismus. Sie wurde in kurzer Zeit zum „Megafon" des italienischen Rassismus. Vgl. V. Pisanty, „La Difesa della razza. Antologia 1938-1943", Mailand 2019.

„Verglichen mit Europas Rasse scheint der Neger weniger zu einer schweren und steten Arbeit geneigt, er ist in gewisser Weise stärker als der Europäer durch unmittelbare Sinneseindrücke beeinflussbar. Auf Grundlage der Natur der momentanen Erfahrung scheint er ständig zwischen Gleichgültigkeit und hoffnungsloser Verzweiflung zu schwanken ...".[193]

In einer Luce-Wochenschau vom 12. Februar 1936 wird die alte Stadt Gondar beschrieben, die kurz zuvor von italienischen Truppen besetzt wurde. Als ihre Schönheiten besungen werden, ist auch die Rede von den romantischen Sonnenuntergängen, die die Stadt bietet. Zur Illustration erscheinen abwechselnd Bilder eines Paars von farbigen Einheimischen aus der Stadt, das sich umarmt, und Bilder eines Paars von Äffchen, die bei Sonnenuntergang auf einer Mauer hocken. Der Vergleich zwischen Kolonialisierten und Tieren ist immer nahe, auch wenn es um Gefühle geht.[194]

Amorphe Massen ohne Geschichte. Somalier, Libyer, Abessinier: alle sehen gleich aus, alle sind e i n e Rasse. Eine minderwertige ...

„Grob und ungestalt - mehr als jeder andere Erdteil, Australien ausgenommen - liegt Afrika auf der Weltkarte vor uns. Seine Umrisse, wie wir schon festgestellt haben, erinnern lebhaft an die Australiens und Südamerikas, sie kommen nicht der Anmut der Konturen Europas und Asiens oder auch Nordamerikas nahe."[195]

Afrika ist sogar seiner geografischen Form nach roh.

Es gibt eine Verachtung von Verschiedenheit und eine grundlegende Weigerung, das menschliche Wesen der Kolonialisierten zu akzeptieren - das ist typisch für die Einzelnen und das gilt auch für die Bevölkerung insgesamt (wegen fehlender Erfahrungen und wegen der verbreiteten Stereotype). Was das Problem der Beziehungen zu den Bewohnern der Kolonien angeht, fehlt außerdem jedes Interesse an Wissen über diese Gebiete und über die Gruppen von Menschen, die man unter die eigene Herrschaft bringen will.

[193] G. Landra, „Razza e lavoro", in: „Difesa della razza", II, 12: 44-45 (20. April 1939), zit. bei: V. Pisanty, „La Difesa della razza", a. a. O., S. 168.

[194] https://patrimonio.archivioluce.com/luce-web/detail/IL5000061569/2/gondar-antica-capitale-etiopica.html?startPage=0

[195] F. Hellwald, G. Strafforello, „Africa, secondo le notizie più recenti", Florenz-Rom 1885, S. 477.

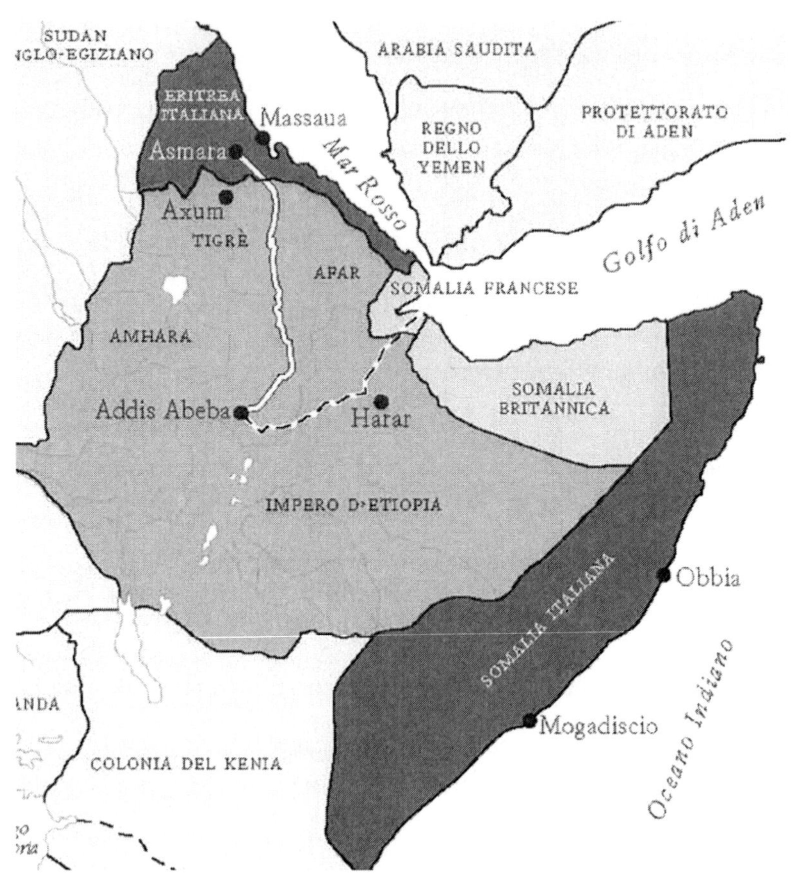

Abb. III Italienisch-Ostafrika

Eines der stärksten und am tiefsten verwurzelten Stereotype unter den Italienern mit Blick auf die Nichteuropäer im allgemeinen und insbesondere auf die Völker, die Italien kolonialisiert hat, ist das vollständige Ausblenden der komplexen Verhältnisse in den besetzten Territorien. Man glaubt - zu Unrecht -, dass es zwischen den Bewohnern der nach und nach besetzten Gebiete keine Unterschiede gebe. Wieder einmal zeigt gerade die Sprache, wie wenig aufmerksam das italische koloniale Engagement für die Dynamiken der Diversität ist. Das erste Indiz für dieses Ausweichen vor der Komplexität ist, dass - praktisch überall, wohin die Italiener kommen - sie neue Namen für die Gebiete, die sie erobern, erfinden.

Eritrea ist der erste Fall - und der krasseste: die zwischen Assab, Massaua und Asmara verstreuten italienischen Besitztümer umfassen eine solche Vielfalt von soziokulturellen und ethnischen Verhältnissen, dass sie ein alles andere als gleichförmiges Mosaik bilden. Es reicht von den kleinen Sultanaten an der Küste bis zu Weidegebieten im Binnenland, von den Abhängen der äthiopischen Hochebene - mit nicht klar festgelegten und durchlässigen Grenzen - bis zu ausgedehnten städtischen Räumen, an den Kreuzungen alter Handelswege.

Es ist eine Vielfalt von Örtlichkeiten, Clan-Terrains, Städten, Dörfern oder einfach nur Oasen, die die gesamte Region an den Küsten des Roten Meers charakterisieren. Es geht um diffuse oder je nach den Bedingungen auch betonte lokale Unterschiede, die an einem bestimmten Punkt auf den kleinsten gemeinsamen Nenner gebracht werden: die italienische Kolonialherrschaft. Diese sieht - gewissermaßen aus Gründen der Systematisierung - eine Notwendigkeit, diese Wirklichkeit, die sich den Parametern des europäischen Nationalstaats entzieht, einem bekannten Standard anzugleichen.

Wenn man eine einheitliche Struktur schaffen will, sollte man seine Besitztümer schon zu Beginn unter einem gemeinsamen Namen zusammenführen. Gewählt wird - völlig willkürlich - der Name, den die Griechen der Antike (eine Zivilisation, die Bevölkerungsgruppen wie den Dankali oder den Bewohnern von Massaua ausgesprochen fremd ist) dem Roten Meer oder - genauer - den Wasserflächen gaben, die sich vom Süden des Sinai über die Grenzen der damals bekannten Welt hinaus erstreckten. Dieses „Eritreische Meer“ umfasste für die Griechen auch den Persischen Golf und sogar die Wasser des Indischen Ozeans.

Mit offensichtlicher Leidenschaft für Altertümliches entscheidet man sich, dem italienischen Besitztum am Roten Meer den Namen Eritrea zu geben - natürlich ohne die Bewohner nach ihrer Meinung zu fragen. Sie werden so ohne Widerspruchsrecht alle zu „Eritreern“. Noch dazu sind die Grenzen dieses erfundenen Landes nicht genau festgelegt. Die italienischen Expansionswünsche jener Jahre legen nahe, dass alles, was man vielleicht einmal der äthiopischen Kontrolle entreißt, Eritrea werden könnte.

Der Name „Somalia“ hat eine ähnliche Geschichte. Die Etymologie ist ungewiss. Möglicherweise geht der Name zurück auf einen Ausdruck in einer der regionalen Sprachen, der sich auf den Vorgang des Melkens oder auf „Milch anbieten“ - ein Zeichen von Gastfreundschaft - bezieht. Es war ein Wort, das ursprünglich Bevölkerungsgruppen bezeichnete, die sich wahrscheinlich der Weidewirtschaft widmeten, und das dann von den Europäern auf das gesamte Küstengebiet am Horn von Afrika übertragen wurde, vom Zugang zum Roten Meer bis zu den Grenzen Sansibars.

Die Engländer geben als erste den Territorien unter ihrer Kontrolle im Süden des Roten Meers den Namen „Somaliland". Der italienische Entdecker Luigi Robecchi Bricchetti verwendet nach dem selben Muster den Ausdruck „Somalia italiana / Italienisch-Somalia" für die Protektoratsgebiete an der Küste - Obbia und Midschurtinia.[196] Der Name wird im Lauf der Zeit auf alle Besitztümer ausgeweitet, die dort unter italienischer Verwaltung verschmelzen.

Auch der Begriff „Libyen" ist - wie wir gesehen haben - ein Import, eine fiktive Konstruktion. Im Moment der Eroberung sind den italienischen Militärs die Spaltungen und Unterschiede zwischen den verschiedenen Bevölkerungen, die an der Großen Syrte[197] leben, durchaus bewusst. Tripolitanien und Kyrenaika sind Verwaltungseinheiten noch aus osmanischer Zeit und bilden Machtzentren, zwischen denen mitunter Konflikte herrschen. „Libyen" ist der antike Name, mit dem verschiedene Völker am Mittelmeer - angefangen mit den Ägyptern - den Landstrich westlich von Ägypten bezeichneten und der im Lauf der Jahrhunderte auf einen großen Teil des afrikanischen Kontinents übertragen wurde.[198]

Nachdem die Küstengebiete eingenommen und - wenigstens vorgeblich - auch das Binnenland (also die Region Fessan) besetzt wurde, beginnen die Besatzer der Kürze wegen den Namen „Libyen" zu verwenden, wenn sie die Gesamtheit der drei Regionen meinen. Das Identitätsbewusstsein der unterworfenen Völker ist jedoch so ausgeprägt, dass auch die Italiener lange Zeit die frühere administrative Aufteilung beibehalten. Auch wenn man in den Berichten aus der Kolonie und vor allem im Journalismus immer öfter von Libyen hört statt von Tripolitanien, Kyrenaika oder Fessan - die Kolonie „Libyen" als Verwaltungseinheit entsteht offiziell erst mit einem Königlichen Dekret 1934.[199]

[196] Vgl. L. Robecchi Bricchetti, „Somalia e Benadir: viaggio di esplorazione nell'Africa orientale. Prima traversata della Somalia, compiuta per incarico della Società geografica italiana", Mailand 1899.

[197] Große Syrte: weite Meeresbucht an der Nordküste Libyens. [Anm. d. Übers.]

[198] Vgl. www.treccani.it.

[199] Königliches Dekret Nr. 2012 vom 3. Dezember 1934 *Ordinamento organico per*

Sogar Äthiopien mit seiner tausendjährigen Geschichte entgeht nicht den linguistischen Übergriffen der Besatzer. Interessant ist, dass man - besonders vor der Invasion von 1935 - in Italien diesem Reich und allgemein dem äthiopischen Hochland den Namen „Abissinia / Abessinien" zuweist. Das ist ein Wort arabischen Ursprungs, das zuerst nur einen Teil jenes Territoriums bezeichnet. Der Gebrauch dieses Wortes - das ungenau ist und von den kaiserlichen Verwaltungen in Addis Abeba im 19. und 20. Jahrhundert nicht verwendet wird - ist bezeichnend, weil es darum geht, die afrikanische staatliche Wirklichkeit von ihren historischen Wurzeln zu trennen. Das Wort „etiope" leitet sich aus dem Griechischen ab und bedeutet wörtlich „jemand mit verbranntem Gesicht", also „schwarz".[200]

Mit diesem Wort benannten die antiken Griechen alle Völker der südlichen Mittelmeerküsten, die nicht aus Ägypten kamen. In der klassischen Literatur - und bis hin zur Moderne - bezeugt, meint der Begriff lange die farbigen Bevölkerungen des Kontinents. Der Gebrauch der sprachlichen Form „Abessinien" (ein weniger geschichtsträchtiger Name als „Äthiopien") in Zeitungen und offiziellen Dokumenten bedeutet, dieses klassische Erbe von Staatlichkeit, mit dem der italienische Kolonialismus sich auseinandersetzen muss, in den Hintergrund zu rücken. Äthiopien - als geografische Bezeichnung - findet sich in den Texten griechischer und lateinischer Autoren, die italienische Jugendliche in der Schule studieren.

„Abessinier" dagegen ist ein kollektiver Name, den man verwenden kann, während man weiterhin das Märchen von den „Völkern ohne Geschichte" erzählt, die zivilisiert werden müssen. Denn vom Land Abessinien hat kaum jemand einmal reden gehört, wenn es nicht um Kolonialfragen ging. Es ist kein Zufall, dass sich in der Publizistik die Bezeichnung mit der Invasion radikal ändert. Diese beginnt als „Unternehmen Abessinien", nimmt aber bald den Namen „Äthiopienkrieg" an.[201] Nach der Eroberung dürfen die Abessinier wieder den Namen Äthiopier tragen. Für das Mussolini-Regime ist es weitaus

l'amministrazione della Libia, in: G. U. vom 21. 12. 1934.

[200] Vgl. www.treccani.it.

[201] In der öffentlichen Erinnerung bleibt als „Abessinienkrieg" überwiegend der italienisch-äthiopische Konflikt von 1895/96, mit der Niederlage von Adua als Höhepunkt. Es gibt auch Historiker, die die Bezeichnung „erster und zweiter italienisch-abessinischer Krieg" für die Konflikte von 1895/96 und 1935/36 vorschlagen (vgl. A. Del Boca, „Italiani, brava gente?", a. a. O., S. 17ff).

prestigevoller, das Reich des „Löwen von Juda“[202] besiegt zu haben, als „die Abessinier zermalmt“ zu haben.

Offensichtlich tendiert der koloniale Sprachgebrauch auch hier dazu, die äthiopische Realität einzuebnen, zu der Dutzende von Ethnien und Sprachen, kontrastierende Glaubensrichtungen und äußerst unterschiedliche geografische Verhältnisse gehören.

Der Höhepunkt des Versuchs der Vereinheitlichung wird erreicht mit der Etablierung von „Africa Orientale Italiana (A. O. I.) / Italienisch-Ostafrika“[203], das alle italienischen Besitztümer am Horn von Afrika zu einem einzigen gewaltigen staatlichen Agglomerat zusammenfasst - also Eritrea, Äthiopien und Somalia. Chef dieser Chimäre wird ein Gouverneur, der jedoch den Titel „Vizekönig von Äthiopien“ annimmt und seinen Sitz in Addis Abeba hat.[204] Eine geografische Zone von fast zwei Millionen Quadratkilometern (Italien kommt auf dreihunderttausend) wird unter ein einziges Kommando gestellt - zumindest theoretisch.

Es handelt sich eine weitere identitäre „Angleichung“, die auch nach dem Ende der italienischen Besetzung Konsequenzen für diese Territorien haben wird. Beispielsweise werden nach dem Krieg die zuvor ziemlich unbestimmten Grenzen des äthiopischen Reichs meist nach den von den Italienern vorgenommenen Aufteilungen festgelegt. Das Äthiopien der Nachkriegszeit erklärt die Zugehörigkeit Eritreas zum Reich des Negus - auch wegen der von der Regierung in Rom vorgezeichneten Kontinuität der Verwaltung. Dieser Anspruch wird international akzeptiert. Entsprechend wird die Küste des Roten Meers nach dem Zweiten Weltkrieg Äthiopien angegliedert - zuerst in Form einer eritreisch-äthiopischen Föderation, dann als einfache Provinz. Eritrea erreicht seine Unabhängigkeit offiziell erst 1993, nach äußerst blutigen jahrzehntelangen Auseinandersetzungen.[205]

Diese Reihe von formalen Veränderungen, d. h. die Bezeichnung der verschiedenen Kolonien mit Namen, die gewöhnlich der örtlichen

[202] Dieses Symbol des hebräischen Stamms Juda wird von den Herrschern und dann auch vom Reich übernommen, um an die Legende zu erinnern, nach der die äthiopische Monarchie auf König Salomo und die Königin von Saba zurückgeht.

[203] Königliches Dekret Nr. 1019 vom 1. Juli 1936 *Ordinamento e amministrazione dell'Africa Orientale Italiana*, in: G. U. Nr. 136 vom 13. 6. 1936.

[204] Ebd., Art. 1.

[205] Vgl. S. Bellucci, „Storia delle guerre africane. Dalla fine del colonialismo al neoliberismo globale“, Rom 2006.

Tradition fremd sind, hat im Lauf der Zeit starke Auswirkungen auf die Italiener und auf ihre Wahrnehmung jener Regionen. Der überwiegende Teil der öffentlichen Meinung - die keine anderen Informationen erhält - wendet auf die neuen Gebietseinheiten die starren - und oft ebenfalls konstruierten - Parameter an, die in den Nationalstaaten europäischen Typs und insbesondere in Italien gelten.[206]

So erscheinen - ausgehend vom italienischen Verständnis der Dinge - bestimmte Verhaltensweisen der Kolonialisierten unbegreiflich. Beispielsweise versteht man nicht, warum in den Guerillakämpfen nach der Niederlage dessen, der als „Chef der Rebellen" gilt, sofort ein anderer auftaucht, der in einer anderen Zone für Probleme sorgt. Den meisten Italienern entgeht, dass die Territorien, die unter der italischen Herrschaft zusammengeschlossen werden, alles andere als homogen sind. Viele verstehen das Verhalten dieser „Bandenchefs" nicht, die sich mitunter ergeben und mitunter Aufruhr organisieren, und halten es für „doppeltes Spiel" und feige.

Man versteht nicht, dass viele unterschiedliche Gruppen und Institutionen unterschiedliche Interessen haben. Man beschuldigt offen die ganze örtliche Bevölkerung, treulos zu sein und das gegebene Wort zu brechen. Diese Erzählung wird gestützt durch Zusammenstöße an den Grenzen wie etwa zwischen Eritrea und Äthiopien vor 1936.

Wenn man sich eine Grenze so vorstellt wie die, die in der zweiten Hälfte des 19. Jahrhunderts in Europa gezogen wurden - die als stabile Elemente gedacht waren, die ebenfalls stabile ethnische Wirklichkeiten (und auch diese Vorstellung ist trügerisch) aufteilen - dann gelingt es den Lesern der Meldungen aus Afrika nicht zu verstehen, wie es Eritreer geben kann, die sich heute auf der einen und morgen auf der anderen Seite der Grenze aufhalten, als Handlanger der äthiopischen Ras oder als Verbündete der Italiener oder indifferent beiden gegenüber.

Mit dieser Konfusion und unzureichenden Wahrnehmung der territorialen Dynamik verstärken sich die rassistischen Stereotype, die bereits auf den Kolonialisierten lasten. Diese tragen nicht nur den Ring in der Nase wie Tiere, sie leben auch in sozialen Strukturen, die mehr Horden ähneln als „zivilen" Zusammenschlüssen.

Sie kennen nicht den Wert eines einmal gegebenen Wortes, heimtückisch schmieden sie Komplotte - um sich gegenseitig zu schaden

[206] Zu der vieldeutigen Konstruktion des Begriffs der Nation in Italien erlaube ich mir, mein Buch „Prima gli Italiani! (Sì, ma quali?)", Rom-Bari 2021, zu zitieren.

und vor allem, um die Versuche der Zivilisatoren, sie zu vermenschlichen, zunichte zu machen.

Auch wenn schon seit den achtziger Jahren des 19. Jahrhunderts neuentstandene Institutionen wie die Società Italiana d'Africa (S.A.I.)/ Italienische Afrikagesellschaft[207] versuchen, mehr Information über die italienischen Überseeterritorien zu verbreiten (mit den wissenschaftlichen Blockaden und dem Rassismus, die damals typisch für die Ethnografie sind): die übergroße Mehrheit der Bevölkerung bleibt einer engen und „künstlichen" Sichtweise auf das Geschehen in den Kolonien verhaftet.

Die Nachrichten zu kolonialen Themen, die in die Zeitungen gelangen, sind eine Mischung aus bizarren, kuriosen Geschichten und aktuellen Meldungen über erschreckende Ereignisse. Protagonisten sind die Kolonialisierten - vor allem, wenn Weiße zu Schaden kommen. Die positiven Nachrichten, die das breite Publikum erreichen, handeln von dem Guten, das die Italiener vor Ort tun. All das schafft weitere Distanz zwischen einer Welt von schwarzen, schlechten Primitiven (die dafür kämpfen, in ihrer Zurückgebliebenheit zu verharren) und der Welt der weißen, guten Zivilisierten, die stets versuchen, das Los jener fernen Lande zu erleichtern.

Der traumatische Verlust der Kolonien infolge der Niederlage im Zweiten Weltkrieg erspart der italienischen Gesellschaft sogar jene spärlichen Einsichten, zu denen der Prozess der Entkolonialisierung in anderen Ländern führt. In Frankreich und Großbritannien lösen die antikolonialen Befreiungsbewegungen politische Debatten aus, die Zuwanderung aus den ehemaligen Kolonien bringt schon seit den fünfziger Jahren immer größere Bevölkerungsgruppen in Kontakt mit dem „lebenden Erbe" der kolonialen Vergangenheit[208]. In Italien geschieht nichts Vergleichbares.

Der Friedensvertrag von Paris[209] schließt die Italiener aus der internationalen imperialistischen Politik aus und das Thema versinkt im Dunst des Vergessens. Auch wenn Italien weiterhin internationales En-

[207] Entstanden als *Club Africano* im Jahr 1880.

[208] Vgl. B. Droz, „Storia della decolonizzazione nel XX secolo", Mailand 2007 und D. K. Kennedy, „Storia della Decolonizzazione", Bologna 2017.

[209] Der Friedensvertrag von Paris beendete 1947 formell den Kriegszustand zwischen den Alliierten und Italien. Dieses verzichtete auf alle Kolonien. [Anm. d. Übers,]

gagement zeigt wie bei der Treuhandverwaltung Somalias bis 1960[210]: für die öffentliche Meinung in Italien ist im Großen und Ganzen der koloniale Diskurs beendet und damit auch die Bereitschaft, das eigene Wissen über die Völker zu vertiefen, die so sehr von unserer Anwesenheit gezeichnet worden sind.

In den achtzig Jahren Herrschaft in Übersee gelang es nicht, breiteren Schichten von Italiens Gesellschaft wenigstens Grundwissen über die angegriffenen und unterworfenen Gesellschaften und Kulturen zu vermitteln - genausowenig Anerkennung für sie. Das Italien der Nachkriegszeit und der Jahre der beschleunigten Entwicklung hat noch weniger Interesse, etwas über die Völker zu erfahren, die nun nicht mehr unter seiner Herrschaft leben.

In den italienischen Geografie-Schulbüchern wird Afrika - begünstigt durch die politische Unruhe der Entkolonialisierung, die die Grenzen instabil macht - als Monolith dargestellt, der sich allenfalls in Klimazonen unterteilen lässt, nämlich „Nordafrika" und „Subsahara-Afrika". Der letztere Begriff scheint oft austauschbar mit dem ethnisch geprägten „Schwarzafrika". In Italien rufen Entstehung und Entwicklung der antikolonialen und Unabhängigkeitsbewegungen auch ironische Reaktionen hervor - wie in einigen Erfolgsfilmen, darunter „Finché c'è guerra c'è speranza / Solange es Krieg gibt, gibt es Hoffnung" (Italien 1974) von und mit Alberto Sordi. Hier reist ein italienischer Waffenhändler durch den Kontinent und verkauft diesem und jenem Diktator tödliche Waren.

Wenn man in Italien von Entkolonialisierung spricht, herrscht das Bild von Afrikanern vor, die einander offenbar ohne Pause mit Krieg überziehen wollen. Ohne weiter danach zu fragen, warum bestimmte politische Phänomene zu Gewalt führen, entwirft die kollektive Fantasie der Italiener ein trostloses Bild von Afrikanern, denen es nicht gelingt, stabile staatliche Strukturen aufzubauen und die in einem Zustand ewigen Bürgerkriegs leben. Der Subtext lautet ziemlich unverhohlen, dass die Bewohner dieses Kontinents nicht die Fähigkeit besitzen, demokratische oder wenigstens einigermaßen effiziente Regierungen zu etablieren.

[210] Treuhandverwaltung Somalias: Italien wurde 1950 von den Vereinten Nationen mit der Verwaltung seiner früheren Kolonie - die 1941 von britischen Truppen besetzt worden war - bis zur Unabhängigkeit (1960) beauftragt. [Anm. d. Übers.]

So wird das bestehende Bild der kolonialen Vergangenheit weiter verstärkt, ex post wird bewiesen, dass die Kolonialisierten den weißen Mann „brauchten". Sicher, derartiges findet sich in der Vorstellungswelt aller postkolonialen Europäer. Aber während in anderen nachimperialen Verhältnissen die Debatte über die Verantwortung der Kolonisatoren auch durch fortbestehende mehr oder weniger starke Verbindungen zu den ehemaligen Besitztümern unausweichlich wird, ist das in Italien nicht der Fall. Die rassistische Last der postkolonialen Stereotype wird in keiner Weise abgeschwächt durch direkten Kontakt mit einer Realität, die Vorurteilen unterliegt und meist unbekannt bleibt.

Noch heute neigt man in den Informationsmedien - über einzelne Episoden hinaus - dazu, in sehr allgemeiner Weise von Nachrichten, Problemen und Migranten „aus Afrika" zu sprechen. Ein Kontinent von 30 Millionen Quadratkilometern, der heute eine Milliarde und zweihundert Millionen Bewohner und 54 unabhängige Staaten zählt, wird in einem einzigen Wort „zusammengefasst".

„Du schönes Land der Liebe": kolonial-erotische Vorstellungswelten

Die Kolonie - wie der grundlegende Essay der Historikerin Giulietta Stefani in Erinnerung ruft - ist eine Sache „für Männer".[211]

Männer sind die Entdecker der neuen Gebiete, Männer die Politiker, die die Entscheidung für die Besetzung treffen, Männer die Militärs, die einmarschieren und Männer sind auch die Angegriffenen, die sich ihnen entgegenstellen. Nach der Eroberung ist die übergroße Mehrheit der Italiener, die sich in der Kolonie niederlassen, männlich: Soldaten, Beamte, Unternehmer. Die ganz wenigen Frauen, deren Anwesenheit registriert wird, sind Ehefrauen von Offizieren oder Beamten, Prostituierte im Gefolge der Truppe und - sofern es Experimente agrarischer Kolonialisierung gibt - die Ehefrauen, Mütter und Töchter der Bauern, denen Land zugeteilt wurde.[212]

Auch während des stärksten Schubs kolonialer Ansiedlungspolitik, 1939, hielten sich insgesamt nur 26 628 Frauen in Italienisch-Ostafrika

[211] G. Stefani, „Colonia per maschi. Italiani in Africa orientale: una storia di genere", Verona 2007.

[212] Zum Verhältnis zwischen Frauenbewegung in Italien und kolonialer Frage vgl. C. Papa, „Sotto altri cieli. L'oltremare nel movimento femminile italiano", Rom 2011.

auf - davon mehr als die Hälfte (14 827) in der ältesten Kolonie, in Eritrea.[213]

Ihnen standen etwa 160 000 männliche italienische Zivilisten gegenüber, dazu kamen - zwischen der Invasion 1936 und der Befreiung 1941 - über 20 000 Soldaten „aus dem Vaterland".[214] In der Kolonie Libyen ist das Verhältnis - auf dem Höhepunkt der italienischen Präsenz, 1939 - kaum ausgeglichener: in der Kolonie gibt es 34 200 Frauen, entsprechend 29 Prozent der italienischen Zivilbevölkerung dort. Auch in diesem Fall sind die italienischen Männer, die als Soldaten hier sind, hinzuzuzählen.[215]

Dieses enorme Ungleichgewicht macht deutlich, dass die Beziehungen zwischen Italienern und Einheimischen in den Kolonien unvermeidlich auch ein geschlechtsbezogenes Problem sind, das das Verhältnis zwischen Kolonialisierten und Kolonisatoren beeinflusst.

Einer der literarischen Topoi, die dann zu Gemeinplätzen werden, ist die behauptete Sinnlichkeit der kolonialisierten Frauen. Seit den ersten Berichten aus dem 19. Jahrhundert muss man eine starke Betonung des Sexuellen in den vorgeblichen „typischen Zügen" der Afrikaner feststellen. Der Anthropologe Filippo Manetta zitiert in seiner Abhandlung - mit Lob für dessen Beobachtungsgabe - den Kollegen Pruner Bey, der sich über die farbigen Bevölkerungen so äußert:

„Die Fähigkeiten des Negers sind auf die Nachahmung begrenzt. Sein überwiegender Antrieb zielt auf Sinnlichkeit und Ruhe. Sobald die physischen Bedürfnisse befriedigt sind, erlahmt in ihm jede physische Anstrengung und der Körper gibt sich dem Genuss venerischer Vergnügungen und dem schläfrigen Herumliegen hin. Die familiären Bindungen sind sehr schwach. Gleich, ob er als Ehemann oder Vater auftritt, er ist stets gleichgültig. Die Eifersucht hat nur fleischliche Motive, die Treue der Frau wird mit mechanischen Mitteln gesichert. Die mächtigsten Wünsche im Leben des Negers sind Trunkenheit, Spiel, laszive Vergnügungen und körperliche Ornamente."[216]

[213] Vgl. „I censimenti nell'Italia unita. Le fonti di stato della popolazione tra XIX e XXI secolo", Atti del Convegno *I censimenti fra passato, presente e futuro*, Turin, 4.-6. Dezember 2010, *Annali di statistica*, Jahrgang 141, Reihe XII, Band 2, S. 263.

[214] Vgl. den Eintrag „Africa Orientale Italiana" bei www.treccani.it.

[215] Vgl. „I censimenti nell'Italia unita", a. a. O., S. 269.

[216] F. Manetta, „La razza negra nel suo stato selvaggio in Africa e nella sua duplice condizione di emancipata e di schiava in America", Turin 1864.

Die Illustrierte „Geografia per tutti / Geografie für alle", die zur Popularisierung von Wissen und als Kompendium für die Gymnasien dienen soll, beschreibt 1895 die für Italien neu erworbenen Völker am Indischen Ozean so:

„Das Temperament der Somalier ist im allgemeinen grausam, finster und räuberisch. Sie halten die Frauen wie Arbeitstiere. Die Männer geben sich der Jagd hin - oder der eine Stamm raubt die Herden des anderen. Sie wachen aber äußerst eifersüchtig über ihr Territorium. Sie sind unwissend und verfügen über keinerlei Schrift. Polygamie ist üblich."[217]

Noch 1930 bringt *La Stampa*[218] einen Artikel mit dem vielsagenden Titel „Die schönen Frauen von Assab", in dem die Rede ist von „sehr schönen Frauen, vom Gürtel an aufwärts nackt, die bei unserem Erscheinen kreischend fliehen".[219]

Alles in allem ist Sex ein zentrales Element in der Beschreibung der Kolonialisierten. Unter Kolonisatoren, die ganz überwiegend Männer sind, richtet sich das Interesse unausweichlich auf die einheimischen Frauen.

In der kollektiven Vorstellungswelt sind die Kolonien Orte, an denen Sexualität beherrschender ist als in der Heimat, sei es wegen eines lässigen Umgangs mit den sozialen Konventionen Europas, sei es wegen einer „natürlichen Bestimmtheit" der einheimischen Frauen zu Sinnlichkeit. Der Mythos der „Schwarzen Venus" wird geschaffen: eine Schönheit von statuenhaftem und biegsamem, erotischem und tierhaftem Körper, die dann zur „Verkörperung" eines ganzen Kontinents wird. Giuseppe Piccinini, Autor historischer Bücher, beginnt sein mehrbändiges, an ein breites Publikum gerichtetes Werk „Guerra d'Africa / Afrikakrieg"[220] eben mit dieser erotischen Metapher, um das ganze Afrika zu charakterisieren:

„Die Schwarze Venus mit ihren schrecklichen, allzu oft sogar tödlichen Umarmungen; die Schwarze Venus mit ihrem fatalen Zauber, mit üppigen Gaben zwischen schwellenden jungfräulichen Brüsten; die Schwarze Venus, die die Welt mit ihrem Namen erfüllte und

[217] *Geografia per tutti*, Jahrgang V, Nr. 1, 15. Januar 1895, S. 53.

[218] La Stampa: bis heute erscheinende überregionale Tageszeitung. [Anm. d. Übers.]

[219] „Viaggio nella colonia primigenia: le belle donne di Assab", *La Stampa*, 28. Dezember 1930.

[220] G. Piccinini, „Guerra d'Africa" Rom 1887.

Begehren und Eroberungswünsche der großen Mächte Europas erregte."[221]

Es ist eine stereotype Gleichsetzung von Land und Frauen. Piccinini geht einige Seiten später noch weiter, wenn er von den Abessinierinnen spricht: „Die abessinischen Frauen sind im allgemeinen sehr schön, sie sind die schönsten Frauen Afrikas - aber ihre Sitten erreichen ein Höchstmaß an Verderbtheit".[222]

Die gesamte Publizistik, sogar die sprödeste, scheint an diesem Aspekt des kolonialen Lebens - gerade in Afrika - heftig (und durchaus mit einem Zwinkern) interessiert. Der Glaube, die Überseegebiete seien ein sexuelles Paradies, befeuert die Instinkte der italienischen Männer. Das gilt etwas weniger für Libyen - vielleicht wegen der geografischen Nähe zu Italien. Vor allem geht es um „leichte" Frauen, die man sich mit dem Recht des Eroberers nehmen kann - aber auch, weil sie doch zu einer animalischen Sexualität neigen und daher bereit sein sollten, sich einem Mann - vorrangig einem weißen - hinzugeben.

„Der Hass auf die Ausländer ist so groß, dass die Frauen Assabs Steine auf den bedauernswerten Giulietti wie auf einen räudigen Hund warfen. Jene wilden heißblütigen Frauen mussten doch der Faszination durch diesen hübschen weißen Typ erliegen!"[223]. Das erklärt erstaunt der Entdecker Giovanni Battista Licata bereits 1885 in seinem Bericht über eine Reise in die Kolonie Eritrea.

Die Frauen in den Kolonien sind „leichte" Frauen. Diese Vermutung teilen alle Männer, die in die eroberten Gebiete aufbrechen. In gewissem Sinn wird die Minderwertigkeit der Frauen in stärkerem Maß vorausgesetzt und gilt als offensichtlicher als die der farbigen Männer. Den kolonialisierten Männern kann man Momente von Würde zubilligen - wegen ihrer Fähigkeiten als Kämpfer oder wegen eines Aufblitzens ihres Ehrgefühls. Für ihre Frauen gilt nichts Vergleichbares. Der weibliche Körper ist in der imperialistischen Gesellschaft der ersten Hälfte des 20. Jahrhunderts im allgemeinen ein Objekt - der der farbigen Frau erst recht.[224]

[221] Ebd., Bd I, S. 3f.

[222] Ebd., Bd. I, S. 13.

[223] G. B. Licata, „Assab e i Danàchili", Mailand 1885.

[224] Zur Konstruktion des Bilds der Frau - weiß oder farbig - in kolonialem Umfeld s. M. di Barbora, „Colonialismo e identità nazionale di genere tra fascismo ed età repubblicana", in: V. Deplano, A. Pes (Hg.), „Quel che resta dell'impero", a. a. O., S. 191ff.

Beispielsweise berichtet die Turiner Zeitung „La Stampa“ 1934 von einem Casting in Mogadischu in Somalia. Die italienische Filmproduktion sucht eine „Negerschönheit“. Der Bericht wird begleitet vom Bild zweier lächelnder somalischer Mädchen, davon eine mit nackten Brüsten.[225] Nach den Regeln der Zensur jener Zeit ist es völlig unvorstellbar, dass eine auflagenstarke Zeitung das Foto einer weißen Frau mit nackten Brüsten veröffentlicht.

Man hätte wegen Pornografie aufgeschrien. Aber der Körper einer farbigen Frau wird von der Zensur gewissermaßen behandelt wie die Nacktheit von Neugeborenen, die man arglos zeigen kann. Farbige Frauen haben gleichsam Körper von Minderjährigen, es ist nicht notwendig, einer „sexuellen Aufladung“ zuvorzukommen. Auch geografische Nachschlagewerke und Zeitschriften können Fotos nackter farbiger Frauen veröffentlichen, ohne der Zensur zu verfallen. Die Verschiedenheit - gemeint Unterlegenheit - der Schwarzen soll den sexuellen Gehalt jener Bilder neutralisieren, die „zu rein wissenschaftlichen Zwecken“ gedruckt werden. Aber es ist eindeutig anders.

Die Verbreitung von Druckmaschinen und die Entwicklung des Propagandafilms schaffen neue Gelegenheiten für erotische Anspielungen. Ein Film des Istituto Luce[226] mit Datum 8. April 1936 und dem Titel „Documentario sulla regione della Dancalia / Dokumentarfilm über die Region Dancalia“[227] soll Bewohner der Kolonie Eritrea zeigen, verweilt aber ausgiebig bei Bildern von Mädchen „auf der Suche nach Wasser“. Während der Kommentar von der Ressource Wasser und von dem Kampf der Bevölkerung gegen die alltäglichen Mühen und gegen die Trockenheit erzählt, konzentrieren die Bildaufnahmen sich auf halbnackte Mädchen, die in einer Quelle baden.

Offensichtlich vom Kameramann arrangiert, sitzt ein Mädchen mit nackten Brüsten lächelnd da und schaut in die Kamera, die sie einige Sekunden lang im Vordergrund zeigt. In fast allen damals gedrehten „ethnografischen“ Dokumentarfilmen kann man Bilder nackter einheimischer Frauen finden, die als Teil der „sinnlichen Landschaft“ der Kolonien vorgeführt werden.

Dass die Vorführung der ersten expliziten weiblichen Aktaufnahmen in Zeitungen und Zeitschriften, in den ersten Kinowochenschauen

[225] „Bellezze negre a Mogadiscio“, *La Stampa*, 31. Mai 1934.

[226] Istituto Luce: staatliche Filmgesellschaft. [Anm. d. Übers.]

[227] https://patrimonio.archivioluce.com/luce-web/detail/IL5000022679/2/documentario-sulla-regione-della-dancalia.html?startPage=0.

und Dokumentarfilmen eine Vorführung von „schwarzen Aktbildern" ist (es sind stets weibliche - der männliche Vollakt, auch von Farbigen, hält sich in der italienischen Kultur als Tabu deutlich länger), bestätigt nur die Stereotype von der Sinnlichkeit der kolonialisierten Frauen. Eben der Fakt, mit unbedeckten Brüsten für Fotos zu posieren, bedeutet für die italienische Moral jener Zeit einen empirischen Beweis für das Wollüstige der Frauen, die sich in Szene setzen.

Keine Umdeutung in kulturellem Sinn kann etwa das Bild von Müttern, die ihre Kinder mit freiliegender Brust stillen (oder die ihren Körper nicht angemessen verhüllen), in den richtigen Kontext einordnen. Die Nacktheit kann nur durch den Willen, zu provozieren, gerechtfertigt werden.

Diese Vorstellungen sind Ausgangspunkt für eine stete Abwertung des weiblichen farbigen Körpers. Weit über das Ende des italienischen Kolonialismus hinaus finden sich in der populären Kultur Beispiele für ungleiches Agieren bei der Darstellung des weiblichen Körpers. Im Kino bringt der schon erwähnte Mythos der „Schwarzen Venus" jahrzehntelang sogar vollständige Aktaufnahmen von farbigen Frauen auf die Leinwand, ohne dass das die Zensur eingreifen lässt. Schwarze Frauen mit nacktem Oberkörper erscheinen - und werden vorgeführt - schon in den sechziger und siebziger Jahren in Unterhaltungsfilmen für das breite Publikum, während gleichzeitig in Italien die Debatte über die Instrumentalisierung des Körpers der (weißen) Frau einsetzt.

Dieser Bezug auf Sexualität heißt oft - im propagandistischen Sinn -, die Mehrdeutigkeit des sexuellen Kontexts auszuspielen, um die Kolonie als attraktives Ziel erscheinen zu lassen.

Die Militäraktionen seit den ersten Expeditionen Ende des 19. Jahrhunderts lassen den Markt der erotischen oder offen pornografischen Ansichtskarten explodieren. Als koloniale Supermacht ist Großbritannien der erste und einflussreichste Motor dieses Geschäfts. Seine Beamten, Militärs und Arbeiter sorgen schon Mitte des 19. Jahrhunderts für eine Nachfrage nach kolonialer Pornografie. Der Historiker Emanuele Ertola erinnert daran, dass:

„das britische Imperium als großräumiges System zur ‚Lieferung von Obszönität' definiert wurde, wegen seines bemerkenswerten Handels mit pornografischen Büchern, Fotos und Ansichtskarten, die vom Mutterland zu den Kolonien, von einer Kolonie zur anderen und aus dem ganzen Reich in das Mutterland strömten".[228]

228 E. Ertola, „In terra d'Africa. Gli italiani che colonizzarono l'impero". Rom-Bari 2017, S. 159.

Auch Italien - das als letztes Land zu den Kolonisatoren aufschließt - gelingt es, am Wachsen und Blühen dieses besonderen Marktes teilzuhaben. Unter den Soldaten sind Bilder - manchmal verbreitet aus pseudowissenschaftlichem oder künstlerischem, häufiger aber aus offen erotischem Interesse - in Umlauf, die nackte farbige Frauen in provozierenden Posen zeigen. Dieses Material wird von der Zensur nicht beachtet, es gilt gleichsam als Teil des Gepäcks eines braven Soldaten.

Im Äthiopienkrieg von 1935 entfesselt dann die Tatsache, dass ein Teil der Soldaten die ersten Amateurkameras mitbringt, einen Wettbewerb um die Produktion von „do it yourself"-Erotikbildern. Es gibt mehr als genug Fotos von lächelnden Soldaten neben ausgezogenen (vermutlich auf Wunsch der Invasoren) farbigen jungen Frauen. Viele kehren aus Afrika mit diesen besonderen Souvenirs zurück. Ihre Verbreitung unter den Zuhausegebliebenen befeuert weiter den Mythos von den „leichten" afrikanischen Frauen.

Aber Beweis der Stärke und der Popularität der sexuellen Verheißung in Übersee sind vor allem „anzügliche" Liedchen, die die verschiedenen Militäraktionen begleiten. Die jungen Infanteristen, die 1911 nach Tripolis aufbrechen, singen vom „schönen Land der Liebe", dem das Lied der Soldaten „süß" vorkommen soll. Das sind Wörter, die kaum zu einer Militäraktion passen und die das zu erobernde Territorium als „Ort der Erotik" darstellen.

Die Autoren des Lieds - sein Originaltitel ist „A Tripoli! / Nach Tripolis!" - erklären selbst die tatsächliche Bedeutung dieses „Lands der Liebe" und zerstreuen jeden Zweifel über den versteckten Sinn. Zur ersten öffentlichen Aufführung kommt es im Teatro Balbo in Turin am 8. September 1911. Auf die Bühne bringt das Lied Gea della Garisenda, eine damals berühmte Sängerin, die nur mit einer italienischen Fahne bekleidet auftritt.[229]

Noch expliziter ist das Lied, das die Invasion Äthiopiens 1935 begleitet. „Faccetta Nera / Schwarzes Gesichtchen" ist d i e Hymne zur sexuellen Eroberung der Kolonie. Das Lied - in Form eines gefälligen Marschs - wendet sich direkt an die äthiopische Frau als „Sklavin unter Sklavinnen" und verspricht ihr eine besondere Art der Befreiung:

„Unser Gesetz ist Sklaverei der Liebe -
Aber auch Freiheit von Leben und Denken.
[...]

[229] F. Liperi, „Storia della canzone italiana". RAI-ERI, Rom 1999, S. 48.

Schwarzes Gesichtchen, kleine Abessinierin,
Wir bringen dich nach Rom, befreit.
Geküsst werden wirst du von unserer Sonne.
Auch du wirst ein schwarzes Hemd tragen."

Die verborgene erotische Komponente dieser Botschaft lässt „Faccetta Nera" zur inoffiziellen Hymne der Invasion unter den Soldaten und zu einem der beliebtesten Lieder jenes Jahrzehnts werden.[230] Dann verliert es allmählich seinen politischen Subtext[231] und bleibt ohne besondere Probleme Teil der Geschichte des italienischen Liedes.

In der Wahrnehmung des Regimes jedoch wird „Faccetta Nera" zu einer Hymne auf rassische Promiskuität - so dass offenbar Mussolini selbst versucht, den Erfolg des Lieds zu blockieren. Aber vergebens.[232]

Die rassistische und sexuelle Aufladung des Lieds begleitet die Soldaten, die oft die Worte des Lieds „Taten werden lassen". Indro Montanelli - damals als junger italienischer Offizier beteiligt an „Säuberungsaktionen" gegen selbsterklärte Rebellen aus äthiopischen Dörfern - erinnert daran, dass viele Italiener sich eine „kleine Abessinierin" als Kriegsbeute nehmen.

„Seine" Abessinierin, so wird er selbst in einem berühmten Interview der RAI[233] 1969 erzählen, ist wirklich klein, kaum zwölf Jahre alt. Er bezeichnet sie als „zahmes Tierchen". Auch wenn die Journalistin Elvira Banotti (1933-2014) ihn eindringlich befragt, ob er das jemals mit einem weißen Mädchen gleichen Alters getan hätte, verschanzt sich der Journalist hinter einem erstaunten „Aber in Afrika ist es so üblich. In Afrika heiraten sie mit zwölf ...".[234]

Diese grundlegende Abwertung des Körpers und des Lebens der schwarzen Frauen findet sich auch in der Literatur und auch unabhängig von unmittelbaren Erfahrungen in der Kolonie.[235] Ennio Flaianos

230 S. Pivato, „La storia leggera. Uso pubblico della storia nella canzone italiana". Bologna 2002, S. 65ff.

231 F. Liperi, „Storia della canzone italiana", a. a. O., S. 123.

232 Vgl. I. Scego, „La vera storia di Faccetta Nera", *Internazionale*, 6. August 2015.

233 RAI: staatlicher italienischer Rundfunk. [Anm. d. Übers.]

234 Vgl. L. Gangale," La donna che osò tenere testa a Indro Montanelli", www.glistatigenerali.com, 21. Juni 2020.

235 Vgl. R. Bonavita, „Spettri dell'altro. Letteratura e razzismo nell'Italia contemporanea", Bologna 2009.

Roman „Tempo di Uccidere / Zeit zu töten“[236] (der 1947 den zum ersten Mal vergebenen Literaturpreis Premio Strega erhielt) erzählt von einem Verbrechen an einer einheimischen Frau in einer Kolonie, begangen von einem italienischen Soldaten. Auch dieses Buch spielt mit den Stereotypen der wollüstigen, sinnlichen, körperbetonten Frau.[237] Nicht zufällig ist es der Körper der Frau mit seinen Geheimnissen und seinem kontaminierenden Potential, der den Schlaf des Italieners stört - mehr als seine Gewissensbisse wegen der Tötung eines menschlichen Wesens.[238]

Das sexuelle Stereotyp vom weiblichen schwarzen Körper ist in der kollektiven Vorstellungswelt über die Erfahrung der Eroberung hinaus stabil. Es ist sogar fester verankert als das "klassische" Stereotyp: die "schwarzen Frauen" besitzen demnach eine besondere Körperlichkeit, eine besondere Sinnlichkeit und sogar eine besondere sexuelle Reife, die sich völlig von denen unterscheiden, die in den weißen Normen vorgegeben werden.

Ein anderes Beispiel für diese Diskrepanz bietet die Geschichte des italienischen Kinos: über Jahre wurde - mit Blick auf das Thema „sexuelle Freiheit“ - darüber diskutiert, in welchem italienischen Film mit großem Publikum zum ersten Mal das Bild nackter Brüste zu sehen war. Die „Vorrangstellung“ war lange umstritten zwischen den Schauspielerinnen Clara Calamai (1909-1998) - die sich in dem Film „La cena delle beffe / Festmahl der Niedertracht“ (1942) für weniger als eine Sekunde vom Gürtel an aufwärts nackt zeigt, und Vittoria Carpi (1917-2002), der man in dem Spielfilm „La corona di ferro / Die Krone aus Eisen“ von 1941 in den Busen blicken kann.

Diese Episoden bedeuten in der kollektiven Erinnerung eine neue Etappe der künstlerischen Produktion des Landes. Aber interessanterweise nimmt niemand in Italien Notiz von den hunderten Bildern nackter farbiger Frauen, die bereits seit Jahrzehnten im Kino in Umlauf sind - nicht nur in Spielfilmen, sondern auch in Dokumentarfilmen und in Wochenschauen, die der Information dienen.

1958, mit dem sogenannten „Striptease im Rugantino“, bricht ein Skandal los, in dem es um einen „kolonialen“ Körper geht. In einem

[236] E. Flaiano,“Tempo di uccidere“. Mailand 2020 * (Erstausgabe 1947).
* Deutschsprachige Ausgabe: „Alles hat seine Zeit“, Zürich 1978. [Anm. d. Übers.]

[237] Eine Analyse des Romans von Flaiano aus postkolonialer Perspektive: B. Tonzar, „Colonie letterarie. Immagini dell’Africa italiana dalla fine del sogno imperiale agli anni sessanta“. Rom 2017, S. 55ff.

[238] Vgl. G. Stefani, „Colonia per maschi“, a. a. O., S. 165.

bekannten römischen Lokal zeigt die Tänzerin Aiché Nanà[239] einen Striptease während eines privaten Festes, das dann von der Polizei unterbrochen wird. Der Skandal hat mehrere Hintergründe: da ist die Anwesenheit von Abkömmlingen des römischen Adels und von damaligen Filmdiven - aber das ist nicht alles. Auf den Fotos, die bald in den Skandalblättern auftauchen, scheint eine w e i ß e Frau die Protagonistin der Performance zu sein.

Tages- und Wochenzeitungen berichten von dem Ereignis, heben aber selbstverständlich hervor, dass die Tänzerin „Türkin" ist. Tatsächlich ist sie in Beirut - in der Zeit der französischen Treuhandverwaltung des Libanon[240] - in einer Familie armenischer Herkunft geboren. Außerdem wird betont, dass sie ihre Tänze auf einem „Teppich Allahs"[241] in einer Atmosphäre von „Tausendundeiner Nacht" vorführt. Obwohl sie nicht farbig ist, wird Aiché Nanà beschrieben als eine Frau, die grundsätzlich nicht zur „weißen" Welt gehört.

Das erotische Stereotyp ihres Tanzes lässt auf der einen Seite die Leser verstehen, dass eine Frau so auftritt, die zu einer außereuropäischen Welt gehört, der die Moral der Zeit und vor allem des Ortes fremd sind. Andererseits erlaubt es das Stereotyp (im Rahmen der Grenzen des Exotischen, des nicht Normalen), diese Episode - die der „italienischen Moral" entgegengestellt wird - neu zu bewerten, was dann tatsächlich zu einem Gerichtsverfahren gegen Tänzerin und Zuschauer führt.

Diese - aus heutiger Sicht recht belanglose - Episode bedeutet doch einen Wendepunkt in den Vorstellungen von privater Moral in Italien. Federico Fellini wird sie in seinem Film „La dolce vita / Das süße Leben" (1960) aufgreifen - der Striptease der „Türkin" Aiché Nanà ist eine Episode, die die Geschichte der Sitten Italiens in den sechziger Jahren (und darüber hinaus) prägt. Aber nicht, weil über die Freiheit des weiblichen Körpers diskutiert wird, sondern weil diese Episode Rom in einen internationalen Kontext „hollywoodmäßiger" Skandale einführt, die „exotische", nichtweiße Persönlichkeiten als Protagonisten haben.

Als Italien sich schließlich mit der emanzipatorischen Bedeutung weiblicher Nacktheit und mit der Freiheit des Körpers der Frau aus-

[239] Pseudonym der Tänzerin Kiash Nanah (1936-2014).

[240] Französische Treuhandverwaltung des Libanon: im Auftrag des Völkerbunds zwischen 1923 und 1943. [Anm. d. Übers.]

[241] Vielleicht ein islamischer Gebetsteppich. Vgl. „Nove persone a giudizio per lo scandalo del *Rugantino*", *Corriere della Sera*, 9. April 1960.

einandersetzt, geschieht das sehr spät und auch auf ungute Weise. Und immer geht es nur um „weiße Nacktheit". Die nichtweiße Nacktheit scheint keinen vergleichbaren Rang zu besitzen.

Auch mit einigen Jahrzehnten Abstand sind die Wirkungen der sexuellen Propaganda noch in der kollektiven Vorstellungswelt der „kolonialistischen Männer" zu finden. Für sie ist der weibliche Körper weniger wert als der männliche und der schwarze weibliche Körper weniger als der weiße. Das ist eine Objektifizierung, die auf die Rassetheorien des 19. Jahrhunderts zurückgeht, die aber Auswirkungen bis zum Auftreten der Bewegung Black Lives Matter in Italien im zweiten Jahrzehnt des 21. Jahrhunderts hat.

4.

Rückkehr
Koloniale Erinnerung und koloniales Vergessen

Festgezurrt über dem Palmenhain
Wacht unbeweglich der Mond
Neben dem Mond
Steht das alte Minarett
Getöse, Autos, Fahnen
Explosionen, Blut! Sag mir
Kamelführer, was ist los?
Das ist das Fest von Giarabub![242]
[...]
Oberst, ich will kein Lob
Ich bin für mein Stück Erde gestorben
Aber Englands Ende
Beginnt bei Giarabub!

Alberto Simeoni und Ferrante Alvaro de Torres
„La Sagra [La saga] di Giarabub /
Das Fest [Die Sage] von Giarabub" (1941)

Italien - im Unterschied zu anderen Kolonialmächten - verliert im Zweiten Weltkrieg alle Überseebesitztümer. Ein Totalverlust, der verhindert, dass das Land das Phänomen der „Entkolonialisierung" durchlebt - also den mühsamen Übergang der unterworfenen Territorien von der Fremdherrschaft zur Unabhängigkeit. Dieser Übergang förderte in den Ländern mit langer Kolonialisierungsgeschichte eine - allerdings oft unzulängliche - Debatte über die Rolle der ehemaligen Kolonialmächte (und über ihre Verantwortung). Aber bekanntlich hat auch die italienische Gesellschaft im Lauf der Zeit ihre eigene besondere Sichtweise der kolonialen Geschichte entwickelt. In diesem Kapitel soll es darum gehen, die Mechanismen herauszuarbeiten, mit denen Italien versucht hat, (k)eine Bilanz der eigenen Vergangenheit zu ziehen.

242 Al-Dschaghbub (italienisch: Giarabub) ist der Name einer Oase an der Grenze zwischen Libyen und Ägypten, Schauplatz einer langen Reihe von Kämpfen zwischen Italienern und Engländern von Dezember 1940 bis März 1941, in denen am Ende die Briten siegen.

Die „Zeugen" aus Übersee: viele, viele Soldaten und ein paar Siedler - alles „Ehemalige"

Das Typische der italienischen Emigration hat in den Kolonien im Lauf der Zeit zu keinem wirklichen Austausch geführt, nicht einmal zu einem vertieften gegenseitigen Kennenlernen. Die große Mehrheit der Italiener, die in den Kolonien in Kontakt mit den Einheimischen kommen, sind Militärs. Über Jahrzehnte erleben hunderttausende Offiziere und Wehrpflichtige den Aufenthalt in Übersee als d a s Abenteuer ihrer Jugend - das bestimmt auch die Sichtweise in der Heimat nachhaltig.

Eine Menge junger Männer kehrt nach Hause zurück und erzählt von ihrem Verhältnis zum Anderen, Fremden entsprechend ihren persönlichen Eindrücken. Das ist einer der Gründe, weshalb für einen guten Teil der öffentlichen Meinung in Italien das Bild der eigenen Kolonien vorrangig durch die sexuelle Sphäre bestimmt ist - oder durch Kasernenleben, Märsche in unwirtlichen Gegenden, Überfälle aus dem Hinterhalt und feindselige Einheimische.

Archetypen dieser Erzählung sind Werke wie „XX battaglione eritreo / Das XX. eritreische Bataillon"[243] von Indro Montanelli. Die *naja* („der Kommiss") in den Kolonien wird von den jungen italienischen Männern als eine Zwischenphase gesehen (und erzählt), als ein Urlaub, der häufig dem erwachsenen Leben vorausgeht:

„Dieser Krieg ist für uns wie ein schöner langer Urlaub, den der Gran Babbo[244] (Mussolini) uns als Belohnung für 13 Jahre Schule gibt. Und - unter uns gesagt - es wurde auch Zeit".[245] Diese Aussage lässt sich nicht nur auf die Invasion in Äthiopien beziehen, sondern auf alle Erfahrungen der jungen Soldaten außerhalb Italiens. Die Faszination des Exotischen, die finanziellen Anreize und sogar der Krieg niedriger Intensität, der - sieht man ab von „Säuberungsaktionen" und sporadischen Zusammenstößen mit örtlichen Partisanen - nicht vergleichbar ist mit den Massakern der Weltkriege: all das sind Faktoren, die zum Entstehen einer geschönten öffentlichen Vorstellung von der Atmosphäre in den Kolonien beitragen. [246]

[243] I. Montanelli, XX Battaglione eritreo, Mailand 2010 (Erstausgabe 1936).

[244] Gran Babbo: „Der große Papa". [Anm. d. Übers.]

[245] Ebd., S. 1.

[246] Zu einer ausführlicheren Analyse der Entwicklung der Erinnerung an den Äthiopienkrieg vgl. N. Labanca, „Una guerra per l'impero. Memorie della

Lässt man die Wenigen beiseite, die längerfristige Beziehungen zu den Einheimischen unterhalten - meist Soldaten, die Kinder mit einheimischen Frauen haben[247] -, dann ist das Bild, das bei den italienischen Jungs entsteht, ziemlich stereotyp. Es ist eher das Ergebnis von Getrenntsein als von Austausch. Es fehlen Kontakte zu den Einheimischen, die über das hinausgehen, was zwischen Besatzungstruppen und Unterworfenen möglich ist. Von den Einheimischen nimmt man den Eindruck von Feindseligkeit oder von unterwürfigem Gehorsam mit nach Hause, von Angst, die in einem entsteht oder von Unehrlichkeit, die man empfindet. Vor allem gehören dazu das geringe Verständnis für das Thema „Warum sind wir in der Kolonie?" und das vorherrschende Bewusstsein, nicht willkommen zu sein. Das ist die Grundlage der Berichte nach der Rückkehr in die Heimat, mit einer Nivellierung der Erfahrungen. So verbreitet sich unter den Italienern die Überzeugung, die Überseegebiete seien eine Welt auf halbem Weg zwischen den epischen Geschichten eines Lawrence von Arabien und einem der Abenteuer Emilio Salgaris gewesen.

Außer den Soldaten gibt es aber noch andere Italiener, die sich entscheiden, in die Kolonien zu gehen. Es sind vor allem zivile Beamte[248], außerdem die sogenannten Siedler - besonders im Landesinneren Eritreas und in Libyen. Die von den Regierungen angeführten wirtschaftlichen Motive für die koloniale Expansion verweisen auf die Möglichkeit, aus den neu erworbenen Gebieten „Siedlungszonen" machen. Daher werden im Lauf der Zeit regelrechte Pläne zur Förderung der Emigration entwickelt - aber mit wenig begeisternden Resultaten.

Die größten Erfolge gibt es in Libyen, wegen der Nähe zum Mutterland und - vor allem in der faschistischen Ära - wegen einer massiven Einwanderungskampagne. Die italienischen Zivilisten in Libyen am Vorabend des Zweiten Weltkriegs zählen wenig mehr als 108 000.[249] Nach 1936 fördert man auch im neugeschaffenen Italienisch-Ostafrika die Zuwanderung von Zivilisten, besonders in der Landwirtschaft.

campagna d'Etiopia", Bologna 2005.

247 Zu den Schwierigkeiten, die - in juristischer und sozialer Hinsicht - Kinder aus diesen Beziehungen am Ende der kolonialen Ära erlebten, vgl. V. Deplano, „La madrepatria è una terra straniera. Libici eritrei e somali nell'Italia del dopoguerra (1945-1960)", Florenz 2017.

248 Zu den Karrierechancen, die das Kolonialsystem in der öffentlichen Verwaltung eröffnet, vgl. C. Giorgi, „L'Africa come carriera. Funzioni e funzionari del colonialismo italiano", Rom 2012.

249 Vgl. seriestoriche.istat.it.

1939, im letzten Jahr des Friedens, gibt es in Italienisch-Ostafrika 165 000 italienische Zivilisten, davon fast 44 Prozent (72 000) in Eritrea., 19 000 in Somalia, die übrigen 80 000 in den äthiopischen Provinzen.[250] Diese Siedler - verloren in einer Bevölkerung, die für das ehemalige äthiopische Reich auf 12 Millionen Menschen geschätzt wird (zu denen noch die Untertanen in Somalia und Eritrea hinzukommen, jeweils eine Million Menschen)[251] -, sind ein äußeres Element (wenig mehr als ein Prozent der Bevölkerung), das in ein ausgedehntes und ganz verschiedenartig geprägtes Gebiet gebracht wird, konzentriert in den städtischen Zentren oder in ihrer unmittelbaren Nähe.

Diese Siedler haben wenig Zeit und kaum den Willen, unter anderen Menschen aufzugehen - denn Italiener in einer Kolonie zu sein, heißt, anders und überlegen zu sein. Die Italiener Afrikas genießen in den besetzten Gebieten einen bevorzugten Status, der dazu beiträgt, sie von der örtlichen Bevölkerung abzusondern. In den italienischen Kolonien - wie in praktisch allen europäisch-imperialistischen Projekten - unterliegen Weiße (Italiener und Europäer) und Nichtweiße unterschiedlichen Gesetzen. Es gilt ein unterschiedliches Strafrecht, die Strafen für das gleiche Delikt sind unterschiedlich.

Seit 1903 regelt die „Kolonialordnung für Eritrea" (Ordinamento della colonia Eritrea)[252] - die dann Modell für die gesamte italienische Kolonialgesetzgebung wird - in Artikel 4 die Etablierung getrennter Rechtsordnungen für „Einheimische und Nichteinheimische"[253]. Hervorgehoben wird die Notwendigkeit einer besonderen Gesetzgebung zur Regelung der Beziehungen zwischen beiden Gruppen. In den Regionen, wo es dem italienischen Staat ansatzweise gelingt, ein Bildungssystem aufzubauen, sind die Schulen strikt getrennt. Auf der einen Seite gibt es die für die Kinder der italienischen Beamten oder Siedler, in denen man den Leitlinien des Mutterlandes folgt. Auf der anderen Seite gibt es Schulen für die Einheimischen, die anfangs von religiösen Organisationen und Institutionen unterhalten werden. In

[250] G. P. Calchi Novati, „'Africa d'Italia", a. a. O., S. 199.

[251] Vgl. www.seriestoriche.istat.it.

[252] Gesetz vom Nr. 205 vom 24. Mai 1903 *Ordinamento della colonia Eritrea*, in: G. U. 130 04-06-1903.

[253] Unter dem Begriff „Nichteinheimische" werden alle Weißen verstanden, die sich in der Kolonie aufhalten (Italiener, aber auch Ausländer) - sie sind vom Rest der Bevölkerung nicht durch ihre Staatsbürgerschaft, sondern durch ihre ethnische Zugehörigkeit unterschieden.

der Folgezeit dagegen - vor allem in der faschistischen Ära - organisiert der Staat die Schulen, mit dem Ziel, eine Grundbildung zu vermitteln, die das Modell einer in (für den italienischen Imperialismus) funktionale Klassen geteilten Gesellschaft reproduziert.

So ist es zum Beispiel in den dreißiger Jahren in Eritrea - der „Erstlingskolonie", wo Regierungsanweisungen früher als anderswo umgesetzt werden - klar, dass die koloniale Schule „als erzieherische Aufgabe haben muss, Identität, Sinn für Zugehörigkeit und Treue zu schaffen und dass es dort mehr darum gehen soll, patriotischen Zielen zu folgen als Notwendigkeiten der Bildung".[254] Im Wesentlichen hat die Bildung, die in diesem Gebiet vermittelt wird - das prozentual die meisten Truppen für die Kolonialarmee liefert -, den Zweck, „die zukünftigen Soldaten Italiens" zu erziehen.[255]

In Libyen - den Zielen zwangsweiser Italianisierung entsprechend - fallen die Versuche zur Assimilierung intensiver aus[256]. Mit Königlichen Dekreten für Tripolitanien vom 1. Juni 1919[257] und für die Kyrenaika vom 31. Oktober 1919[258] wird die Möglichkeit, die italienische Staatsbürgerschaft zu erwerben, auf Libyer ausgeweitet, die darum ersuchen. Die so gewährte Staatsbürgerschaft könnte Gleichheit zwischen italienischen Bürgern aus dem „Zentrum" und den auf libyschem Territorium geborenen bedeuten. Das wäre eine bemerkenswerte Öffnung - allerdings verändern sich die Formen der Staatsbürgerschaft in Libyen nicht sonderlich, es bleibt eine strikte Trennung zwischen Weißen und Nichtweißen bestehen.

Diese Regelung wird dann vom Faschismus stark eingeschränkt, der den rassistischen Charakter der Kolonialgesetzgebung verstärkt. Rechtliche und staatsbürgerliche Gleichheit zwischen Italienern und

[254] S. Palma," L'oro e la scrittura. La formazione della gioventù eritrea nelle scuole elementari dei primi anni trenta", in: AA. VV., „Colonia e postcolonia come spazi diasporici. Attraversamenti di memorie, identità e confini nel Corno d'Africa", Rom 2011, S. 138.

[255] S. Palma, „Educare alla subalternità. Prassi e politiche scolastiche nella colonia eritrea", in: B. M. Carcangiu, T. Negash (Hg.), „L'Africa orientale italiana nel dibattito contemporaneo", Rom 2007, S. 234.

[256] Zum Bild der Italiener von den Libyern in der Kolonialzeit vgl. G. Bassi, „Sudditi di Libia", Sesto San Giovanni 2018.

[257] Königliches Dekret Nr. 931 vom 1. Juni 1919 *Che approva le norme fondamentali per l'assetto della Tripolitania,* in: G. U. 145 19-06-1919.

[258] Königliches Dekret Nr. 2401 vom 31. Oktober 1919 *Che approva le norme fondamentali per l'assetto della Cirenaica,* in: G. U. 302 23-12-1919.

Einheimischen wird abgeschafft, als 1927[259] die Figur des „italienischen libyschen Bürgers" (cittadino italiano libico) eingeführt wird - eine Art Staatsbürgerschaft zweiter Klasse nur für die Einheimischen, die Gleichheit zwischen „metropolitanen" Italienern (aus dem territorialen Zentrum des Staates) und Libyern ausschließt und das Recht auf Staatsbürgerschaft an das Blut bindet.[260]

Diese diskriminierende Gesetzgebung schreibt die Unterscheidung zwischen Italienern und Einheimischen fest. Es ist eine Art vorweggenommener "Apartheid", die eine unüberwindbare Distanz zwischen den Italienern in den Kolonien und deren bisherigen Einwohnern schafft.[261] Als 1939, beim letzten Versuch, die nordafrikanische Küste in das Gebilde der Nation einzufügen, Libyen formal zur siebzehnten Region Italiens erhoben wird, [262] verschlimmert sich noch das Klima von rassischer Spaltung und Ungleichheit zwischen der italienischen und der einheimischen Bevölkerungsgruppe - mit der Verschärfung des Apartheidregimes durch eine weitere Erschwerung des Zugangs zur Staatsbürgerschaft und durch die Einführung neuer diskriminierender Regelungen: zum Beispiel verbietet man den kolonialen Untertanen, Italiener als Arbeitskräfte zu beschäftigen.

[259] Gesetz Nr. 1013 vom 26. Juni 1927 *Legge organica per l'amministrazione della Tripolitania e della Cirenaica*, in: G. U. 148 28-06-1927.

[260] Die Artikel 29 und 30 des Gesetzes legen fest:
„Art. 29. Italienische libysche Bürger sind: das Kind - gleich, wo geboren - eines Vaters, der italienischer libyscher Bürger ist oder - falls dieser unbekannt ist - einer Mutter, die italienische libysche Bürgerin ist; die mit einem italienischen libyschen Bürger verheiratete Frau; die in Tripolitanien oder in der Kyrenaika Geborenen, gleich, wo sie wohnen, die den italienischen Gesetzen entsprechend nicht italienische metropolitane Bürger und nicht ausländische Bürger oder Untertanen sind. Das in Tripolitanien oder in der Kyrenaika aufgefundene Kind von Unbekannten gilt bis zum Beweis des Gegenteils als dort geboren."
„Art. 30. Alle Personen, die ihren Wohnsitz in Tripolitanien oder in der Kyrenaika haben und die nicht italienische metropolitane Bürger oder ausländische Bürger oder Untertanen sind, gelten als italienische libysche Bürger."

[261] Vgl. F. Renucci, „La strumentalizzazione del concetto di cittadinanza in Libia negli anni trenta", *Quaderni fiorentini per la storia del pensiero giuridico moderno*, 2005, Heft 33-34, S. 319ff.

[262] Königliches Dekret Nr. 70 vom 9. Januar 1939 *Aggregazione delle quattro provincie libiche al territorio del Regno d'Italia e concessione ai libici musulmani di una cittadinanza italiana speciale con statuto personale e successorio musulmano*, in: G. U. Nr. 28 03-02-1939.

Während das libysche Experiment die Italiener in gewisser Weise zwingt, eine solche Unterscheidung festzuschreiben, ermöglicht es am Horn von Afrika die geringe Anzahl von Italienern, eine de facto-Apartheid aufrechtzuerhalten, die sich zum einen auf die Gesetzgebung stützt (die zwischen Italienern und kolonialen Untertanen unterscheidet) und zum anderen auf die Tatsache, dass Italiener und Einheimische hier kaum miteinander in Kontakt kommen.

Das führt unvermeidlich zur Entstehung einer „kolonialen Mentalität" bei jenen Italienern, die auf Dauer in den Überseegebieten leben. Das Gesetz unterscheidet und trennt sie von den Einheimischen. Die herrschende Kultur zeichnet von ihnen das Bild von Überbringern der Avantgardezivilisation der weißen Rasse, die gekommen ist, um „unberührte" Gebiete zu humanisieren. Nur wenige haben das Gefühl, Land, das anderen gehört, besetzt zu haben - etwa mit der landwirtschaftlichen Kolonialisierung. Es entsteht der Mythos von den Kolonien, die die Italiener „aus dem Nichts schufen". Die kulturelle Bindung an das Mutterland wird gerade wegen der weiten Entfernung verstärkt - und auch wegen der Tatsache, im Zentrum der Propaganda zu stehen (in der faschistischen Ära, aber auch vorher).[263] Der Siedler ist - per definitionem - „Speerspitze" der weißen Zivilisation, deswegen nehmen sein Überlegenheitsgefühl und seine Distanz zu den Einheimischen noch zu.

Aus dem selben Grund fühlen sich nach dem Ende der direkten Kolonialherrschaft die Italiener, die in diesen Gebieten zurückbleiben, sowohl vom Vaterland ihrem Schicksal überlassen als auch von den Einheimischen bedrängt, die das von ihnen mit harter Arbeit Geleistete „an sich reißen" wollen. Die Rückkehr vieler Siedler aus Eritrea und Somalia, die ohne Unterstützung durch die italienische Verwaltung keine wirtschaftliche Existenzgrundlage mehr haben, lässt einen bitteren Nachgeschmack bei denen zurück, die ihren Traum vom Reichtum in Übersee scheitern sehen. In einigen Fällen kommt es nach der jahrzehntelangen Kolonialherrschaft auch zu Übergriffen und Akten offener Gewalt gegen die ehemals Herrschenden. Am 11. Januar 1948 werden bei Zusammenstößen nach einer Reihe konfrontativer Kundgebungen von Einheimischen und Siedlern in Mogadischu 54 Italiener und 14 Somalier getötet.[264]

[263] Zum Einfluss der faschistischen Propaganda auf die Vorstellungswelt der Siedler (und der Italiener allgemein) vgl. die Texte von G. Mancosu, M. Piras und M. A. Nughedu in: A. Pes (Hg.), „Mare Nostrum. Il colonialismo fascista tra realtà e rappresentazione", Cagliari 2012.

[264] Vgl. A. Urbano, A. Varsori, „Mogadiscio 1948. Un eccidio di italiani tra deco-

Obwohl zum Beispiel in Äthiopien sogar die Regierung von Haile Selassie die italienischen Zivilisten auffordert, im Land zu bleiben und ihren Beitrag zur Wiedergeburt eines freien Äthiopien zu leisten, kehren viele Unternehmer und Siedler nach Hause zurück. Die „Träume von Afrika" aus wirtschaftlichen Motiven waren für viele nur möglich dank der direkten Unterstützung durch die italienische Regierung.

Als dann in einer widrigen politischen Situation „der Gnadenschuss" für die italienische Präsenz in Afrika fällt - vor allem die Vertreibung der letzten zwanzigtausend Italiener aus Libyen durch Muammar al-Gaddafi 1970, aber auch die Abwanderung aus Eritrea und Somalia in der Folge innerer Konflikte in diesen Staaten -, herrscht das Gefühl, Opfer von undankbaren Einheimischen geworden zu sein, die die Bemühungen mehrerer Generationen von Italienern, sie zu zivilisieren, verkannt haben. Das ist eine einseitige Sichtweise, entstanden aus einem Gefühl der Niederlage und der Demütigung bei Menschen, die lange Jahre in den Kolonien gewohnt haben. Das verstärkt in der öffentlichen Meinung Italiens spürbar die negativen Vorstellungen von den früher Kolonialisierten.

„Fähig gewesen zu sein, eine Wüste in einen Garten zu verwandeln"[265] und dann weggejagt zu werden, lässt die Idee von der Undankbarkeit der Kolonialisierten entstehen. Ohne sich auf die Komplexität eines epochalen Geschehens einzulassen, konzentriert sich die kollektive Vorstellungswelt auf die Rolle jener Italiener, die zu „Opfern" werden. Beispielsweise vermischt sich angesichts der Bilder von den italienischen Familien, die aus Tripolis und Bengasi kommende Schiffe verlassen, die Empörung über die Behandlung der letzten Siedler mit schon längst zementierten Vorurteilen und dem gängigen Diskurs über die treulosen und verräterischen Kolonialisierten.

Das große Schweigen

In der Zeit nach dem Zweiten Weltkrieg sehen sich die Italiener brutalen Veränderungen der internationalen Kräfteverhältnisse gegenüber. Die Herausforderungen des Kalten Krieges lassen keinen Raum für Debatten über Verantwortung und Schuld der Italiener in den ehemaligen Kolonien. Das Horn von Afrika liegt unglaublich weit

lonizzazione e Guerra Fredda", Bologna 2019.

265 M. A. Nughedu, „La Libia: un esempio del colonialismo italiano", in: A. Pes (Hg.), „Mare Nostrum. Il colonialismo fascista tra realtà e rappresentazione", a. a. O., S. 240f.

entfernt, die öffentliche Meinung nimmt die Treuhandverwaltung Somalias allenfalls als Fortsetzung einer wenig interessanten Vergangenheit wahr. Libyen wird zum Schauplatz internationaler Auseinandersetzungen um Bodenschätze - dort gehört auch Italien zu den Akteuren, neben Großbritannien und der Supermacht USA. Dieses (mitunter durch Konkurrenz geprägte) gemeinsame Auftreten macht das Fehlen exklusiver Beziehungen - wie andere imperialistische Länder sie aufrechterhalten konnten - zu der ehemaligen Kolonie deutlich. Diese Unfähigkeit, bei der Entkolonialisierung mit anderen Ländern Schritt zu halten - wie schon im Fall der Kolonialisierung -, verdrängt jede konkrete Analyse der Vergangenheit. Wie zu Anfang der Geschichte ist es das Prestige, das viele Entscheidungen Italiens bestimmt. Zuletzt wird es das Gefühl eines Scheiterns sein, das das öffentliche Vergessen unausweichlich macht.

Auch die wenigen erwähnenswerten Aktivitäten des italienischen Postkolonialismus tragen dazu bei, eine Mauer des Schweigens und der Verständnislosigkeit um fast ein Jahrhundert Geschichte zu errichten.

Als am 7. Oktober 1970 das neu etablierte Regime von al-Gaddafi zur Vertreibung der letzten italienischen Siedler aus der ehemaligen Kolonie aufruft, nimmt das Gefühl von Entfremdung zu. Obwohl es sich nur noch um einen „Rest“ im Vergleich zu den Italienern handelt, die vor dem Krieg in Libyen lebten - es sind etwa zwanzigtausend gegenüber hundertzwanzigtausend, die bei der Volkszählung von 1939 registriert wurden[266] - begünstigen auch die Bilder vom Exodus der Landsleute, die in den Fernsehnachrichten zu sehen sind, eine verfälschte Erinnerung an die kolonialen Erfahrungen und Verantwortlichkeiten Italiens.

Wie die Historikerin Maria Antonietta Nughedu in Erinnerung ruft,

„steht der hypothetischen Möglichkeit einer objektiven Analyse des Kolonialismus die Erinnerung an die bei der ‚Verjagung‘ erlittenen Ungerechtigkeiten entgegen - und das fördert eine neue positive Bewertung der eigenen Vergangenheit, auch wegen der der libyschen Gesellschaft verschafften Vorteile. In einigen Fällen breitet sich die Überzeugung aus, die Italiener hätten keinen Nutzen von der Besatzung gehabt, vielmehr hätten sie uneigennützig zum Fortschritt Libyens beigetragen“.[267]

[266] AA.VV., „I censimenti nell'Italia unita“, a. a. O., S. 269.

[267] M. A. Nughedu, „La Libia“, a. a. O., S. 250.

Nicht allein wird auf eine Auseinandersetzung mit der eigenen kolonialen Vergangenheit verzichtet - das schlimme Schicksal der in Libyen gebliebenen Italiener verstärkt das Gefühl, einfach „zu gut“ zu den Kolonialisierten gewesen zu sein, die sich „undankbar“ zeigen und die Bemühungen Tausender Italiener um ihre „Zivilisierung“ verkennen.

Man gelangt zu einer Umkehrung der Perspektive, man versteht nicht die tatsächliche Tragweite der Schäden für die Eroberten. Man klagt sogar die Kolonialisierten an, die Gelegenheit vertan zu haben, die die Italiener ihnen boten. Alles Nützliche und Gute, das man in den jetzt unabhängigen ehemaligen Kolonien findet, geht demnach auf die italienische Zeit zurück. Noch heute wird gewohnheitsmäßig in Reportagen über diese Länder hervorgehoben, die Infrastruktur sei „immer noch die einmal von uns gebaute“.

Vor allem die Straßen. Der Subtext - gut zu verstehen - handelt von Zweierlei: die „von dem Italienern“ geschaffene Infrastruktur ist gut gemacht und „langlebig“ - nach dem Ende des Besatzung dagegen haben die Einheimischen nichts zustande gebracht.

Den Verlust verstehen

In den Nachrichten von La Nuova Luce (der regierungseigenen Kino-Wochenschau, Erbe des faschistischen Istituto Luce) laufen 1946 Bilder einer kargen trockenen Landschaft, in der plötzlich Männer mit Turban und maghrebinischen Zügen auftauchen, die sich bemühen, ein Landstück zu roden. Sie werden geleitet von einem schwarz gekleideten Mann mit dem typischen Kolonialhelm, der offensichtlich Anweisungen für die Arbeit erteilt. Rasch schwenkt der Film zu einem der Bauern, die den Boden mit Dromedaren oder auch dem eher gewohnten Paar Ochsen pflügen. Eine männliche Stimme, deren Tonfall noch an die Nachrichten der faschistischen Zeit erinnert, kommentiert die Bilder so:

„Das Filmdokument, das wir Ihnen hier zeigen, ist eines der ältesten und seltensten, weil es mit stummer, aber unwiderstehlicher Beredsamkeit erzählt, wie hart die Anfänge der italienischen Kolonialisierung in Libyen waren. Und wie der arabische Nomade und große Nichtstuer von den Italienern in der Schule und in der Zivilisation der Arbeit erzogen wurde. Wir widmen dieses Dokument all den anderen, die sich als Meister der Kolonialisierung darstellen, nachdem sie mit Alkohol und Gewehr ganze Völker verdorben und zerstört haben."[268]

Kaum ein Jahr nach Kriegsende und etwa drei Jahre nach dem faktischen Verlust der Kontrolle über sämtliche Kolonien zeigt ein Ausschnitt aus der Kino-Wochenschau überzeugend den ganzen Unwillen, mit dem die italienische Politik die Informationen über die gerade auf der Pariser Friedenskonferenz verhandelten Verträge aufnimmt.

Was das eigene koloniale Imperium angeht, so wird die italienische Regierung zum Zuschauer in einer Diskussion herabgestuft, deren Protagonisten vor allem die Siegermächte des Konflikts sind: Großbritannien und Frankreich (dazu kommen dann noch die Vereinigten Staaten). Besonders das Vereinigte Königreich tritt bei der italienischen Entkolonalisierung als Liquidator auf - nachdem es Förderer und Beschützer vieler kolonialer Abenteuer Roms war.

Absicht der Vereinten Nationen ist es, Italien alle Kolonien wegzunehmen. Die Regierung gibt als erstes die Idee einer Rückkehr nach Äthiopien auf - die Invasion im Kaiserreich wird international als eines der größten Verbrechen Mussolinis angesehen, es ist völlig unmöglich, ihre Legitimität zu behaupten. Die Regierung versucht aber, die Kontrolle über die von Italien in der liberalen Ära besetzten Kolonien zu behalten.

De Gasperi[269] selbst hebt während der Pariser Friedenskonferenz zwar die Distanz des republikanischen und demokratischen Italien zum faschistischen Italien hervor. Aber dann erklärt er das zivilisatorische Handeln der Italiener in Übersee für verdienstvoll und einer Fortsetzung wert. Auch nach Meinung der republikanischen Regierung sollen Libyen, Somalia und Eritrea substantieller Teil der Nation bleiben, um nicht die gewaltigen Anstrengungen zu entwerten, mit denen man jenen Völkern den Weg zur Zivilisation wies.

Aber die italienischen Wünsche werden größtenteils zurückgewiesen. Die Regierung darf nur die Treuhandverwaltung über Italienisch-Somalia behalten, und auch nur wegen des geopolitischen Kalküls einer Kontrolle über das Horn von Afrika, die vorwiegend Großbritannien zufällt.[270]

[268] https://patrimonio.archivioluce.com/luce-web/detail/IL5000094757/2/un-raro-documento-cinematografico-sulla-colonizzazione-italiana-libia.html?

[269] Alcide De Gasperi: christdemokratischer Politiker, seit 1945 mehrfach Ministerpräsident. [Anm. d. Übers.]

[270] A. M. Morone, „L'ultima colonia. Come l'Italia è tornata in Africa (1950-1960)", Rom-Bari 2011, S. 41.

Italienische Einflüsse bestimmen aber weiterhin massiv das Bild, das die ehemals Kolonialisierten von sich selbst haben. Alle ehemaligen Kolonien, die sich als unabhängige Staaten formieren, tun das im Rahmen der von der Kolonialmacht gezogenen Grenzen. Libyen konstituiert sich als „Vereinigtes Königreich" unter der Dynastie Senussi, die den antiitalienischen Widerstand angeführt hat, es vereinigt die Territorien und Bevölkerungen von Tripolitanien, der Kyrenaika und des Fessan und versucht sie in nationalem Sinn zu verschmelzen.

Äthiopien und Eritrea bilden eine Föderation, nach dem vom italienischen Vizekönigreich geschaffenen Modell. Als zentralistische Bestrebungen in Addis Abeba der Autonomie Asmaras ein Ende setzen, wird ein jahrzehntelanger Bürgerkrieg entfesselt. Somalia als unabhängiger Staat erblickt das Licht der Welt erst 1960, als die ehemals italienischen Territorien mit denen von Britisch-Somaliland vereinigt werden.

Letztlich führen die großen von den Italienern (unter Vorwänden) geschaffenen territorialen Einheiten zu dem, was der Historiker George Mosse als „Nationalisierung der Massen" bezeichnete.[271] Die ehemals Kolonialisierten finden in der gemeinsamen Vergangenheit ausländischer Beherrschung eine einigende Motivation, die ausreicht, um den Aufbau stabiler staatlicher Strukturen zu versuchen. Man muss aber feststellen, dass gegenwärtig (2021) immerhin zwei der drei großen territorialen Gebilde, die von den Italienern geschaffen wurden - nämlich Somalia und Libyen - das Auseinanderbrechen ihres territorialen Gefüges erleben, und zwar entlang der alten Grenzen (Tripolitanien gegen die Kyrenaika bzw. Somaliland - im Norden - gegen Somalia). Sie geraten immer wieder in die Situation des Bürgerkriegs, Eritrea dagegen ist Opfer einer brutalen Diktatur.

Die historischen und kulturellen Einflüsse auf die Kolonialisierten waren daher - auch nach dem Ende der italienischen Herrschaft - beachtlich. Was bedeutete dagegen das Kolonialsystem für das kollektive (und vor allem das öffentliche) Gedächtnis der Italiener, welche Spuren sind noch zu finden?

Zuerst ist zu klären, wie die Italiener das Ende ihrer Herrschaft in Übersee wahrnehmen. Am 10. Februar 1947 legt Artikel 23 des Friedensvertrags fest, dass

„Italien auf alle Rechte und Ansprüche auf die italienischen terri-

[271] Vgl. George Mosse, „Die Nationalisierung der Massen. Politische Symbolik und Massenbewegungen von den Befreiungskriegen bis zum Dritten Reich", Frankfurt 1993.

torialen Besitztümer in Afrika - also Libyen, Eritrea und Italienisch-Somalia - verzichtet."[272]

Äthiopien, das am Tisch der Friedensverhandlungen unter den Siegern sitzt, wird entgegen den Bestrebungen der Faschisten nicht als Kolonie angesehen. Das ist ein harter Schlag für die italienische Diplomatie, die damals versucht, sich im Sumpf der Nachkriegszeit zurechtzufinden. „Der Internationalismus", den Carlo Sforza - der Außenminister der ersten republikanischen Regierungen - propagiert, hatte den Zweck, wie er in seinen Memoiren selbst hervorhebt, „den Versuch der Großmächte zu unterstützen, eine neue Weltordnung zu schaffen".[273]

Tatsache ist, dass Italien nicht zu den Großmächten zählt - der Verlust der Kontrolle über die Überseegebiete ist der deutlichste Beweis dafür. Fast, um einer Rhetorik Recht zu geben, die zum ersten Mal von den Regierungen der Historischen Linken Ende des 19. Jahrhunderts ins Spiel gebracht wurde, als die Kolonien ein Statussymbol der imperialen Mächte waren, scheidet Italien schmachvoll aus diesem Club aus.

Nach einer kurzen Instrumentalisierung zu politischen Zwecken verschwindet das Thema „Kolonien" aus der öffentlichen Debatte - und in der Politik bleibt es Nebensache. Nach Ende des Zweiten Weltkriegs liegen ganz andere Fragen auf dem Tisch. Der Friedensvertrag lässt das Problem von Triest und Dalmatien (die zwischen Italien und Jugoslawien umstritten sind) ungelöst. Dieser Konflikt zieht sich bis 1954 hin. Gleichzeitig gibt es Spannungen und separatistische Tendenzen in Randgebieten Italiens wie Alto Adige (Südtirol), Valle d'Aosta und Sizilien. Der aufziehende Kalte Krieg lässt angesichts der Ost-West-Gegensätze nicht viel Spielraum für eine unabhängige Politik. Wichtiger als der Traum von einer Wiedergewinnung Afrikas ist die Notwendigkeit, die Kontrolle über das metropolitane Territorium zu behalten.

Nachdem man die neue internationale Stellung des Landes zur Kenntnis genommen hat, wird der Kolonialismus von der Politik sehr rasch als erledigte Episode beiseite geschoben. Ebenso rasch versuchen die Regierungen, Themen der Entkolonialisierung für ihre Außenpolitik zu nutzen. Eine „internationalistische Politik für die Dritte

[272] Der vollständige Vertragstext findet sich u. a. in: *Archivio digitale della Camera dei Deputati*, www.archivio.camera.it

[273] C. Sforza, „Cinque anni a Palazzo Chigi. La politica estera italiana dal 1947 al 1951", Rom 1952, S. 13.

Welt"[274] charakterisiert die Außenpolitik der Republik. Das ist eine kluge Entscheidung: da man nun einmal keine Kolonien mehr besitzt, muss man eben eine andere Karte ausspielen - als europäische Macht, die interessiert auf die neue Dynamik jener Akteure schaut, die man - auf trostlose Weise beschönigend - „Entwicklungsländer" nennt. Gerade De Gasperi setzt während der Parlamentsdiskussion über die Etablierung der italienischen Treuhandverwaltung in Somalia diese Linie durch.

„Diese Verwaltung zu übernehmen heißt, für eine neue Welt zu arbeiten, Freundschaften unter allen Völkern zu gewinnen, denen es um Freiheit und Fortschritt geht. Und Sie haben gesehen, wie unsere Haltung in der Vergangenheit andere Freundschaften im Mittelmeerraum und überhaupt in der Welt beeinträchtigt hat. Wir leben in einer Welt, die sich entwickelt. Man weiß nicht, wohin diese Entwicklung morgen führt, aber es ist gut, ihr zu folgen und sich Freunde zu machen. Heute müssen die Freunde die Nationen sein, denen es um Freiheit geht, um Unabhängigkeit. All das bedeutet, die alte italienische Politik wiederaufzunehmen - die Politik des Risorgimento."[275]

Diesen Absichtserklärungen folgen konkrete Handlungen. Als die weltweite Verteilung von Niederlassungen der Vereinten Nationen zur Diskussion steht, bewirbt sich Italien sofort um den Sitz der Organisation, die sich dem Kampf gegen den Hunger und der Entwicklung der Landwirtschaft widmet, also zwei zentralen Themen in Zusammenhang mit dem Fortschritt der sogenannten Dritten Welt. Italien hatte schon die Vorgängerinstitution aufgenommen, das Internationale Landwirtschaftsinstitut, das 1905 gegründet und 1948 aufgelöst wurde. So kommt es, dass ab 1951 der Sitz der FAO (Food and Agriculture Organization of the United Nations), der Organisation der Vereinten Nationen für Ernährung und Landwirtschaft, sich in Rom befindet. In einem seltsamen Zusammentreffen arbeitet die FAO hier in dem Gebäude, das für das faschistische Kolonialministerium errichtet wurde.[276]

[274] N. Srivastava, „Italian Colonialism and Resistences to Empire (1930-1970)", London 2018, S. 195ff.

[275] „Atti parlamentari, Camera, Discussione del 4 febbraio 1950", in: www.archivio.camera.it.

[276] Vgl. FAO 2019, „Dentro la FAO - Storia di un forum globale", Rom 2019.

Alles die Schuld von Mussolini

Im Rahmen einer Neubestimmung der politischen Prioritäten des Landes muss man auch zu einer gemeinsamen Auffassung von der vergangenen kolonialen Herrschaft finden. Die Antwort fällt ziemlich einfach aus: der Faschismus, besonders seit den dreißiger Jahren, hat eine massive Propaganda organisiert, die der Verherrlichung jenes imperialen Ideals diente, das der Kolonialismus verkörperte (mit der Invasion in Äthiopien als Höhepunkt). Als der Faschismus gestürzt und alle Wege zu einer „beherrschenden" Beziehung mit Äthiopien versperrt sind, wird es möglich zu sagen, dass der Kolonialismus eine große Schande, eine der großen Niederlagen war, die vom Mussolinischen Totalitarismus über das Land gebracht wurden.

Indem sie das faschistische Regime verurteilt und sich als antifaschistisch proklamiert, kann die aus der Resistenza[277] geborene demokratische Republik scheinbar gelassen versichern, dass sie keine Bilanz der eigenen kolonialen Vergangenheit ziehen muss - sie erkennt jene Vergangenheit eben nicht als eigene an. Auf dieses begriffliche Schema verließ man sich schon beim Rückblick auf den Faschismus selbst: man möchte alle Schuld auf den Faschismus schieben und ihn dann für ausgeschlossen aus dem Erbe der Erinnerung - und damit auch aus der historischen Verantwortung - der Italiener erklären.[278]

An dieser Beschreibung des italienischen Kolonialprojekts - wonach der Imperialismus made in Italy in einen „faschistischen" und einen „vorfaschistischen" aufgeteilt wird - beteiligt sich die Presse, besonders die der konservativen Rechten, die das Ende von Faschismus und Monarchie überlebte und in Italien nach dem Zweiten Weltkrieg noch erheblichen Einfluss besitzt.

Der Historiker Andrea Ungari erklärt, dass die monarchiefreundliche Presse es beispielsweise „stets vorzog, sich auf den liberalen Kolonialismus zu beziehen - mit der Darstellung historischer Gestalten, Ereignisse und Themen, die der kollektiven Vorstellungswelt teuer waren. Auch wenn es um die Periode der faschistischen kolonialen Expansion ging, bezog man sich nicht auf die Anführer der Mussolinischen Hierarchie, sondern auf Persönlichkeiten aus dem Haus Sa-

277 Resistenza / Widerstand: die antifaschistische Bewegung in Italien seit 1943. [Anm. d. Übers.]

278 Zu diesem Thema erlaube ich mir, auf mein Buch „Ma perché siamo ancora fascisti? Un conto rimasto aperto / Aber warum sind wir noch Faschisten? Eine offene Rechnung" (Turin 2020) zu verweisen.

voyen, die in Afrika aktiv gewesen waren - insbesondere auf Luigi Amedeo di Savoia-Aosta, Herzog der Abruzzen, und auf Amedeo di Savoia, Herzog von Aosta[279]".[280]

Diese Unterscheidung gelingt besonders gut, da im kolonialen Inferno die zwanzig Jahre des Faschismus die fünf „liberalen" Jahrzehnte und auch die zehn Jahre der italienischen Treuhandverwaltung in Somalia noch heute in den Schatten stellen. Das gilt für die Verwaltungsstrukturen, für das Verhältnis zu den unterworfenen Territorien und auch für die begangenen Verbrechen.

Es ist kein Zufall, dass es auch in der Kritik an Methoden, Praktiken und Konsequenzen des Imperialismus made in italy des 19. und 20. Jahrhunderts vorrangig um die vom Faschismus angehäufte Schuld geht. In Erinnerung kommt dabei - zu Recht - der Gebrauch von Giftgas bei der Invasion in Äthiopien, aber die Massaker Ende des 19. Jahrhunderts an der eritreischen Grenze und die Massenhinrichtungen in den „befreiten" libyschen Städten 1911/12 fallen einem nicht so schnell ein.

In der öffentlichen Erinnerung der Italiener - die schon von den Schwierigkeiten bei der Aufarbeitung des eigenen Totalitarismus belastet ist - findet die Geschichte dieses Kolonialismus einfach keinen Raum. Als ob achtzig Jahre erzwungenen Austauschs und - wie wir sahen - gegenseitiger Beeinflussung keinerlei Spuren im öffentlichen Bewusstsein und im Alltagsleben von Millionen Menschen hinterlassen hätten. Aber diese übersehenen Spuren bestimmen weiterhin viele Aspekte des Lebens und der Mentalität unseres Landes.

Gewagte Umdeutungen: wir waren besser als die Engländer

Nachdem sie Jahrzehnte damit verbracht haben, in Politik und Gesellschaft dem (britischen) Referenzmodell für den europäischen Imperialismus zu folgen, beginnen Italien und die Italiener nach dem Zweiten Weltkrieg, die charakteristischen Züge des britischen Kolonialismus neu zu bewerten - oder genauer, sie abzuwerten. In den fünfziger Jahren, als Indien seine Unabhängigkeit erklärt hat und die Bewegungen der Entkolonialisierung bedeutende Erfolge erreichen,

[279] Luigi Amedeo di Savoia-Aosta: „Entdecker" und Admiral; Amedeo di Savoia: General, Vizekönig des besetzten Äthiopien (als Nachfolger Rodolfo Grazianis). [Anm. d. Übers.]

[280] A. Ungari, „I monarchici italiani e la questione coloniale (1947-1952)", in: V. Deplano, A. Pes (Hg.), „Quel che resta dell'impero", a. a. O., S. 401.

sind die italienischen Zeitungen voll von Nachrichten über Englands Schwierigkeiten, mit diesen Veränderungen fertig zu werden.

Die Informationsmedien berichten auch ausführlich über die Umbrüche, die von der Demontage des französischen Kolonialsystems verursacht werden sowie über die anhaltende Gewalt in den Besitztümern imperialer Mächte wie Belgien und Portugal. Es überwiegt das Gefühl, der Kolonialismus insgesamt und die Entkolonialisierung im Besonderen seien quälende Probleme für das Bewusstsein des Westens - die allerdings die Italiener nicht unmittelbar berühren.

Der traumatische Verlust des eigenen Kolonialreichs ermöglicht es der öffentlichen Meinung und den Regierungen Italiens, angesichts der Probleme des Rückzugs der Europäer von ihren in aller Welt geschaffenen Vorposten gleichgültig zu bleiben. Der Postkolonialismus ist ein fernes Thema für die Gefühlswelt Italiens in den fünfziger Jahren, da seine direkten Auswirkungen unser Land nicht zu betreffen scheinen. Entsprechend sind die Medien voll von Reportagen, die von Schwierigkeiten und Niederlagen der Ex-Kolonialmächte erzählen.

Mit unverhohlener Befriedigung berichtet die italienische Presse zu Beginn der „Wirtschaftswunder-Ära" von den Niederlagen vor allem der Engländer und Franzosen in Afrika und Asien. 1956 entscheidet sich das unabhängig gewordene Ägypten, den Suezkanal zu nationalisieren, der seit seinem Bau unter der Kontrolle Frankreichs und Großbritanniens geblieben ist. Diese beiden Mächte (mit Unterstützung Israels) reagieren auf die Enteignung mit Gewalt, werden aber von den Ägyptern abgewiesen. Die Gefahr eines Kriegs wird durch das Eingreifen der Vereinigten Staaten abgewendet, die im Grundsatz die Nationalisierung gutheißen. Während die italienische Regierung sich der amerikanischen Position anschließt und und die eigene Unterstützung für Frankreich und Großbritannien leugnet[281], wird das Geschehen in der italienischen Presse (und in der der früheren Kolonien) als Sieg der ehemals Beherrschten über die Beherrscher gesehen: ein Sieg der postkolonialen Welt über die alten Imperialismen.

Es geht um eine „Pleite" und - mehr oder weniger eindeutig - auch um das Ende einer Epoche. Es ist eine Haltung, die rhetorisch den Freiheitskampf der Unterdrückten feiert, die aber ignoriert, dass Italien selbst Akteur jenes Modells von Eroberung war (und es sogar noch ist, nämlich wegen der Treuhandverwaltung von Somalia).

[281] G. P. Calchi Novati, „Il canale della discordia. Suez e la politica estera italiana", Urbino 1998.

Während von den Niederlagen des europäischen Imperialismus im Detail berichtet wird, lässt das totale Schweigen über mögliche Folgen der eigenen Vergangenheit das Bild eines Kolonialismus made in Italy entstehen, der keine solchen Schäden angerichtet hat wie der Kolonialismus der anderen. Italien, das sich nicht mit einer Entkolonialisierung beschäftigen muss, wird sich nicht einmal der Probleme der K o l o n i a l i s i e r u n g bewusst. Im Gegenteil. Die seltenen Dokumentarfilme über die ehemaligen Kolonien erzählen fast ausschließlich von dem, was in den dort neu entstandenen Staaten eindeutig die Signatur des Besatzers trägt: die Architektur der italienischen Viertel von Mogadischu, Asmara oder Tripolis bestimmt den Blick auf auf die ehemaligen Überseegebiete.

Die Engländer diskutieren über die wachsenden Probleme im Zusammenhang mit der Aufteilung der Territorien, die sie lange besetzt haben und in vielen Städten der Welt wird der Tag der Unabhängigkeit von Großbritannien nationaler Feiertag. Dagegen beschränkt sich die öffentliche Erzählung in Italien über das, was man - vor allem in Afrika - verlassen hat, im Wesentlichen auf Märchen, die der eigenen Absolution dienen. Da es keine bewaffnete einheimische Bewegung war, die die Italiener verjagte, sondern die britische Armee, herrscht die Vorstellung, letztlich seien die Italiener der Bevölkerung der Kolonien gar nicht unwillkommen gewesen.

Diese beschwingte Argumentation blendet absichtlich den jahrzehntelangen mühevollen Widerstand der Bevölkerungen von Tripolitanien, der Kyrenaika und des Fessan aus. Das gleiche gilt für die somalischen und eritreischen Gruppen, die sich der Kolonialmacht widersetzen und eine (durch Verträge geregelte) Übereinkunft erreichen, um gemeinsam gegen die Invasoren zu kämpfen. Sogar der Befreiungskampf in Äthiopien 1940/41 wird zu einer Niederlage gegen die Engländer umgedeutet. Der Krieg, den man so übel in Ostafrika verliert, ist - und muss das sein - ein Krieg „unter Weißen“.[282]

Da sie den Gegenschlägen der Entkolonialisierung entgehen und sie nicht mit den Folgen der Brutalität des Kolonialsystems konfrontiert werden, glauben die Italiener im allgemeinen, ihre Kolonialherrschaft sei gar nicht brutal gewesen.

Dieses falsche Bild wird auf allen Ebenen aufrechterhalten, angefangen bei den Regierungen der Republik Italien, die sich weigern,

[282] Zur tatsächlichen Stärke der Widerstandsbewegung in Äthiopien vgl. N. Srivastava, „Italian Colonialism and Resistences to Empire (1930-1970)“, London 2018.

Kriegsverbrecher, die wegen Gräueln in den Kolonien angeklagt sind, an die internationale Justiz auszuliefern. Die Forderungen vor allem Äthiopiens nach Auslieferung der Verantwortlichen - von den Führungsetagen bis zu gewöhnlichen Henkern - werden ignoriert.[283] Zu ihnen gehört in erster Linie der schon erwähnte „Schlächter des Fessan", Rodolfo Graziani, der sich auch in Äthiopien mit Kriegsverbrechen befleckt. Er ordnet das sogenannte Massaker von Addis Abeba an (19.-21. Februar 1937), als bei Repressalien für ein gescheitertes Attentat auf ihn Tausende abgeschlachtet werden. Die - unzuverlässige - Bilanz führt etwa 19 000 Opfer auf.[284]

Wie Graziani gelingt es auch Pietro Badoglio[285]- dem militärisch Verantwortlichen für die Invasion in Äthiopien 1935/36 und für den Einsatz von Giftgas gegen die Zivilbevölkerung - sich der Justiz zu entziehen.[286] Auch über den kolonialen Kriegsschauplatz - wie über Italiens Handeln in Jugoslawien, Frankreich, Griechenland und der Sowjetunion - bereitet sich ein „offizielles" Schweigen über die Verbrechen, man weigert sich, die Brutalität der italienischen Besatzung zur Kenntnis zu nehmen.[287]

Diese Persönlichkeiten vor Gericht zu bringen, hieße einerseits, sich auf eine internationale Auseinandersetzung über die Schuld des faschistischen Italien einzulassen, für die sich aber - indirekt - das republikanische Italien verantworten müsste. Andererseits möchte man nicht das Risiko eingehen, dass die Suche nach Verantwortlichkeiten und Schuldigen mehr als einige bekannte Symbolfiguren einbezieht. Das Risiko, dass das militärische Kommandosystem und der Regierungsapparat allgemein - mit der irritierenden Kontinuität von der Diktatur zu Republik - auf der Anklagebank eines internationalen Prozesses enden, ist zu groß. Lieber die Sache verdrängen ...

[283] Vgl. F. Focardi, „Il cattivo tedesco e il bravo italiano. La rimozione delle colpe della seconda guerra mondiale", Rom-Bari 2014.

[284] Vgl. I. Campbell, „Il massacro di Addis Abeba. Una vergogna italiana", Mailand 2018, und P. Borruso, „Debre Libanos 1937. Il più grave crimine di guerra dell'Italia", Rom-Bari 2020.

[285] Pietro Badoglio: italienischer General, nach dem Sturz Mussolinis Chef der Übergangsregierung (1943/44). [Anm. d. Übers.]

[286] Vgl. S. Belladonna, „Gas in Etiopia. I Crimini rimossi dell'Italia coloniale", Vicenza 2015.

[287] Zu der - nicht vorhandenen - Erinnerungspolitik mit Blick auf die italienischen Verbrechen s. a. A. Stramaccioni, „Crimini di guerra. Storia e memoria del caso italiano", Rom-Bari 2018.

Die „offizielle Geschichte"

Zu diesem demonstrativen Schweigen trägt von Anfang an auch ein Teil der „offiziellen" postkolonialen Geschichtsschreibung in Italien bei. Wie der Historiker Nicola Labanca in Erinnerung ruft, bleibt die Beschäftigung mit der kolonialen Vergangenheit über Jahrzehnte kärglich:

„Bis Anfang der 1980er Jahre gab es nur zwei Dokumentenbände und nur drei Autoren hatten versucht, Einzelbände mit zusammenfassenden Darstellungen der Geschichte der kolonialen Expansion Italiens zu schreiben. Zwei dieser Darstellungen waren konventionelle Rückblicke ‚aus dem Inneren' - Arbeiten von ‚Kolonialhistorikern' der faschistischen Zeit, veröffentlicht 1927[288] und 1938[289]. Ein weiteres Buch (von 1968[290]) war ein verdienstvoller, aber allzu flüchtiger Blick ‚von außen' eines französischen Wissenschaftlers."[291]

Aus mehreren Gründen - von der politischen Opportunität des Augenblicks bis zum Desinteresse für ein vielen Menschen fremdes Thema - bleiben also die historischen Studien über den italienischen Kolonialismus im Abseits. Und in diesem schattenhaften Abseits werden die Studien meist einem Personal überlassen, dessen wissenschaftliche Neutralität viele aus guten Gründen in Zweifel ziehen. Die offiziellen Werke über die koloniale Vergangenheit werden in der Zeit nach dem Zweiten Weltkrieg auf ministeriale Anweisung hin Vertretern der „Kolonialstudien" der Vorkriegszeit anvertraut. In der Praxis überlässt man die Interpretation des italienischen Kolonialismus denen, die ihn mitgestaltet haben. Der Historiker Gian Paolo Calchi Novati erinnert daran:

„Um die Geschichte unseres Kolonialismus gegen unliebsame Enthüllungen oder ‚Zerrbilder' abzusichern, wurde 1952 mit interministeriellem Dekret ein Komitee für die Dokumentation der Leistungen Italiens in Afrika geschaffen. Es setzte sich zusammen aus einigen Afrikanisten mit bewährter kolonialistischer Überzeugung wie Cia-

288 G. Mondaini, „Manuale di storia e legislazione coloniale del Regno d'Italia", Rom 1927.

289 R. Ciasca, „Storia coloniale dell'Italia contemporanea. Da Assab all'impero", Mailand 1938.

290 L. Miège, „L'imperialismo coloniale italiano dal 1870 ai giorni nostri", Mailand 1976 (französische Originalausgabe 1968).

291 N. Labanca, „Oltremare", a. a. O., S. 9.

sca[292], Giglio, Cerulli, Giuseppe Vedovato und vielen früheren Gouverneuren oder hohen Beamten des Ministeriums für das italienische Afrika (Ministero dell'Africa italiana)."[293]

Dieses Komitee produziert im Lauf der Zeit eine beachtliche Menge von Veröffentlichungen über die Kolonialgeschichte und über die militärischen Ereignisse in Afrika. Sie werden charakterisiert als „ohne jeden Anspruch auf Seriosität und Wissenschaftlichkeit"[294] - und darum bemüht, das Bild von einem gütigen italienischen Kolonialismus durchzusetzen. Die Veröffentlichungen erzählen von angeblichen positiven Auswirkungen der italienischen Herrschaft, sie unterstreichen vor allem ihren „zivilisierenden" Charakter. Sie verklären die (realisierten oder auch nur geplanten) Infrastrukturarbeiten und die Einführung von Elementen der Modernität.

Um nicht in eine Apologie der faschistischen Vergangenheit zu verfallen, konzentriert sich ein großer Teil dieser Texte auf die Zeit vor 1922 (oder wenigstens vor 1936). Man beschäftigt sich beispielsweise mit dem Kolonialismus der liberalen Ära. Es werden nicht nur die geglückten Eroberungen gelobt. Sehr oft hebt man auch die kurze Dauer der italienischen Herrschaft hervor, gewissermaßen, um ihre geringe Effizienz zu entschuldigen. Man will gleichsam vermitteln, dass in der kurzen Phase - etwa achtzig Jahre -, in der der italienische Kolonialismus aktiv war, ihm die Zeit fehlte, seine ganzen zivilisatorischen Fähigkeiten zu beweisen. Diese Vorstellung wird später - bis heute - wieder aufgenommen, wenn in der breiten Bevölkerung über die Folgen des italienischen Imperialismus gesprochen wird.

Die Mitglieder des Komitees werden im Lauf der Jahre zu regelrechten „Bewachern der Erinnerung"[295], die die Archive der Ministerien verwalten, vor allem die des ehemaligen Ministeriums für das

[292] Autor des schon zitierten Werks „Storia coloniale dell'Italia contemporanea" von 1938; zum Senator gewählt, beteiligt er sich von 1948 bis 1950 als Mitglied des Ausschusses für auswärtige Angelegenheiten und Kolonien aktiv an den Diskussionen über die Neuordnung der Beziehungen zwischen Italien und seinen früheren kolonialen Besitztümern (vgl. www.senato.it).

[293] G. P. Calchi Novati, „L'Africa d'Italia", a. a. O., S. 41.

[294] G. Rochat, „Colonialismo", in: N. Tranfaglia (Hg.), „Il Mondo contemporaneo. Storia d'Italia", Florenz 1978, Bd. 1, S. 109.

[295] A. M. Morone, „I custodi della memoria. Il Comitato per la documentazione dell'opera dell'Italia in Africa", in: *Zapruder. Rivista di storia della conflittualità sociale*, September-Dezember 2019, S. 24ff.

italienische Afrika - dabei erschweren sie die Nutzung durch unabhängige Forscher.[296]

Aus akademischer Sicht bleibt so die Interpretation der kolonialen Vergangenheit über Jahrzehnte geprägt von einer sorgsamen Rekonstruktion all des „Guten", das in den besetzten Ländern in Übersee getan (oder vermeintlich getan) wurde. Dabei vergaß man - mit Blick auf Gewalt, Übervorteilung und identitäre Konfrontation - die reale Bedeutung der Invasion außereuropäischer Gebiete. Wie die Historikerin Silvana Palma versicherte, ist es „ein stetes Bemühen um Weglassen, Bagatellisierung oder sogar offene Leugnung der dunkelsten Momente".[297]

Es ist kein Zufall, dass diese „interpretative Mauer" von Vertretern einer Forschung attackiert wird, die nicht direkt mit den Universitäten oder staatlichen Einrichtungen verbunden sind. Das gilt vor allem - und er war zeitweilig fast der einzige - für Angelo Del Bocas Arbeiten (und die Popularisierung ihrer Ergebnisse).

Diese Abschottung führt auch dazu, dass man die - mühsame - Entwicklung der postkolonialen Studien in anderen europäischen Ländern (besonders in Großbritannien und Frankreich) aus den Augen verliert. Dort tragen die Fortschritte der Wissenschaft - wenn auch nicht mit bahnbrechenden Ergebnissen und längst nicht abgeschlossen - zu einer größeren Aufmerksamkeit für diese Themen in der öffentlichen Meinung bei. Während anderswo auf schmerzliche Weise die Kolonialherrschaft in die öffentliche Erinnerung der Länder Eingang findet, bleibt die Sicht auf das Thema in Italien begrenzt. Wieder einmal haben die Italiener als Volk nur Verdienste und keine Verantwortlichkeiten. Um nicht zu sprechen von dem Verständnis für die Schuld ...

„In Afrika war es anders"

Was die Kolonien angeht, so kommt zu diesem Vergessen noch eine Unterbewertung der Schwere der begangenen Taten hinzu - die Grausamkeiten treffen ja „Eingeborene". Die Entwertung des Lebens von anderen, wenn es „Schwarze" sind, ist ein stets gegenwärtiges Paradigma in Berichten über die koloniale Gewalt. Die enormen Zahlen der Massaker werden damit verharmlost, dass es sich um Nichtweiße handelt. Von den 1800 Toten der ersten italienischen Repressalien ge-

[296] G. P. Calchi Novati, „L'Africa d'Italia", a. a. O., S. 42.

[297] S. Palma, „Il colonialismo italiano tra riabilitazioni e rimozioni", 20. September 2019, www.ispionline.it.

gen die Bewohner von Tripolis im Herbst 1911 bis zu den von den Italienern in Debre Libanos begangenen Massakern[298] ist das Leben der Schwarzen nicht so viel wert wie das der Weißen, weder der Qualität (wie in den Berichten von Zeugen wie Montanelli deutlich wird) noch der Quantität nach.

Achtzig Jahre Vergangenheit, die dazu dienen, den kolonialisierten Bevölkerungen das Menschsein abzusprechen - dazu die räumliche Distanz und das Unwissen über die Gebiete und die Zustände dort -, hinterlassen breite Narben. Es herrscht fast völlige Gleichgültigkeit gegenüber den in den Kolonien begangenen Massakern. Selbst wenn die Toten nach Zehntausenden zählen, richtet sich die Aufmerksamkeit eher auf die „faschistische Brutalität" als auf die Opfer. Von wenigen Ausnahmen abgesehen wird die Gewalt nicht allein von faschistischen Schwarzhemden, Königlicher Armee und Königlichen Carabinieri begangen, sondern auch von Beamten und einfachen Siedlern - bis hin zu einer regelrechten „Jagd auf den Schwarzen". Die ganz wenigen Berichte aus Italien nach dem Zweiten Weltkrieg über die Gewalt sprechen von den Henkern verlässlich nicht als „Italienern", sondern als „Faschisten".

Dem „neuen Italien", das sich selbst als demokratisch und antifaschistisch ausgibt, ist die Erinnerung an jene Gewalt (und die Verantwortlichen für sie) vollkommen fremd. Im Gegenteil - auf fast schon scheinheilige Weise werden Äthiopier, Somalier, Eritreer und Libyer in die große Masse der „Opfer des Faschismus" aufgenommen - wie das italienische Volk selbst.

Einer der „Vorteile" der beiden „Jahrzehnte Mussolinis" ist, dass man alle Verfehlungen des Systems auf sie schieben kann, auch die, die sich schon im Kolonialismus des 19. Jahrhunderts finden. Darüber hinaus erlaubt der Vergleich mit der dröhnenden und brutalen Rhetorik der Diktatur es dem italienischen Kolonialismus, sich als viel humaner darzustellen, wenn man das Schwarzhemd beiseite legt. Die Massaker vor 1935 und das schonungslose Vorgehen in allen Kolonien geraten in Vergessenheit - propagiert werden kann jetzt der Mythos von den „Italienern als anständigen Kolonialisten".

[298] Debre Libanos / Däbrä Libanos (amharisch): koptische Klosteranlage nördlich von Addis Abeba. Nach italienischen Angaben wurden hier im Mai 1937 auf Befehl von Rodolfo Graziani 320, möglicherweise aber bis zu 2000 Menschen ermordet. [Anm. d. Übers.]

Der Mythos von der Güte braucht Beweise: nämlich die Straßen

Wenn man die Dokumentarfilme und Luce-Wochenschauen seit den dreißiger Jahren durchsieht, fällt sofort der Umfang des Filmmaterials auf, das den öffentlichen Bauprojekten gewidmet ist, die von den Italienern am Horn von Afrika realisiert wurden. Vor allem ab 1935 hat man es mit einer explosionsartigen Zunahme von Bildern der „Neuen Straßen" (Nuove Strade) zu tun, die von den Kolonisatoren geschaffen wurden.

Die faschistische Propaganda macht sich geschickt Arbeiten zunutze, die für die Invasion durchgeführt wurden. In fast allen Aufnahmen für die Wochenschauen des Regimes werden auch Straßen, Brücken und andere von den Italienern geschaffene Verkehrsbauwerke gezeigt. Ganze Fotoserien der in die Kolonien entsandten Teams des Istituto Luce - die sogenannte Abteilung Ostafrika (Reparto Africa Orientale)[299] - sind den Verkehrsprojekten des Regimes gewidmet. In der Propagandaerzählung der dreißiger Jahre scheint es, als hätten die Italiener nicht anderes getan als Straßen zu bauen.

Angesichts des fast völligen Fehlens anderer Quellen zu den Kolonien in jener Zeit werden die Straßen zu einem regelrechten kolonialen Topos, der auch nach dem Verlust des Imperiums in Übersee erhalten bleibt. Noch heute rangiert unter den vermeintlich positiven Folgen der italienischen Invasionen - besonders in Afrika - die Entwicklung des Verkehrsnetzes.

Der Mythos der - gerade von Mussolini - gebauten Straßen besitzt starke propagandistische Kraft, da er an die Traditionen des antiken Rom anschließt. So wie die alten Römer Straßen anlegten, um die Zivilisation in ihrem Reich zu verbreiten, so tun es jetzt die faschistischen Italiener - die Erben Roms.

Die Bemühungen zur Entwicklung der Infrastruktur sind enorm, erzwungen - abgesehen von der Propaganda - vor allem von militärischen Notwendigkeiten. Der Bau von Straßen bedeutet, dass man innerhalb der Kolonien rasch Truppen verlegen kann. Mit einer Reihe von Bauplanungen, die direkt von Mussolini (der von 1937 bis 1939 auch Kolonialminister ist) beaufsichtigt werden, kann die Diktatur am

[299] Zu den an der faschistischen Propaganda über Afrika beteiligten italienischen Filmteams s. G. Mancosu, „L'impero visto da una cinepresa. Il reparto fotocinematografico *Africa Orientale* dell'Istituto Luce", in: V. Deplano, A. Pes (Hg.), „Quel che resta dell'impero", a. a. O., S. 259ff.

Vorabend des Krieges ein „imperiales" Verkehrsnetz von gut 5000 Kilometer Länge vorzeigen.[300]

Das ist scheinbar eine beachtliche Größenordnung, aber man muss das Propagandistische beiseite lassen. Von den 5000 Kilometern sind zunächst 400 Kilometer Straße abzuziehen, die in Eritrea schon vor der Invasion Äthiopiens (1935) für militärische Zwecke gebaut wurden. In das Kalkül einbezogen wird auch die alte kaiserlich-äthiopische Straße, die von Addis Abeba nach Asmara führt und die allein über 1000 Kilometer misst. Diese Straße - neu benannt „Via della Vittoria / Straße des Sieges" - wird teilweise instandgesetzt und an einigen schwer passierbaren Stellen für Kraftfahrzeuge befahrbar gemacht. Sie kann aber nicht als Leistung des Faschismus gelten. Es ist einfach eine von den Italienern für die Invasion benutzte Straße, die teilweise für den Autoverkehr modernisiert wurde.

Die übrigen gut 3000 Kilometer staatlicher Straßen in Italienisch-Ostafrika bestehen vor allem aus Karawanenwegen, die für den motorisierten Verkehr aufgewertet wurden. Nur ein ganz geringer Teil des Straßennetzes ist asphaltiert, Tragschicht und Gefälle der Fahrbahn richten sich nach der Nutzung durch Militärfahrzeuge. Instandgehalten werden vor allem die Strecken in der Nähe der Siedlungszentren, um ein Bild effizienten Verkehrs entstehen zu lassen. Aber viele zeitgenössische Reisende berichten von der Unzulänglichkeit des Straßennetzes - und von den Räubereien bei den Bauausschreibungen.[301] Der faschistische Hierarch Roberto Farinacci[302] schreibt dem Duce 1938 unangenehm berührt, dass auch auf der so besungenen Strecke von Asmara nach Addis Abeba über hunderte von Kilometern die Bedingungen so schlecht sind, „dass man sich eine Varikozele oder einen Bruch holt".[303]

Ebenfalls Farinacci hebt in einer Mitteilung an Mussolini hervor, was die Grundprobleme beim Straßenbau in Afrika sind, nämlich sein weithin propagandistischer Charakter und die Tatsache, dass das Sy-

[300] Vgl. „Gli Annali dell'Africa Italiana, le opere pubbliche", Mailand 1939.

[301] E. Ertola, „Predatori fascisti dell'Impero", in: P. Giovannini, M. Palla (Hg.), „Il fascismo dalle mani sporche", Rom-Bari 2019, S. 218ff.

[302] Roberto Farinacci: führender faschistischer Politiker, beteiligte sich als Freiwilliger (Pilot) am Angriff auf Äthiopien. [Anm. d. Übers.]

[303] Zit. nach G. L. Podestà, „Le città dell'Impero. La fondazione di una nuova civiltà italiana in Africa orientale", in: *Città e Storia*, Jg. IV, Nr. 1, Rom 2009, S. 133.

stem der Ausschreibungen zu einer Form illegaler Bereicherung für wenige geworden ist:

„Was auch immer der Kamerad Cobolli Gigli[304] dazu sagt - die tausende und tausende Kilometer asphaltierter Straßen bedeuten eine erschreckende Ausplünderung der Staatskasse. [...] Befestigte Straßen, die nur geschaffen wurden, um sie dem Duce zu zeigen und dem Verfasser sagen zu können: ‚Ich habe das getan, habe jenes getan.' Heute, nach kaum zwei Jahren, sind diese Straßen großenteils in sehr schlechtem Zustand. Die Schuld darf man nicht dem Regen geben: denn auf der Straße von Asmara nach Addis Abeba gibt es Abschnitte, die dem Regen standgehalten haben, und solche, die ihm nicht standgehalten haben - je nachdem, welche Firma den Abschnitt gebaut hat. Es hat keine ernsthafte technische Kontrolle gegeben, man hat leichthin Milliarden verpulvert. [...] Zu viele Leute, zu viele Firmen saugen in kriminelle Weise an den Brüsten des Mutterlandes".[305]

Das Ausmaß von Ineffizienz und Vergeudung wird auch bei einem anderen Verkehrsprojekt des Regimes wahrgenommen, der Küstenstraße in Libyen, die sich von Tunesien bis zur ägyptischen Grenze hinzieht. Sie erhält - nach römischem Vorbild - den Namen „Via Balbia", zu Ehren des Hierarchen Italo Balbo (1896-1940), der auf ihren Bau gedrängt hatte. Das Projekt, 1937 eingeweiht, kommt vor allem aus Prestigegründen zustande.[306]

Was der Ultrafaschist Farinacci brutal zeigt, ist ein für die faschistische Ära typisches System von Macht. Politisch-industrielle Lobbys profitieren von den Entscheidungen des Regimes und bereichern sich bei öffentlichen Ausschreibungen. Das Ergebnis: der Großteil des so gerühmten imperialen Verkehrssystems besteht aus kostspieliger Infrastruktur, die der Propaganda dient - und zugleich Verfall und Vergeudung bedeutet.

Auf die die italienischen Straßen in Ostafrika entfallen mehr als die Hälfte der Staatsausgaben des Imperiums, aber es sind keine positiven Auswirkungen auf die Wirtschaft zu erkennen. Der Straßenbau wird zu einem gewaltigen Schlund, der Projekten, die für die Entwicklung jener Gebiete nützlicher sein könnten, Mittel entzieht.

Mit tragischer Ironie werden die wenigen benutzbaren Trassen (die

304 Giuseppe Cobolli Gigli (1892-1987), Minister für öffentliche Arbeiten von 1935 bis 1939.

305 In: E. Ertola, „In terra d'Africa", a. a. O., S. 36.

306 Vgl. G. Rochat, „Italo Balbo", Turin 1986, S. 265f.

die Nervenzentren der italienischen Besitztümer verbinden) bei Ausbruch des Zweiten Weltkriegs zu Hauptrouten für die Angriffe der Engländer auf die italienischen Kolonien. 1941 dringen die britischen Truppen über die schon gebauten oder wenigstens projektierten Straßenabschnitte in das italienische Imperium vor und beschleunigen so den Zusammenbruch des kolonialen Systems in Italienisch-Ostafrika.

Offensichtlich liegt während dieser imperialen Dämmerung Ende der dreißiger, Anfang der vierziger Jahre das hauptsächliche Problem in der enormen Diskrepanz zwischen den verkündeten Zielen und den tatsächlich eingesetzten Mitteln für ihre Realisierung. Das von den Kolonialisten erträumte Imperium ist, gemessen an der Leistungsfähigkeit des Staates, zu weiträumig - und zu wenig ertragreich, um greifbare wirtschaftliche Chancen zu sichern. Man sorgt daher allenfalls für eine „ordentliche Fassade", man ignoriert oder verbirgt die Probleme, die man nicht bewältigen kann.

Vor allem dank der strikten Kontrolle über die Information sowie der Kluft zwischen der öffentlichen Meinung Italiens und der kolonialen Wirklichkeit bleibt aber diese Fassade geschäftiger Zivilisierung in der kollektiven Vorstellungswelt auch nach dem Ende der kolonialen Träume bestehen. Wie viele andere Mythen über die zwei Jahrzehnte Faschismus[307] erweist sich auch der Mythos von den Straßen in der lückenhaften „kolonialen Erinnerung" der Italiener als kaum angreifbar - es ist ein regelrechter erzählerischer Topos, der auch das Urteil über die g e s a m t e n imperialistischen Erfahrungen des Bel Paese[308] geprägt hat.

Mit Absicht wird der verursachte Schaden vergessen oder ignoriert. Das Wenige, das in Erinnerung bleibt, sind propagandistische Erzählungen aus fast hundert Jahren über die vermeintlichen Errungenschaften der „italischen Zivilisierung", die nichts mit der Wirklichkeit der durch die Besetzung verwüsteten und ausgeplünderten Länder zu tun haben.

Selbst wenn - im Rahmen des breiteren postkolonialen Diskurses - die Italiener als Akteure jenes weißen gewaltsamen Imperialismus identifiziert werden, verschanzt man sich oft hinter den selben Argumenten wie die Invasoren. Angesichts der Brutalität der weißen

[307] Vgl. mein Buch „Mussolini ha fatto anche cose buone. Le idiozie che continuano a circolare sul fascismo", Turin 2019 [deutsche Ausgabe: „Mussolini hat Gutes getan? Abrechnung mit einem Mythos", Bodenburg 2022].

[308] Bel Paese: „schönes Land", poetische Bezeichnung für Italien. [Anm. d. Übers.]

Invasion wird darauf hingewiesen „Aber wir haben ihnen Straßen gebaut!“. Als ob diese Infrastrukturen - die damals für die Besetzer nützlicher waren als für die Besetzten - ein Ausgleich für die Massaker sein könnten, für die Auslöschung ganzer Kulturen und den Verlust der Unabhängigkeit von Millionen Menschen.

Die Beziehungen zu den ehemaligen Untertanen

Auch wenn die Öffentlichkeit die kolonialen Themen mit Schweigen übergeht, muss man doch mit fast einem Jahrhundert unwidersprochener Verfestigung von Stereotypen umgehen.

Der in der Gesellschaft vor dem Zweiten Weltkrieg verbreitete imperialistische Rassismus wird nicht von den - gerade für das übrige Europa - typischen Phänomenen der Entkolonialisierung gemildert. Es gibt keine nennenswerte Zuwanderung aus den ehemals italienischen Territorien: in erster Linie, weil auch Jahrzehnte nach Kriegsende Italien immer noch ein Land ist, aus dem man auswandert. Viele Wanderungsbewegungen aus den ehemaligen Kolonien richten sich daher auf attraktivere Länder - Großbritannien, Nordeuropa, Nordamerika. In zweiter Linie ist es so, weil Italien keine privilegierten Einreisemöglichkeiten für die Bevölkerung seiner ehemaligen Kolonien schafft, wie es andere Länder tun.[309]

Die Gesetzgebung verweigert beispielsweise die automatische Zuerkennung der Staatsbürgerschaft an die Kinder aus „gemischten Verbindungen“. Der Fall Eritrea brachte zeitbedingt viele Familien im Grenzbereich von italienischem und „kolonialisiertem“ Leben hervor. Die rechtlichen Schwierigkeiten - zusammen mit dem Willen eines beträchtlichen Teils der neuen politischen Führungsschicht der Region, Italienisches loszuwerden - führt zur Zerstreuung einer Gemeinschaft mit möglicher „zusammengesetzter“ - italienischer u n d eritreischer - Identität.

Als die Regierung in Addis Abeba Anfang der 1950er Jahre den Druck erhöht, um die eritreische Bevölkerung zu „afrikanisieren“ und sie in die imperiale Rhetorik Äthiopiens einzubeziehen, tut Italien nichts, um italienfreundliche Eritreer oder Italoeritreer zu unterstützen. Man diskutiert in Rom über den Status der Kinder aus „gemischten Verbindungen“ und über mögliche Hilfen für sie. Gleichzeitig, so ruft die Historikerin Valeria Delplano in Erinnerung, „wurde Ende 1952 ein Kommuniqué [der äthiopischen Regierung, d. Verf.]

[309] Vgl. V. Deplano, „La madrepatria è una terra straniera“, a. a. O.

verbreitet, wonach Personen mit italienischem Eltern- oder Großelternteil ebenfalls Eritreer seien. [...] Wer bereits eine ausländische Staatsbürgerschaft besaß, sollte sechs Monate Zeit bekommen, um sich für oder gegen sie zu entscheiden."[310]

Auf diese Weise versucht Äthiopien einerseits, juristische Unklarheiten zu beseitigen, die eine „gemischte" Gemeinschaft verursachen könnte. Andererseits stellt es tausende Bewohner der ehemaligen italienischen Kolonie vor das Dilemma, das eigene Land zu verlassen, wenn sie die Staatsbürgerschaft der Besatzungsmacht (die nicht besonders an ihrer Unterstützung interessiert scheint) behalten - oder sich teilweise von den eigenen Wurzeln loszusagen, nämlich eine mögliche Verbindung mit Italien und einem Teil des eigenen familiären Erbes aufzulösen.

Eher unerwartetes Ergebnis der äthiopischen Regelung ist, dass ein Jahr nach ihrem Inkrafttreten fast alle „Mischlinge", die darauf Anspruch haben, die italienische Staatsbürgerschaft behalten.[311] Darauf sehen sie sich zunehmenden Schwierigkeiten gegenüber, da sie als Ausländer im eigenen Land leben müssen. Es ist eine Zuneigung, mit der (als einem Ergebnis „guter italischer Kolonialisierung") die Regierung in Rom prahlt, die aber in der Praxis zu keiner Unterstützung führt.

Die italoeritreische Gemeinschaft - bei Kriegsende nur noch einige tausend Personen - wird im Lauf der Jahrzehnte immer kleiner und löst sich schließlich ganz auf. Einige entscheiden sich dafür, nach Italien zu gehen - dabei werden sie von den Einwanderungsgesetzen diskriminiert und sie haben Schwierigkeiten, als Angehörige des ehemaligen staatlichen Raums Italiens anerkannt zu werden. Andere wählen Zielländer, die Einwanderung begünstigen, wie Großbritannien und die Vereinigten Staaten.

In Somalia - dem Treuhandgebiet der Vereinten Nationen - verfolgt Italien zwischen 1950 und 1960 widersprüchliche Politiken hinsichtlich der Möglichkeit, nach der staatlichen Unabhängigkeit einige Elemente von *soft power* zu behalten. Das Mandat der UN verpflichtet

[310] Ebd., S. 107.

[311] Es sind etwa zweitausend Personen (vgl. ebd. S. 108). Diese Zahl mag gering erscheinen, da die „Mischlingsbevölkerung" in Eritrea sich damals auf etwa 15 000 Personen beläuft. Man muss aber berücksichtigen, dass die große Mehrheit dieser Bevölkerungsgruppe die italienische Staatsbürgerschaft nicht beantragen kann (etwa die nicht anerkannten Kinder aus „gemischten Verbindungen").

Italien beispielsweise, eine von weißen Beamten unabhängige Verwaltungsstruktur des neuen Staates aufzubauen, ebenso grundlegende Systeme eines Sozialstaats - etwa Schulen für die Einheimischen -, die die Italiener in den fünf Jahrzehnten ihrer Herrschaft nicht einführen und zur Regel machen wollten.

Bei der Wahrnehmung des Mandats durch die die italienische Regierung entstehen zwei offensichtliche Probleme - eines innerhalb der Ministerialverwaltung und eines, das durch die internationale Politik bestimmt wird. Das interne Problem hängt mit der Tatsache zusammen, dass an der Treuhandverwaltung des somalischen Territoriums in beachtlichem Ausmaß Beamte des alten (faschistischen) Kolonialministeriums beteiligt sind, ohne dass das besondere Skandale auslöst. Die Entfaschisierung der öffentlichen Verwaltung Italiens ist völlig unzureichend, nicht mehr als ein Randphänomen - eine Entfaschisierung des Kolonialministeriums gab es praktisch gar nicht. Man braucht nur daran zu erinnern, dass die Regierung De Gasperi es bei der Etablierung der Treuhandverwaltung 1950 für gut hält, einen „Generalkommissar für den Übergang / Commissario generale al trapasso" in Person des letzten Vizekönigs von Äthiopien - des Generals Guglielmo Nasi - zu nominieren.

Den Somaliern will man so die letzte Symbolfigur der faschistischen Herrschaft in der Region aufzwingen - mit Nasis langer Erfahrung in Ostafrika als Entschuldigung. Er führte dort von 1935 bis 1941 das Kommando bei ausgedehnten Aktionen der Guerillabekämpfung, er „war verantwortlich für die Tötung verschiedener Patrioten, auch von Frauen und Kindern".[312] Am Ende des Kriegs setzt ihn die äthiopische Regierung auf die Liste italienischer Kriegsverbrecher für die United Nations War Crimes Commission.[313]

Der Versuch seiner Ernennung ist eine zumindest taktlose Geste, die zeigt, dass die Italiener zu keinerlei Übernahme von Verantwortung für die koloniale Vergangenheit bereit sind. Die Nominierung Nasis wird schließlich zurückgezogen. Aber der Apparat, der den Übergang der somalischen Gebiete in die Unabhängigkeit vorbereitet, bleibt bis zum Ende der von Mussolinis Ministero dell'Africa italiana (M.A.I.), das 1953 aufgelöst wird.[314] Seine Verwaltungsstrukturen wer-

[312] A. M. Morone, „L'ultima colonia", a. a. O., S. 58.

[313] A. Del Boca, „Italiani, brava gente?", a. a. O., S. 248.

[314] Mit dem Königlichen Dekret Nr. 431 vom 8. April 1937 wird das - 1912 geschaffene - alte *Ministero delle Colonie* (Ministerium für die Kolonien) umbenannt

den zur Grundlage für die Italienische Treuhandverwaltung in Somalia / Amministrazione Fiduciaria Italiana in Somalia (A.F.I.S.).

Die zweite Schwierigkeit beim Umgang mit diesem letzten Überbleibsel des Kolonialismus in den fünfziger Jahren: die UN sind der Auffassung, der neue unabhängige somalische Staat solle die Territorien sowohl des ehemaligen Italienisch-Somalia als auch die von Britisch-Somaliland umfassen. Das begrenzt die Macht der italienischen Regierung beim Versuch, die Entwicklungen und die Entstehung dieses neuen Staates in „italienfreundlichem" Sinn zu beeinflussen.

Mit dem entstehenden somalischen Nationalgefühl kommen weitere identitäre Impulse hinzu. Die italienische koloniale Vergangenheit ist kein ausreichendes Fundament für die Entstehung einer gemeinsamen, für das ganze Land geltenden nationalen Erinnerung. Stattdessen werden andere Gemeinsamkeiten hervorgehoben, vor allem die islamische Religion, die von fast allen Bewohnern des Treuhandgebiets praktiziert wird. Zusammen mit diesen Tendenzen treten auch neue regionale Akteure als „Führungsmächte" auf - vor allem das Ägypten Nassers[315].

Als es am 1. Juli 1960 das Licht der Welt erblickt, ist das unabhängige Somalia ein Staat, in dem eine ganze Anzahl von Beamten ihre Bildung an italienischen Schulen und Universitäten erfahren hat. Aber ein Teil der Politiker blickt bereits in andere Richtungen - auf die angelsächsische, vor allem aber auf die islamische Welt. „Die von Italien verfolgte Strategie der Einflussnahme geriet sofort nach der Unabhängigkeitserklärung in die Krise, als die somalische Regierung entschied, Englisch als zweite Sprache neben Arabisch in der Elementarbildung einzuführen und das Studium des Italienischen in einen Vorbereitungskurs für den Zugang zum entstehenden ‚Universitätsinstitut Somalias / Istituto universitario della Somalia' abzuschieben".[316]

Auch diese untergeordnete Position geht dann völlig verloren, als der planetarische Ost-West-Konflikt das Horn von Afrika erreicht. 1969 folgt einem von der Sowjetunion unterstützten Militärputsch die Errichtung der Demokratischen Republik Somalia von Siad Barre, der das Land in die kommunistische Sphäre führt und die gesamte in Italien ausgebildete politische und administrative Klasse beiseite schiebt.

in *Ministero dell'Africa italiana* (Ministerium für das italienische Afrika). So wird auch sprachlich die Propaganderzählung des Regimes unterstützt.

[315] Gamal Abdel Nasser: ägyptischer Staatschef 1954-1970. [Anm. d. Übers.]

[316] A. M. Morone, „L'ultima colonia", a. a. O., S. 175.

5.

Erregte Stimmungen
Was bleibt?

Wir sind die Watussi, wir sind die Watussi
Die größten Neger
Der kleinste, der kleinste
Ist zwei Meter groß
Hier schenken wir uns tiefe Liebe
Wir geben uns die höchsten Küsse der Welt
Wir sind die Watussi
Den Giraffen schauen wir in die Augen
Den Elefanten sprechen wir ins Ohr
Wenn ihr es nicht glaubt, kommt hier herunter
Kommt, kommt hier herunter ...

Edoardo Vianello, „I Watussi / Die Watussi" (1963)

Die achtzig Jahre italienischer Herrschaft über ausgedehnte Gebiete in Übersee haben - durch die Distanz abgeschwächt, durch die Propaganda verzerrt - die Struktur der italienischen Gesellschaft in beachtlichem Ausmaß geprägt. Politik und Wirtschaft, aber auch Kultur und Mentalität werden durch die - vorgeblichen, unfreiwilligen oder ausgebliebenen - Kontakte zwischen Italien und dem Teil der Welt, über den es geherrscht hat, verändert. Dieses Kapitel versucht, die am deutlichsten sichtbaren Aspekte dieser Kontakte darzustellen.

Es ist nicht leicht, ein Jahrhundert verschwinden zu lassen

Was ist nach dem Ende des „formalen" Imperiums in der Vorstellungswelt der Italiener von der epochalen Konstruktion des Kolonialismus geblieben?

Aus der Perspektive der internationalen Politik ist die Geschichte Italiens nach dem Zweiten Weltkrieg die einer endgültigen Aufgabe der ehemaligen kolonialen Positionen, die nach und nach von anderen Mächten (Großbritannien, Vereinigte Staaten, Sowjetunion und Äthiopien) übernommen werden. Hinzu kommt der Druck durch die Unabhängigkeitsbewegungen, die entschlossen sind, sich vom Joch des Imperialismus zu befreien. In der eigenen Gesellschaft ist die Geschichte des Umgangs der Italiener mit ihren Kolonien bestimmt von einem langen, mehr oder weniger gewollten Erinnerungsverlust.

Die kleine Zahl und die geringe politische Sichtbarkeit von Menschen aus den ehemaligen Kolonien verhindern (von Sonderfällen wie Rom abgesehen[317]) das Entstehen erkennbarer und der eigenen pluralen Identität bewusster Gemeinschaften. Die Erinnerung an die Kolonien bleibt Einzelnen überlassen. Es sind meist weiße Männer, die von mythisierten und (räumlich und zeitlich stark fragmentierten) Kriegserfahrungen berichten - oder aber Gemeinschaften von Fortgejagten, die (wie im libyschen Fall) das Bild einer brutalen Vertreibung aus Eden verbreiten.

Der ganze ideologische Apparat, der der kolonialen Kultur zugrunde liegt, wird aber in keiner Weise in Frage gestellt. Die Italiener leben noch lange innerhalb einer propagandistischen Seifenblase, die Ende des 19. Jahrhunderts entstand. Die elementaren Bilder von der Andersartigkeit der außereuropäischen Welt sind nach wie vor - besonders mit Blick auf Afrika - die der weißen Überlegenheit.

Wörter, Wörter, Wörter: „Meneliks Zungen", ambaradan, tucùl

Die gesprochene Sprache ist eines der Symptome dieser fehlenden Loslösung, die mit einem im Zeitverlauf sehr stabilen Inventar von Vorstellungen verbunden ist. Man beginnt rasch, negative Vorstellungen von dem Anderen zu entwerfen.

Kleine, aber tief in die kulturelle Prägung der Massen eingedrungene Zeichen verbreiten sich, sobald der Kontakt mit dem Anderssein des Kolonialisierten sich kompliziert. Es genügt, an die Trillerpfeifen zu denken, die als Karnevalsspielzeug benutzt werden. Ein aufgerollter von Papier umfasster Draht: wenn man hineinpustet, rollen Draht und Papier sich auf - mit dem Effekt einer herausgestreckten Zunge, begleitet von einem schrillen Ton. Im Englischen wird dieses Instrument *party horn* genannt, im Französischen *langue de belle-mère* und im Spanischen *matasuegras*.[318]

Im Italienischen ist es dagegen noch heute bekannt (und wird vermarktet) als „Zunge Meneliks". Das geht zurück auf die Zeit des

[317] Zu Entstehung und Zusammensetzung der libyschen, eritreischen, somalischen und äthiopischen Gemeinschaften in Italien vgl. V. Deplano, „La madrepatria è una terra straniera", a. a. O., S. 23ff.

[318] Im Deutschen: Luftrüssel. [Anm. d. Übers.]

Vertrags von Uccialli (1889) - von dem die Italiener damals glauben, sie hätten mit ihm die Akzeptanz eines italienischen Protektorats über das äthiopische Kaiserreich durchgesetzt. Allerdings wird das von der Diplomatie des Kaisers Menelik II. sofort dementiert. Die italienischen Informationsmedien charakterisieren ihn - wie eigentlich alle Afrikaner - als Lügner und Betrüger. Das Spielzeug, das anderswo in Europa seinen Namen nach dem Stereotyp der „spitzen Zungen" von Schwiegermüttern oder Stiefmüttern erhält, wird in Italien bis heute mit der Gestalt des äthiopischen Herrschers in Zusammenhang gebracht.

Viele Ausdrücke, die sich aus den besonderen - oder fehlenden - Beziehungen der Italiener zu ihren Überseegebieten ergaben, haben sich bis in unsere Tage gehalten. Noch heute leben in der Alltagssprache Ausdrücke wie „fare un ambaradan / ein ambaradan machen" - damit soll große Konfusion bezeichnet werden. Das Wörterbuch der italienischen Sprache von Zingarelli erwähnt auch den Ursprung des Wortes: „Amba Aradam, ein Bergmassiv in Äthiopien, bei dem die italienischen Truppen 1936 das abessinische Heer in einer grausamen Schlacht besiegten."[319] Das Wörterbuch von De Mauro spricht von dem Ausdruck als einem scherzhaften Synonym für „Durcheinander, Konfusion".[320]

Was als „grausame Schlacht" bezeichnet wird, die einen „scherzhaften" Ausdruck entstehen lässt, ist in Wirklichkeit ein Massaker. In über einer Woche von Zusammenstößen (vom 10. bis zum 19. Februar 1936) kämpfen die von Badoglio geführten Italiener die äthiopische Armee erst nach dem Einsatz von Gas und anderen Chemiewaffen nieder - ein Verstoß gegen das Kriegsvölkerrecht.

Auf italienischer Seite bleiben 800 Tote zurück, die äthiopischen Verluste betragen etwa 6000 Tote und 12 000 Verwundete. In den folgenden Tagen wirft die italienische Luftwaffe dann etwa 60 Tonnen Senfgas[321] auf die sich zurückziehenden Kolonnen äthiopischer Soldaten ab, unter denen sich auch flüchtende Menschen aus der Zivilbevölkerung befinden. Man schätzt die Zahl der äthiopischen Toten am Ende der Auseinandersetzungen auf 20 000 - Militär und Zivilisten.

Ein regelrechtes Kriegsverbrechen geht durch die Sprache in die italienische Kultur ein, und das mit scherzhaften Akzenten. Erst in neuester Zeit scheinen Zweifel an der Angemessenheit dieses Vor-

319 N. Zingarelli, „Vocabolario della Lingua Italiana". Bologna 2002.

320 Laut www.dizionario.internazionale.it/parola/ambaradan.

321 A. Del Boca, „Italiani brava gente?", a. a. O., S. 192.

gangs aufgekommen zu sein[322], auch dank der Aufarbeitung der kolonialen Vergangenheit in TV-Programmen und Romanen.[323] In Rom wurde erst 2020 - auf Initiative Einzelner - vorgeschlagen, den U-Bahnhof Amba Aradam umzubenennen. Er soll nach Giorgio Maricola benannt werden, einem Partisanen mit italienischem Vater und somalischer Mutter, der 1945 während des Befreiungskriegs in der Region Trentino starb.[324]

Dieser U-Bahnhof ist nur einer von sehr vielen Fällen, wo in italienischen Städten noch heute Straßennamen (und Ähnliches) von einer untergegangenen Welt erzählen, die dennoch fortexistiert. Sogar wichtige öffentliche Räume sind bis heute "rühmend" nach Eroberungen in Übersee benannt - stolz oder unbewusst. Und das scheint mit der kollektiven Erinnerung Italiens verträglich zu sein.[325]

Die Wörter, die - in der Folge der kolonialen Erfahrungen - Teil der Redeweise der Italiener werden, tragen Stereotype von Unterworfenen in sich. Das Wort *tucùl* - eine Hütte mit kegelförmigem Dach, wie sie typisch für viele Bevölkerungen Ostafrikas ist und die zum Symbol für Wohnverhältnisse am Horn von Afrika wurde - beschreibt in den fünfziger Jahren und noch bis in die jüngere Zeit eine primitive, schmutzige und unaufgeräumte Wohnung. Als die Modernisierung der ehemaligen Kolonien dort zu einem Bauboom führt, verwenden die italienischen Zeitungen weiter die alten Stereotype, um auf fast „anthropologische" Weise die städtebaulichen Projekte der ehemals Unterworfenen zu erklären. „Vom tucùl zum Wolkenkratzer" heißt die Überschrift eines Beitrags im „Corriere della Sera" von 1969, der versucht, die wirtschaftliche Entwicklung Äthiopiens zu beschreiben.

Der Vorspann erzählt:

„Addis Abeba, gepackt vom Fieber des Zements, zeigt sich als eine Art Museum des modernen Bauens. Die Gebäude sind inspiriert von

322 S. Vazzana, „*Ambaradan*, quando una parola nasce da un genocidio", *La Stampa*, 15. Februar 2017.

323 S. besonders F. Melandri, „Sangue giusto", Mailand 2017 und Wu Ming 1, R. Santachiara, „Point Lenana", Turin 2013.

324 R. Cappelli, „Raggi: la fermata Amba Aradam della Metro C sarà intitolata a Giorgio Marincola", *la Repubblica*, 1. August 2020.
[Dieses Vorhaben wurde offenbar wieder aufgegeben, s. https://it.wikipedia.org/wiki/Porta_Metronia_(metropolitana_di_Roma). Anm. d. Übers.]

325 Zu Rom - dem einzigen Beispiel eines noch andauernden Kampfs um Straßennamen - s. R. Bianchi, I. Scego, N. Terranova, A. Branchi „Roma negata. Percorsi postcoloniali nella città", Rom 2014.

allen Formen des Rationalismus - gebaut von Deutschen, Skandinaviern, Franzosen und Italienern. Die Jungen, die in Europa studiert haben, sind dagegen die entschiedensten Verteidiger der nationalen Kultur und der Traditionen. Die Äthiopier halten sich für Weiße."[326]

Der letzte Punkt - im Artikel erklärt mit einer von vielen Äthiopiern gezeigten Abwertung etwa von Bewohnern des Sudan - erzählt den ganzen westlichen Paternalismus angesichts der komplexen lokalen Identität. Sie wird mit eindringlichen Bildern vereinfacht dargestellt, auch wenn diese nicht perfekt der Wirklichkeit entsprechen: der Dschungel, der „architektonische Kolonialismus" - und der tucùl.

Er wird auch zum Protagonisten eines als „spaßig" bezeichneten Liedes, das wahrscheinlich schon nach der Invasion in Äthiopien entstanden ist, das sich aber in Italien vor allem in den fünfziger und sechziger Jahren verbreitet. „Pianto di Zambo / Zambos Klage" - bekannt auch als „Buccia di Banana / Bananenschale" oder „La canzone del tucùl / Das Lied vom tucùl" - bietet eine eingängige Melodie. Der Text spricht von Zambo, einem „kleinen Neger", der Heimweh nach seinem tucùl verspürt, als er eine Bananenschale erblickt. Die Strophen - ohne Ende dem Stereotyp folgend, dass die Afrikaner unfähig sind, italienische Verben zu konjugieren - enthalten eine Reihe vulgärer (meist sexueller) Doppeldeutigkeiten, dabei geht es vor allem um die vulgären Anklänge, die das Wort tucùl im Italienischen auslöst[327].

Die populäre tanzbare Melodie begünstigt die Verbreitung der „Canzone del tucùl" ebenso wie der heftig „augenzwinkernde" Text - bis heute. Man findet auf den Videoplattformen des Internets Dutzende Versionen des Liedes mit Millionen Aufrufen und Kommentaren. Viele von ihnen erinnern voller Nostalgie an die Zeiten, als man noch solche Lieder singen konnte „ohne als Rassist beschuldigt zu werden".[328]

Der Andere nach dem Ende der Kolonien: Bilder in Weiß und Schwarz

Noch stärker als die übriggebliebenen Wörter sind die kulturellen Repräsentationen, die der italienischen Gesellschaft die Welt des Anders-

[326] „Dal tucùl al grattacielo", *Corriere della Sera*, 8. August 1969.

[327] Vulgäre Anklänge: etwa „tuo culo - dein Arsch". [Anm. d. Übers.]

[328] Eine erste Übersicht bietet https://www.youtube.com/results?search_ query=il+pianto+di+zambo.

wo vermitteln. Eine herausragende Rolle dabei spielt das Kino, das mit seiner expressiven Kraft einen großen Teil der kollektiven Vorstellungswelt der Italiener prägt.

Schon wenige Jahre nach dem Ende des Konflikts erzählen Spielfilme vom Krieg in Afrika. Der Film „I due nemici / Die zwei Feinde" mit Alberto Sordi und David Niven beispielsweise handelt vom Kampf zwischen Italienern und Engländern um die Kontrolle eines Stützpunkts in Ostafrika. Die Geschichte entwickelt sich in Kämpfen und Dialogen, die die Vorstellung von zunehmendem gegenseitigem Respekt der Kämpfenden füreinander entstehen lassen. Es ist gleichsam ein „edler" Konflikt, wie aus einer anderen Zeit.

In dieser Sichtweise fehlen fast völlig die Äthiopier, um deren Land man kämpft. Als in der Story eine lokale Figur auftaucht - ein gewisser Ras Degedà, Kriegsherr - wird er zum Feind von b e i d e n europäischen Offizieren. Für kurze Zeit gelingt es ihm, Überlegenheit zu gewinnen, offensichtlich durch Betrug. An einem bestimmten Punkt des Films schließen sich daher die bisherigen weißen Feinde zusammen, um den Betrügereien und Aggressionen der Schwarzen zu entgehen .

Dieses Stück Kino hat - wie viele andere aus jener Zeit - nicht nur großen Erfolg beim Publikum, mit ihm beginnt in Italien auch eine Traditionslinie, der viele Akteure folgen werden und deren Spuren bis heute sichtbar sind. Es geht um den Zusammenstoß der Zivilisationen. Der Film hat eine doppelte Moral: auf der einen Seite verherrlicht er den italienisch-englischen Krieg in Afrika, der - im Vergleich mit den Massakern des Zweiten Weltkriegs in Europa - als edler und „sauberer" beschrieben wird. Auf der anderen Seite wird (mitten in der Ära der Entkolonialisierung) hervorgehoben, dass die Weißen - gleich, woher sie kommen - mehr miteinander gemeinsam haben als mit den Schwarzen.

Das „Verschwinden" des regionalen Elements aus den Kriegsfilmen - die weithin von einer Rhetorik der Ehre und Pflichterfüllung geprägt sind - ist typisch für das italienische Kino. Sogar in neuerer Zeit hält sich das Klischee des unter Weißen ausgetragenen Kriegs auf afrikanischem Boden. Produktionen wie „El Alamein" [329] erzählen von den Widrigkeiten des Kriegs in der libyschen Wüste, ohne es für notwendig zu halten, auf die Gründe für die Anwesenheit von Italienern in jenen Gegenden einzugehen.

So kommt man zu sehr erfolgreichen Fernsehproduktionen wie

[329] El Alamein (Italien 2002).

der Miniserie „Nassiriya“[330] mit Raoul Bova, in der es zwar nicht um europäische Kolonialgeschichte im engeren Sinn geht, in der aber von Italiens Rolle in einem fremden Land mittels der gleichen Klischees wie während eines Jahrhunderts imperialistischen Kinos erzählt wird: im Zentrum des Geschehens stehen italienische Militärs und ihre Bedürfnisse, Stimmungen und Gefühle.

Die örtliche Bevölkerung - stereotyp gezeichnet in der vorgeführten Armut und zerlumpt, wie schon in den Luce-Dokumentarfilmen - ist (für das Publikum eindeutig erkennbar) nichts als eine Theaterkulisse, vor der sich die (weißen) Protagonisten bewegen. Die Beherrschten wissen gewöhnlich das „Gütige“ der italienischen Aktivität vor Ort zu schätzen. Nur wenige Fanatiker wollen „den Export der Demokratie“ (einige Jahre zuvor hätte man gesagt „den Export der Zivilisation“) stören.

Selbst wenn die örtliche Bevölkerung eine aktive Rolle in den Kinoerzählungen spielt, dient sie in erster Linie als Vorwand, um jahrhundertealte Stereotype zu bekräftigen. In dem Film „Le rose del deserto / Die Rosen der Wüste“[331] von Mario Monicelli (2006) mit Michele Placido sind die Protagonisten Sanitäter der italienischen Armee, die 1940 der libyschen Bevölkerung helfen, nachdem sie deren ärmliche Lebensbedingungen begriffen haben. Die Handlung hebt immer wieder die Qualitäten der Italiener hervor: sie sind gut, großzügig, achten im Krieg mehr auf Humanität als ihre (deutschen) Verbündeten und ihre (englischen) Feinde.

In den populären Filmen ist die Verachtung für den Schwarzen so verbreitet, dass sie nicht einmal bemerkt oder thematisiert wird. Nicht in brillanten Komödien wie „Riusciranno i nostri eroi a ritrovare l'amico misteriosamente scomparso in Africa? / Wird es unseren Helden gelingen, den auf mysteriöse Weise in Afrika verschwundenen Freund wiederzufinden?“[332] mit Schauspielern vom Rang Nino Manfredis und Alberto Sordis. Und auch nicht in „B-Movies“ für Familien wie dem ewigen Erfolg „Io sto con gli ippopotami / Ich bin bei den Flusspferden“[333] mit Bud Spencer und Terence Hill. Stets entsteht von

[330] Nassiriya. Per non dimenticare (Italien 2007).

[331] Le rose del deserto (Italien 2006).

[332] Riusciranno i nostri eroi a ritrovare l'amico misteriosamente scomparso in Africa? (Italien 1968).

[333] Io sto con gli ippopotami (Italien 1979) [deutscher Verleihtitel „Das Krokodil und sein Nilpferd“].

Afrika das Bild einer Welt, wo die Menschen Baströckchen tragen, in Hütten leben und wo halbnackte Frauen sich mit einem Lächeln hingeben. All diese Elemente fügen sich perfekt in das schon von den Entdeckern im 19. Jahrhundert vermittelte Bild.

Zwei Typen von „Schwarzen"

Diese Vorstellungswelt entwickelt sich - wenigstens teilweise - im Zusammenhang mit dem Erscheinen von Hollywood-Produktionen auf dem Markt der Unterhaltung und unter dem Einfluss der US-amerikanischen Kultur in Italien allgemein. Es geht nicht darum, bestimmte Stereotype aufzugeben oder sie fortzuentwickeln - es geht um eine Art Aufspaltung des Bilds der farbigen Person in der öffentlichen Ideenwelt. Es existiert weiterhin der „kolonialisierte Schwarze" - wild und stumpfsinnig -, für den man meist Mitgefühl und Neugier aufbringt. Es ist immer noch die Karikatur mit dem Nasenring und dem Wecker am Hals, die bis in jüngste Zeit unverwüstlich bleibt.

Außerdem entwickelt sich - infolge des immer massiveren Vordringens der amerikanischen Popkultur - die Figur der farbigen Person, die in die westliche Gesellschaft integriert ist: der „zivilisierte" Schwarze, geschaffen im *melting pot* der nordamerikanischen Metropolen.[334]

Die Idee, dass Weiße und Schwarze in einer als „gemischt" definierten Gesellschaft zusammenleben können, findet sich in der alltäglichen Mentalität der Italiener schon in den 1920er und 1930er Jahren, als kulturelle Phänomene wie der Jazz (den der Faschismus als „negroide Musik" bezeichnet)[335] auch Italien erreichen. Vom Regime als Ausdruck eines unheilbaren Primitivismus stigmatisiert, werden solche Phänomene aber meist als Momente der besonderen Situation in den Vereinigten Staaten aufgefasst, wo Millionen Weiße und Schwarze zusammenleben - oft mit massiven Gegensätzen, in einer erzwungenermaßen multikulturellen Konstellation. Es sind Bedingungen, die man sich für Italien nicht einmal vorstellen kann.

Mit der weiteren Entwicklung und dem Auftauchen neuer Gruppen im Panorama der italienischen Kultur verändert sich allerdings nicht die Wahrnehmung der kolonialisierten Schwarzen

[334] Vgl. T. Petrovich Njiegosh, A. Scacchi, „Parlare di razza. La lingua del colore tra Italia e Stati Uniti", Verona 2012.

[335] P. Dogliani, „Il fascismo degli Italiani: una storia sociale". Turin 2008, S. 257.

- vielmehr erweitert und differenziert sich die Wahrnehmung des „amerikanischen Schwarzen". Es fängt an mit den Kriegsfilmen, in denen auch farbige Schauspieler als Protagonisten mitwirken. Andererseits sehen viele Italiener zum ersten Mal einen Schwarzen beim Eintreffen der US-Armee in Italien.

Episoden wie die des äthiopischen Athleten Abebe Bikila, der bei der Olympiade von Rom 1960 barfuß den Marathonlauf gewinnt, scheinen in den weltweiten Fernsehübertragungen das Stereotyp des Afrikaners zu bestätigen, der die „Modernität der Schuhe"[336] ablehnt, um zu laufen wie „ein primitiver Jäger in der Savanne". Andere Filme stellen neue Modelle vor, mit denen man sich auseinandersetzen könnte. Filme wie „Indovina chi viene a cena? / Rate, wer zum Abendessen kommt!"[337] mit Sidney Poitier - ein Kassenschlager in Italien wie im gesamten Westen - stellen die kollektive Vorstellungswelt der Italiener in Frage, sie bedeuten einen deutlichen Riss zwischen der antirassistischen Theorie - die auch in Italien nach dem Zweiten Weltkrieg allmählich an Einfluss gewinnt - und der Realität eines tiefen Gefühls von Distanz angesichts der „Rassenthematik".

„In der Theorie" teilt man das Gefühl von Solidarität mit den Minderheiten, man ist dem Antirassismus als einem Wert des „neuen Westens" verbunden. „In der Praxis" sind die tieferen Gefühle der Bevölkerung noch belastet von dem Jahrhundert eines biologischen Rassismus, der intensiv aufgenommen wurde. Aus Anlass von „Indovina chi viene a cena?" schreibt am 24. April 1968 Frau Milena F. einen ehrlichen Brief an die Zeitung „Corriere della Sera", in dem sie bekennt:

„Ich habe mir den Film ‚Indovina chi viene a cena?' angeschaut. Er hat mir gefallen, er hat mich sehr interessiert, weil er mit seinen Bildern eines der großen Probleme deutlich macht und nahebringt, die besonders Amerika zu schaffen machen. Es ist aber ein Problem, das alle Menschen angeht - das Rassenproblem. Ich bin gegen jeglichen Rassismus. Aber als ich das Kino verließ, wo ich eine weiße Frau

[336] Barfuß zu laufen, war eine Entscheidung in letzter Minute, da die von den Sponsoren gelieferten Schuhe ihm Probleme machten. Bikila hatte beim Training Schuhe getragen, er tat es auch im weiteren Verlauf seiner Karriere. Zu diesem Geschehen und den um jenen Marathonlauf entstandenen Mythos vgl. S. Coher, „Vincere a Roma. L'indimenticabile impresa di Abebe Bikila", Rom 2020 sowie den Spielfilm „The Athlete" (Äthiopien/USA/Deutschland 2009).

[337] Indovina chi viene a cena? (USA 1967) [deutscher Verleihtitel: „Rat mal, wer zum Essen kommt"].

mit einem Neger gesehen hatte, den sie heiraten will (einen übrigens besonders schönen Neger), habe ich mich gefragt, ob es mir gefallen hätte, wenn meine Tochter (ich habe eine Tochter im heiratsfähigen Alter) einen Neger heiratet. Ohne dass mein Geist das unterbrach, erlebte mein Körper - nur mein Körper - ein Gefühl von Widerwillen. Eine schreckliche Reaktion, die ich unterdrückt habe. Aber ich konnte nicht verhindern, mich zu fragen: könnte - jenseits jeder moralischen Überzeugung - das Stoffliche (letztlich der Körper) ein eigenes Gesetz haben, eine Antwort, eine Unabhängigkeit, einen Geschmack, die dem Geist widersprechen?"

Alles in allem: kulturell versteht Frau Milena F., dass der Rassismus eine irrige Vorstellung ist, aber ihrem Körper verursacht das Bild ihrer Tochter zusammen mit einem „Neger" dennoch ein „Gefühl von Widerwillen".

Aufschlussreich ist die Antwort des Journalisten des „Corriere della Sera":

„Sie greifen eines der verstörendsten Probleme auf, mit denen es Menschen zu tun haben. Ich spreche nicht vom - überaus massiven - Rassenproblem, sondern vom Dualismus, der in jedem Menschen zwischen Seele und Körper besteht. Es ist sinnlos, uns selbst zu belügen: wenn unser Wille, unser Urteilsvermögen, unser moralischer Sinn einmal eine bestimmte Form des Seins und des Lebens gewählt haben, dann hemmt der Körper sie oft oder lehnt sie sogar ab. Wie soll man etwa jene instinktiven Formen von Antipathie gegenüber einer Person erklären, vor der wir wissen, dass sie all unsere Anerkennung und unseren Respekt verdient?

Wie soll man die Weigerung des Körpers erklären, eine bestimmte Eigenschaft von Haut zu akzeptieren, den gegebenen Körpergeruch eines anderen - auch wenn wir wissen, dass unsere Weigerung ungerecht ist? Es sind natürliche, instinktgebundene Reaktionen, die geheimnisvoll bleiben - und die die Vernunft überwinden muss. Sie haben eine Aufwallung des Blutes erlebt, als Sie sich Ihre Tochter neben einem Neger vorstellten - aber ihr Geist verurteilt das. Sie sind im Recht, erschrecken Sie nicht. Eine andere Hautfarbe abzulehnen - es geht hier nur um die Farbe - ist für uns Gewohnheitssache. Wenn wir, sagen wir, eine Negerin als Kindermädchen gehabt hätten oder Neger als Freunde, würde die Gewohnheit, mit ihnen zusammenzuleben, uns auch an der einzigen Rebellion, die wir (die jeden Gedanken an Rassismus ablehnen) uns erlauben können, hindern."[338]

[338] „Lo scrivo al giornale: un sussulto irrazionale", *Corriere della Sera*, 24. April 1968.

Es handelt sich um eine treffende Darstellung der Widersprüchlichkeit, die das italienische Denken jener (und nicht nur jener) Zeit mit Blick auf das „Rassenproblem" charakterisiert. Die Ablehnung des Schwarzen ist „instinktiv", diktiert von einem natürlichen Hang zur Ablehnung dieser Diversität. Sie zu akzeptieren ist dagegen eine „kulturelle" Anstrengung, ein Symbol des Fortschritts. Das ist eine Haltung, die wahrscheinlich noch heute von manchen als akzeptabel angesehen wird - die aber eine Art von angeborenem Rassismus bei Weißen voraussetzt.

Die Formulierung am Schluss, die von der Notwendigkeit spricht, sich an die Schwarzen zu „gewöhnen" (als beste Möglichkeit, den Rassismus zu überwinden), soll einerseits beruhigend klingen für Frau Milena F. und für die vielen Italienerinnen, die wie sie zwar die Anmut eines „besonders schönen Negers" anerkennen, aber zugleich bei der Vorstellung erschrecken, ihn als Schwiegersohn zu bekommen. Andererseits wird der elementare und gleichsam entschuldigende Unterschied zwischen Italienern und US-Amerikanern unterstrichen: in Italien gibt es keine Schwarzen, daher ist es unmöglich, diesen „natürlichen Rassismus" zu besiegen.

Die Italiener können also - wie Frau Milena F. und der Journalist - sich als „theoretische Antirassisten" zu erkennen geben, sie sind aber nicht gezwungen, ihre Überzeugungen in der alltäglichen Praxis zu beweisen.

Die Welt der Medien ist Spiegel dieser Dichotomie zwischen der Akzeptanz einer kulturellen Verschiedenheit einerseits (die auch nichtweiße Elemente einschließen kann) und der Auffassung andererseits, dass diese Verschiedenheit für Italien „kein Thema" ist. Das Fernsehen ist bevölkert von Figuren, die auf irgendeine Weise von der Unterschiedlichkeit der Farbe erzählen, bei denen aber immer „strikt weiße" Voraussetzungen im Spiel sind.

Es finden sich Figuren wie Calimero - in Zeichentrickepisoden, mit denen in den Werbeeinblendungen der abendlichen Fernsehsendung „Carosello"[339] seit 1963 Reklame für eine Marke von Reinigungsmitteln gemacht wird. In jeder Episode wird das arme Küken Calimero von seiner Mutter verlassen, weil es schwarz ist. Betroffen von seinem Missgeschick ruft es stets aus „Aber das ist ungerecht!". Die Situation wird jedesmal von der „jungen Holländerin" gerettet, einem Mäd-

339 Carosello / Karussell: populäre, von 1957 bis 1977 über 7000 Mal ausgestrahlte Sendung des staatlichen Fernsehsenders *Rai* mit viel Werbung. [Anm. d. Übers.]

chen, das die Marke symbolisiert. Sie tröstet Calimero mit den Worten „Du bist nicht schwarz, du bist nur schmutzig!“. Sie bietet an, ihn zu säubern und gibt ihm das Glück zurück, weiß zu sein. Die „Geschichte“ in diesen Werbespots gründet sich immer auf die doppelte Gleichsetzung „schwarz = schmutzig“ und „weiß = sauber“. Und das kann man auch verstehen als „schwarz = schlecht“ und „weiß = gut“.[340]

Calimero ist ein Erfolgstyp, der in der Welt des "Carosello" bis zu dessen Ende 1977 auftaucht. Er bleibt auf den Bildschirmen auch danach in Zeichentrickfilmen zu sehen, jetzt ohne Reklameaufgaben - bis heute (2021), wo seine Geschichten immer noch auf einigen Kinderkanälen gesendet werden.

Calimeros Erfolg hängt mit vielen Faktoren zusammen, dazu gehören sicher seine Energie und Widerstandsfähigkeit in den Widrigkeiten des Lebens. Aber die Botschaft, die das Küken mitbringt, ist, dass schwarz zu sein ein Unglück ist, geradezu eine Ungerechtigkeit, die man nur loswird, wenn man sich physisch vom Schwarzsein befreit.

Alles in allem lautet die „Moral“ der Geschichte des kleinen Calimero, dass schmutzig und schwarz zu sein ein und dasselbe ist, dass schwarz zu sein ein echtes Unglück ist.

Neben diesen ziemlich offensichtlichen begrifflichen Barrieren gibt es aber auch Inszenierungen, die über spätkoloniale Stereotype hinausgehen. In diesem Sinn wirken die US-Sitcoms, die neue Persönlichkeiten für die Medienöffentlichkeit ins Bild bringen. Fernsehserien mit farbigen Familien als Protagonisten machen das Amerika der siebziger Jahre verrückt. Mit fast einem Jahrzehnt Verspätung - auch dank der Befreiung des Fernsehmarkts vom staatlichen Monopol und dem Aufblühen der Privatsender - gelangen sie auch nach Italien.

Anfangs sind die Farbigen in den Fernsehserien meist Hausangestellte - am besten mit komischen Rollen. Seit Ende der siebziger Jahre können die Italiener auf ihren Bildschirmen das Schicksal schwarzer Familien an der Periferie der Vereinigten Staaten verfolgen - etwa in „Sanford and Son“ [341] - oder auch das Leben von Familien des farbigen

[340] Zum Fortbestehen des Zusammenhangs zwischen rassistischem Stereotyp und Schmutz vgl. C. Lombardi-Diop, „Igiene, pulizia, bellezza e razza. La ‚bianchezza‘ nella cultura italiana dal fascismo al dopoguerra“, in: T. Petrovich Njiegosh, A. Scacchi (Hg.), „Parlare di razza“, a. a. O., S. 78ff.

[341] In den USA zwischen 1972 und 1977 ausgestrahlt, in Italien in den achtziger Jahren.

mittleren und Großbürgertums, etwa in der Serie „The Jeffersons“[342], deren erste Folge in Italien 1985 ausgestrahlt wird.

Diese öffentlichen Erzählungen rücken eine Wirklichkeit ins Licht, die - im Verhältnis zum afrikanischen Leben - doch als fern und untypisch empfunden wird (und damit, im Reflex, auch im Verhältnis zur kolonialen Geschichte Italiens). Während im Fernsehen die Gags Bill Cosbys laufen, der in der Serie „I Robinson“ einen reichen Arzt in New York, den Doktor Robinson, verkörpert, erreichen die Italiener aus Afrika Bilder von der schwierigen Entwicklung Dutzender ehemaliger Kolonien.

Die alten italienischen Besitztümer sind vor allem dann eine Meldung wert, wenn Bilder von Chaos und Gewalt zur Verfügung stehen. Die Staatsstreiche in Libyen 1969 und Äthiopien 1974 und die rechtlichen und sozialen Umbrüche, die in den früheren Kolonien aufeinanderfolgen, sind fast die einzigen Nachrichten, die auf den Bildschirmen und in den Zeitungen Italiens auftauchen. Es ist ein Bild von ewiger Gewalt und Unruhe, das die Vorstellung verstärkt, die ehemals Kolonialisierten seien nicht in der Lage, sich allein zu regieren.

Man ignoriert die Ursachen dieser Schwierigkeiten, kaum jemand bringt sie mit fast einem Jahrhundert imperialistischer Herrschaft in Zusammenhang. Frankreich und Algerien (1954-1962) einerseits, Portugal und Angola, Guinea-Bissau und Mosambik (1961-1974) andererseits gelten der öffentlichen Meinung Italiens als Beispiele dafür, was es bedeutet, an der Kontrolle über Kolonien festzuhalten. Diese beiden europäischen Länder geraten auch wegen der Unabhängigkeitskriege in ihren außereuropäischen Territorien in eine tiefe institutionelle Krise. In Frankreich bricht die Vierte Republik zusammen, die auf den Trümmern des Zweiten Weltkriegs entstanden war. Das Licht erblickt die Fünfte Republik, geformt von General de Gaulle. In Portugal weicht die faschistische Diktatur Salazars der Demokratie. Diese extremen Fälle lassen viele in Italien denken, die Aufhebung ihrer direkten Kolonialherrschaft als Folge des Weltkriegs sei gewissermaßen ein Glücksfall gewesen.

[342] Eine interessante Untersuchung von Problemen der Übersetzung von US-Fernsehserien mit farbigen Protagonisten - mit dem Verlust von Nuancierungen und einer Nivellierung von Stereotypen, die für die italienischen Zuschauer verständlich wären - findet sich in L. Buonomo, „Indovina chi viene a cena? La rappresentazione degli afroamericani nel doppiaggio italiano di *The Jeffersons*“, in: T. Petrovich Njiegosh, A. Scacchi (Hg.), „Parlare di razza“, a. a. O., S. 220ff.

Auf der einen Seite gibt es die Schwarzen wie auf den Ansichtskarten der dreißiger Jahre, immer wieder stellt man sie sich vor mit Nasenringen und Wecker am Hals. Ihnen sind Sensibilisierungskampagnen hier und humanitäre Hilfe dort gewidmet. Auf der anderen Seite existiert die aus den Vereinigten Staaten importierte Erzählung von den Farbigen mit Sakko und Krawatte, die ein „westliches" Leben führen und sogar wohlhabend sind. Aber sie gelten als Besonderheit der Weltmacht jenseits des Atlantik und des kosmopolitischen Lebens in Metropolen wie London und Paris - ein Lebensmodell, das nicht exportiert wird und auch nicht exportiert werden kann, da es Produkt einer Menge nicht übertragbarer Bedingungen ist.

Diese beiden unterschiedlichen Sichtweisen - beide bewusst als außergewöhnlich charakterisiert - übertragen sich auf die Auffassungen von der unterschiedlichen Bedeutung von Farbe im täglichen Leben. In den Produkten des italienischen Fernsehens werden bis in die 2000er Jahre Farbige als Hausangestellte, Chauffeure und überhaupt als untergeordnete Personen dargestellt. Frauen übernehmen oft Rollen, für die eine betonte Sinnlichkeit typisch ist, sie folgen der jahrhundertelangen Spur der „Schwarzen Venus". In der Synchronisation der Filme lässt man sie mit einem karikaturhaften nasalen Akzent sprechen, wie er für die Darstellung in der ersten Hälfte des 20. Jahrhunderts typisch war. Sie sprechen, so heißt es, wie Hattie Mc Daniel, die berühmte „Mammy" in „Vom Winde verweht" - eine Sklavin.

Es gibt nur sehr wenige farbige Schauspieler, die Italienisch sprechen. Daher werden sie in verschiedensten Nebenrollen eingesetzt, was die Charakteristik der Personen gleichsam erstarren lässt. Das gilt etwa für Isaac George (Pseudonym von George Oshoba Durojaiye), den in Italien eingebürgerten Schauspieler aus Nigeria, der in den achtziger und neunziger Jahren Dutzende Personen in Komödien und Fernsehserien spielt und sich dabei fast nie vom Stereotyp des - durchaus schlauen - Dieners emanzipiert. In der berühmten Fernsehserie „I ragazzi della 3a C / Die Jungs aus der 3 C"[343] spielt er beispielsweise Aziz, Kellner bei der reichen Mailänder Familie Zampetti, er wird mehrfach zum Protagonisten von Gags auf Grundlage sprachlicher Missverständnisse oder rassischer Stereotypen.

1986 dreht Isaac George einen erfolgreichen Fernsehspot für eine bekannte Herstellerfirma von Mixed Pickles, er ist bekleidet mit Textilien und Armreifen, die dekorative Elemente afrikanischer Tradition nachahmen sollen. In den wenigen Sätzen des Spots imitiert er

[343] I ragazzi della 3a C (Italien 1987-1989).

die vermeintliche afrikanische Sprechweise, er spricht etwa von „gibolline Bondi“[344] statt von „cipolline Ponti“ (eingelegte Zwiebeln der Marke Ponti).[345] Aber was geschieht, wenn - in jüngerer Zeit - trotz des gezielten Vergessens der italienischen Kolonialisierung Afrikas internationale Entwicklungen die Italiener - mit ihrem oder gegen ihren Willen - dazu bringen, sich der eigenen Vergangenheit zu stellen?

Dieser Film darf nicht gezeigt werden - morgen nicht und danach auch nicht!

„Wer ist der weißgekleidete Alte auf dem Foto, das al-Gaddafi sich auf der Brust angebracht hat?“[346] fragen sich die italienischen Zeitungen in ihren Kommentaren zu den Bildern von der Ankunft des libyschen Diktators bei seinem offiziellen Besuch in Italien 2009. Es handelt sich, wie die um Auskunft gebetenen Historiker erklären, um Omar al-Mukhtar, den senussitischen Führer des Widerstands gegen die italienischen Invasoren in der Kyrenaika. Auch der Begriff „senussitisch“ bzw. die Verwendung des Namens „Kyrenaika“ statt „Libyen“ werden geklärt[347]. Dann stellt ein größerer Teil der öffentlichen Meinung die Frage nach der Bedeutung jenes Bildes und nach einem möglichen Affront gegen Italien. Viele Italiener entdecken so, dass Omar al-Mukhtar in Libyen als Nationalheld angesehen wird - und dass das Todesurteil gegen ihn 1931 erging, gut zwanzig Jahre nach der Eroberung des Landes durch Italien.

Al-Mukhtar war bereits - als Toter - in den Mittelpunkt eines diplomatischen Streits zwischen Italien und dem Libyen al-Gaddafis gera-

[344] *Gibolline Bondi* wird mit „weicheren“ Konsonanten ausgesprochen als (das korrekte) *cipolline Ponti.* [Anm. d. Übers.]

[345] Zu den vielen Episoden von mehr oder weniger offenem Rassismus im italienschen Fernsehen vgl. O. Q. D. Obasuyi, „Corpi estranei. Il razzismo rimosso che appiattisce la diversità“, Gallarate 2020.

[346] „Gheddafi con la foto provocazione, eroe anticoloniale sull'alta uniforme“, *Corriere della Sera*, 10. Juni 2009; M. Innocenti, „Chi è al-Mukhtar, l'uomo nella foto sul petto di Gheddafi“, *Il Sole 24 ore*, 10. Juni 2009; „Sul petto di Gheddafi la foto del resistente in catene. ‚Per noi è come una croce'“, *La Stampa*, 11. Juni 2009.

[347] Die Senussi sind eine sunnitische Bruderschaft, die im Zentrum des antiitalienischen Widerstands in der Region Kyrenaika (im Osten des heutigen Libyen) stehen. Aus ihr geht die Königsfamilie der Al-Sanusi hervor, die die Thron des Vereinigten Königreichs Libyen von 1950 bis 1969 einnimmt.

ten. Es ging um einen Film von 1981 „Il leone del deserto / Der Löwe der Wüste"[348], der seine Taten feiert. Der Film - vor allem auf Initiative al-Gaddafis entstanden - ist ein Instrument der Propaganda und hat daher eine verklärende Tendenz. Er vermittelt dennoch die Grundzüge des Lebens des Guerillaführers, gerade seine Gefangennahme und seinen Tod nach einem Scheinprozess. Der Film erzählt auch von den Gewalttaten der Italiener in Libyen - und von den Hassgefühlen gegenüber den Besatzern. Die Vorführung des Films in Italien wird verboten, da er „die Ehre der italienischen Armee beeinträchtigt".[349]

Die fortgesetzte (man könnte sagen, gewollte) Gleichgültigkeit gegenüber einer führenden Persönlichkeit des libyschen Widerstands - al-Mukhtar war als Lebender d a s Feindbild für zehntausende Soldaten der Königlichen Armee Italiens in dieser Kolonie - ist ein mehr als deutliches Zeichen für das völlige Fehlen einer Historisierung bzw. einer intensiveren Beschäftigung mit dem Thema in der Öffentlichkeit. Die Reaktion der italienischen Regierung auf die in dem Film enthaltene Propaganda ist unangemessen und wirr. Aus der Sphäre der öffentlichen Meinung wird von keinem besonderen Aufsehen berichtet.

Am 30. Dezember 1981 - anlässlich der Verbreitung des Films durch einige Verleihfirmen in den USA und Europa - berichtet die Nachrichtenagentur ANSA trocken:

„Die italienische Vertretung in Tripolis wurde beauftragt, gegenüber den dortigen Behörden die Missbilligung Italiens für die Verbreitung des von der libyschen Regierung finanzierten Films - mit stark antiitalienischer Tendenz - „Il leone del deserto" in Libyen und international (besonders in den Vereinigten Staaten) auszudrücken. Das erklärte der Staatssekretär im Außenministerium Raffaele Costa in seiner Antwort auf eine Anfrage des MSI-Abgeordneten[350] De Donno. Dieser hatte betont, der Film - in dem es um die Geschichte eines libyschen Patrioten geht, der von den Italienern 1912 (sic!) hingerichtet wurde - erhebe Beschuldigungen gegen die italienischen Soldaten. Costa hat auch hervorgehoben, dass in dem Film eine Haltung zum Ausdruck kommt, die politisch-propagandistisch motiviert ist. Er erklärte, das

348 „Il leone del deserto / Asad al-ṣaḥrā'" (Libyen 1981) [deutscher Verleihtitel: „Omar Mukhtar - Löwe der Wüste"].

349 A. Del Boca, „Chi ha paura di Omar?", *Il Messaggero*, 14. März 1983.

350 MSI: Movimento Sociale Italiano, neofaschistische Partei (1946-1995). Vorläuferorganisation der späteren Regierungspartei Fratelli d'Italia. [Anm. d. Übers.]

Urteil über den italienischen Soldaten bei den Unternehmungen in Libyen wie in den beiden Weltkriegen sei bereits von der Geschichte gesprochen."[351]

Tonfall und Verhalten im Zusammenhang mit der diplomatischen Note sind besonders interessant. Auf der einen Seite wird ein Gefühl von Verärgerung für eine Aktion deutlich, die die Weltöffentlichkeit auf ein Stück unliebsamer Vergangenheit aufmerksam machen will. Auf der anderen Seite versucht die Darstellung der Zusammenhänge offenbar die historischen Fakten, die dem Film zugrundeliegen, kleinzureden oder sogar übergehen. Der Name Omar al-Mukhtar wird nicht direkt genannt, er wird als einfacher „libyscher Patriot" abgetan. Darüberhinaus findet sich in der Notiz, die die parlamentarische Diskussion zusammenfasst, ein falsches Todesjahr: 1912 statt 1931. Vielleicht ist das ein gewöhnlicher Irrtum, vielleicht aber steckt dahinter die verbreitete Vorstellung, bewaffneten Widerstand in Libyen habe es nur während des italienisch-türkischen Kriegs 1911/12 gegeben. Was auch immer der Grund für den Fehler ist - die Zeitungen, die diese Meldung (gewöhnlich nur nebenbei) veröffentlichen, wiederholen auch den chronologischen Irrtum und vergrößern noch die Verwirrung.

Die ausbleibende Korrektur des Fehlers bestätigt nur das massive Unwissen vieler über das Thema. In der dunstverhangenen Geschichte der „Eroberung der vierten Küste" (Tripolis) scheint eine Lücke von zwanzig Jahren nicht wichtig zu sein. Wiederholt - allerdings mit nur geringem Aufsehen - löst der von al-Gaddafi in Auftrag gegebene Film bemühte Debatten über die Berechtigung aus, einen Film zu zensieren. 1987 wird die Vorführung des Films in einem Kino in Trento von der DIGOS[352] unterbrochen. Später werden sporadische Vorführungen meist toleriert - sie bleiben illegal, die Sicherheitskräfte verhindern sie aber nicht. Erst 2009 wird „Il leone del deserto" im Bezahlfernsehen gezeigt.[353]

[351] „Disappunto italiano per un film libico che accusa i nostri soldati", ANSA, 30. Dezember 1981.

[352] „No al film su Graziani", *la Repubblica*, 8. März 1987.
[DIGOS / Divisione investigazioni generali e operazioni speciali: politische Polizei Italiens. Anm. d. Übers.]

[353] „Il leone del deserto torna a ruggire su Sky", *Sky TG24*, 11. Juni 2009.

Restore Hope - zurückkehren nach Mogadischu: die Wilden und ein neues, schreckliches „Land der Liebe"

Libyen ist als Ort der Geschichte in der italienischen Publizistik in der ganzen zweiten Hälfte des 20. Jahrhunderts gegenwärtig - sei es wegen der räumlichen Nähe zur früheren „vierten Küste", sei es wegen der überbordenden Kommunikation des Diktators Muammar al-Gaddafi. Somalia dagegen - das letzte außereuropäische Territorium, auf dem die Trikolore eingeholt wird - bleibt für die Italiener über Jahrzehnte in einer „Schattenzone" der Information, besonders nach der Etablierung des sozialistischen Regimes von Siad Barre 1969.

Erst ab 1992 findet Somalia wieder Beachtung in der italienischen Berichterstattung - wegen des Bürgerkriegs, der das Land zerreißt. Mit dem Ende des sowjetischen Blocks und der Öffnung neuer Spielräume in den internationalen Beziehungen scheint die somalische Krise auch neuen Manövrierraum für die italienische Außenpolitik zu bieten.

Als 1992 die USA George Bushs (des Älteren) es mit einem Mandat der Vereinten Nationen übernehmen, dem gequälten Somalia den Frieden zu bringen - in einer Rolle als „Weltpolizist" wie schon bei der Intervention in Kuwait 1991 -, schließt sich Italien der internationalen Koalition an, die Somalia „die Hoffnung zurückgeben" soll. Restore Hope ist auch der informelle Name der UN-Mission[354]. Italien ist die zweitstärkste Kraft unter den Interventen, übertroffen nur von der amerikanischen Supermacht. Die italienische Mission im Rahmen des UN-Mandats erhält den Codenamen Ibis.[355]

Italien tritt seit Jahren als vermittelnde Macht mit Mandaten der Vereinten Nationen auf. Für die italienischen Streitkräfte sind ihre Erfahrungen in militärischen Krisen (wie seit den achtziger Jahren im Libanon[356]) eine ausgezeichnete Visitenkarte - und die Regierung hebt das positive Image hervor, das die Armee mit dieser Art von Operationen Italien international verschafft.[357]

[354] UNOSOM (United Nations Operations in Somalia) heißt die erste internationale Intervention in Somalia seit April 1992. Ersetzt wird sie zuerst (ab Mai 1993, als die Verschärfung der Konflikte zu veränderten Einsatzregeln führt), durch UNITAF und dann durch UNOSOM II (bis März 1995).

[355] Vgl. „Missioni internazionali", in: www.esercito.difesa.it.

[356] Es gibt einen Bericht über die Erfahrungen des italienischen Kontingents im Libanon unter UN-Mandat von dem kommandierenden General, Franco Angioni: „Un soldato italiano in Libano" (Mailand 1984).

[357] Eine Analyse der Veränderung der Rolle des italienischen Militärs durch die

Darüber hinaus ist Italien die letzte westliche Macht, die jenen Teil Afrikas verlässt und die, die - trotz allem - noch Verbindungen zu dem unterhält, was vom somalischen Staat übrig ist.

Restore Hope verwandelt sich aus historischer und diplomatischer Sicht daher zu einem ersten großen Testfall. Von ihm wird in Italien als einem neuen Kapitel der schon über ein Jahrhundert dauernden Geschichte von „den guten Italienern" erzählt, die einer früheren Kolonie Frieden und Zivilisation - in diesem Fall die Demokratie - bringen. Somalia hat ja offenbar die Gelegenheiten, als unabhängige Nation zu Wohlstand zu gelangen, vergehen lassen.

In Presse und TV-Reportagen entdecken die Italiener zum Beispiel mit Verblüffung, das Italienisch immer noch eine unter den Somaliern verbreitete Sprache[358] ist - und sogar eine der offiziellen Sprachen des Landes. Die Journalisten berichten mit vielen Details über in der somalischen Gesellschaft noch vorzufindende Einflüsse. Man vergisst nicht, daran zu erinnern, dass das Hauptquartier der italienischen Streitmacht sich an der Via Imperiale befindet, einer der wichtigsten Straßen der somalischen Hauptstadt, die von den italienischen Kolonisatoren so benannt wurde. Das verstärkt die Stereotype: der Hinweis „Aber wir haben ihnen doch Straßen gebaut!" wird durch die Tatsache unterstrichen, dass die Somalier noch italienische Straßennamen verwenden.

Die Öffentlichkeit Italiens wird von Artikeln überschwemmt, die von zweifachen Bemühungen der italienischen Soldaten erzählen. Auf der einen Seite geht es um "robuste" Befriedung - die italienische task force ist Militär im klassischen Sinn, mit modernster Kriegstechnik wie Schützenpanzern und Hubschraubern. Auf der anderen Seite steht echtes humanitäres Engagement. Das doppelte Bild der in Somalia eingesetzten Streitkräfte zeigt zum einen das Panzerfahrzeug, das die Kreuzung kontrolliert und zum anderen die Militärärzte, die Kinder impfen. Mit dem Ende des Kalten Kriegs wirkt die italienische Rolle in Somalia so, wie die Parlamentsreden der Historischen Linken Ende des 19. Jahrhunderts es propagierten

Auslandsmissionen bietet F. Battistelli, „Soldati: sociologia dei militari italiani nell'era del peace-keeping", Rom 2001 (Erstausgabe 1996).

[358] Beispielsweise ist gewöhnlich die Tatsache unbekannt, dass seit 1960 bilaterale Verträge über den Aufenthalt somalischer Studenten an italienischen Universitäten bestehen und dass ein Teil der Lehrveranstaltungen an der Universität von Mogadischu von Dozenten mit Muttersprache Italienisch durchgeführt wird.

- nämlich die Zivilisation mit der väterlichen, aber festen Hand der Armee zu bringen.

Spiegelbildlich besteht für die italienischen Medien die somalische Bevölkerung aus zwei großen Gruppen. Einmal sind es jene, die „die Bemühungen verstehen" und die dankbar von der Güte der Italiener profitieren - sie werden meist von Frauen verkörpert, die hilfsbedürftige Neugeborene auf den Armen tragen und die sich vertrauensvoll an die Männer in Uniform wenden. Zum anderen sind es „Rebellen", d. h. Milizionäre der verschiedenen um die Kontrolle des Territoriums kämpfenden Fraktionen. In den Reportagen werden sie meist dargestellt als Gruppen schreiender Männer, die sich an hochgerüstete Geländewagen klammern und improvisierte Waffen schwingen. Sie wirken ganz ähnlich wie die Krieger, die in den Luce-Dokumentarfilmen der faschistischen Ära gezeigt wurden. Der einzige Unterschied liegt in der Bewaffnung: nicht mehr Lanzen und Schilde aus Leder, sondern Kalaschnikows und Panzerfäuste. Der Enthusiasmus, die unverständlichen Schreie und die zur Darstellung der wilden Krieger nützlichen Szenerien sind die gleichen, für die europäischen Zuschauer wiedererkennbar. Und sie werden von ihnen erkannt.

Wieder einmal taucht das doppelte koloniale Stereotyp auf, das jene, die die Anwesenheit der Weißen akzeptieren, deutlich von denen trennt, die sich ihr widersetzen. Ohne das notwendige Hintergrundwissen beharren die italienischen - und allgemein die westlichen - Informationsmedien auf einer doppelten Erzählung von den zivilisatorischen Bemühungen gegenüber einer Bevölkerung, die zum Teil das Evangelium der Zivilisation - in diesem Fall von den Italienern gebracht - nicht akzeptieren will.

Es ist nutzlos, sich über die Komplexität der Situation vor Ort auszulassen, wenn die notwendigen Voraussetzungen fehlen, um sich wenigstens über die zentralen Belastungen der somalischen Geschichte klar zu werden, für die auch Italien in der Vergangenheit verantwortlich war. Es ist besser, Restore Hope als Versuch darzustellen, wieder Ordnung in eine Situation zu bringen, die durch das Handeln der Somalier selbst unbeherrschbar wurde.

In diese Erzählung, die strikt Gute (wir) und Böse (sie) unterscheidet, fügt sich die bekannteste Episode des italienischen Agierens in der internationalen Mission in Somalia ein: die „Schlacht am Checkpoint Pasta".

Am 2. Juli 1993 durchsuchen zwei Kolonnen italienischer Soldaten die Umgebung einer verlassenen Pastafabrik (die der italienischen Firma Barilla gehört) nach Waffen. Nahe dieser Fabrik befindet sich auf der Via Imperiale ein Kontrollposten der Italiener. Nach Abschluss der Durchsuchungsaktion kehrt die erste Kolonne zu ihrem Stützpunkt zurück, während die zweite von einer Menschenmenge aufgehalten wird, in der sich - wie es dann im Bericht der italienischen Untersuchungskommission heißt - Bewaffnete verbergen, die das Feuer auf die italienischen Soldaten eröffnen.

Daher wird die erste italienische Kolonne zurückgerufen, zu der Kampfpanzer und andere bewaffnete Fahrzeuge gehören. Außerdem treffen Kampfhubschrauber ein. Am Ende der Kämpfe ist von drei toten und 22 verwundeten Soldaten auf italienischer Seite die Rede, die Angaben für die Somalier lauten auf 67 bis 187 Tote und hundert bis vierhundert Verwundete.[359]

Es sind Zahlen, die eine Vorstellung von dem Ungleichgewicht der Kräfte am Ort des Geschehens geben, auch von der Ungleichheit von Bewaffnung und Feuerkraft. In seinen Erinnerungen an die Mission hebt der italienische Kommandeur Bruno Loi aber hervor, dass die italienischen Soldaten Befehl hatten, den Einsatz von Gewalt weitestgehend zu begrenzen, um Schäden für die Zivilbevölkerung zu vermeiden.[360]

Der Fall der drei toten Soldaten wird in der Presse ausführlich dargestellt, die oft den hinterhältigen Charakter der Milizionäre hervorhebt, die die Bevölkerung als Schutzschilde benutzen, um „unsere Soldaten" zu treffen. Diese Erzählung stützt die alten Stereotype von den „treulosen und ehrlosen" schwarzen Kämpfern. Der zurückhaltende Einsatz von Gewalt dient auch dazu, das positive Stereotyp von den italienischen Soldaten als „anständigen Leuten" zu stärken, die bereit sind, ihre Feuerkraft zu beschränken, um der Bevölkerung nicht zu schaden.

Die Mission Restore Hope, die erste großangelegte Friedensmission nach dem Ende des Kalten Kriegs, scheitert im Wesentlichen. Nach einer Reihe blutiger Attacken entscheidet sich das ganze UN-Kontingent für den Rückzug. US-Amerikaner und Italiener gehen

359 Die italienischen Angaben stammen aus der Untersuchung des Verteidigungsministeriums. Für die Somalier gibt es nur annähernde Zahlen, da eine Nachprüfung vor Ort unmöglich war. Diese Schätzungen umfassen Tote aus den Reihen der somalischen Polizei, der Milizionäre und der Zivilbevölkerung.

360 S. B. Loi, „Peace-keeping, guerra o pace? Una risposta italiana: l'operazione Ibis in Somalia". Florenz 2004.

als letzte - mit einer verheerenden Bilanz: es ist die teuerste bis dahin durchgeführte Friedensoperation und eine der blutigsten. „In den Reihen der UN gibt es etwa hundert Tote, die Zahl der getöteten Somalier erreicht sogar zehntausend. Auch die finanzielle Bilanz bedeutet einen Negativrekord: mit allein im Jahr 1993 ausgegebenen fast einer Milliarde Dollar verdient UNOSOM sich den Titel der kostspieligsten von den UN jemals geleiteten Operation".[361]

Die Gesamtzahl der italienischen Toten bei der Mission beträgt laut dem Bericht des Verteidigungsministeriums „elf italienische Soldaten, eine freiwillige Sanitäterin des Italienischen Roten Kreuzes und zwei italienische Journalisten".[362] Die „zwei Journalisten" sind Ilaria Alpi und Milan Hrovatin, die in der Zeit von Restore Hope zu Geschäften mit Giftabfällen recherchieren, um die Kontakte zwischen der italienischen Unterwelt und kriminellen somalischen Banden aufzudecken.[363] Leider scheinen in bestimmten Kreisen - auch nach Jahrzehnten des Schweigens - die Verbindungen zwischen Italien und seiner früheren Kolonie sich sehr gut zu entwickeln.

Es gibt eine weitere schreckliche Kontinuität zwischen der italienischen kolonialen Vergangenheit und der Mission Ibis. Jahre nach Ende dieser Mission erscheinen in der italienischen Presse die ersten Erklärungen zu Gewalttaten italienischer Soldaten gegen mutmaßliche Mitglieder lokaler Organisationen. Im April 1997 gesteht zum ersten Mal ein früherer Fallschirmjäger der Heeresbrigade Folgore, an Gewaltakten gegen Gefangene beteiligt gewesen zu sein:

„Ich bin mit dem 158. Fallschirmjägerregiment (Standort Livorno) in den Lagern Joar und Balad gewesen. Ich habe gesehen, wie Menschen mit Stromstößen an den Hoden gefoltert wurden, ohne Wasser der Sonne ausgesetzt waren oder gegen den amerikanischen Stacheldraht gestoßen wurden, der ganz aus kleinen Klingen besteht. Andere Fallschirmjäger ließen sich fotografieren, während sie ihren Fuß auf den Kopf der Gefolterten stellten. Wir vertrieben uns die Zeit auch damit, große Schildkröten zu zerquetschen, indem wir sie mit dem Lkw überfuhren. Das alles geschah, ohne dass je ein Vorgesetzter eingegriffen hätte. In den Lagern sah man häufig faschistische Abzeichen und

361 F. Battistelli, „Soldati", a. a. O., S. 96.

362 Vgl. www.esercito.difesa.it.

363 Zur Rekonstruktion des Falls: www.ilariaalpi.it, Il caso Ilaria Alpi.

Wimpel, beim Hissen der Flagge zeigten viele Soldaten, auch hohe Offiziere, den römischen Gruß[364]."[365]

Die öffentliche Meinung Italiens erlangt Kenntnis von den durch eine militärische Eliteeinheit während der Friedensmission begangenen Brutalitäten. Einige Informationen über zweifelhafte Verhaltensweisen waren schon 1993 durchgesickert, als die Wochenblätter „Epoca" und „Sette" Bilder von Gewaltexzessen italienischer Soldaten veröffentlichten, die beispielsweise mit Stöcken auf Menschen einschlugen, die für Lebensmittelrationen anstanden, oder die Gefangene unter Kapuzen, mit gefesselten Händen und Füßen festhielten.[366]

Aber alles war relativiert worden als übermäßige Gewaltanwendung eben zur Aufrechterhaltung der öffentlichen Ordnung. Als er damals zu den Vorgängen befragt wurde, rechtfertigte General Bruno Loi die Bilder offenbar mit dem Satz „Diese Somalier sind bestimmt keine Söhne Marias"[367]. Damit gab er zu verstehen, dass die Anwendung von Gewalt wegen der kriegerischen Haltung der Gefangenen berechtigt war.

1997 tauchen dagegen neue Berichte über die systematische Misshandlung von Gefangenen auf - unabhängig von den gegen sie erhobenen Anschuldigungen: es genügt, zur falschen Zeit am falschen Ort zu sein, um misshandelt zu werden. Das Wochenblatt „Panorama" bringt etliche Episoden ans Licht, in denen es um Folter bei Verhören, aber auch um sexuelle Gewalt gegen einheimische Frauen und Mädchen geht. Veröffentlicht wird zum Beispiel der Brief eines Soldaten, der nach Hause schreibt ...

„... nachts treffen die Nutten ein, meine Kollegen machen Witze und spielen, dann machte auch ich das Spiel mit, sie von hinten zu nehmen, in den Arsch, sie sind nämlich wirklich dumm, am Schluss haben sie die eine ungefähr zu siebt vergewaltigt. Sie sind mit einer

[364] Römischer Gruß: Gruß der italienischen Faschist*innen (mit ausgestrecktem Arm - wie der „Hitlergruß"). [Anm. d. Übers.]

[365] Der Ausschnitt aus dem Interview, das für die Zeitung *La Gazzetta del Mezzogiorno* vom 21. April 1997 aufgezeichnet wurde, ist enthalten in den Akten der vierten Ständigen Parlamentskommission für Verteidigungsangelegenheiten (Commissione parlamentare permanente riguardante la Difesa): vgl. *19° resoconto stenografico IV Commissione, seduta 19 giugno 1997*, S. 3.

[366] *Epoca* und *Sette* vom 7. Juni 1993.

[367] S. *19° resoconto stenografico IV Commissione, seduta 19 giugno 1997*, S. 9. [„Figli di Maria Immacolata / Söhne der Unbefleckten Maria": katholische Laienorganisation in Italien. Anm. d. Übers.]

Art Gewehrgranate in sie eingedrungen. Sie haben sie an den Panzer gebunden, mit gespreizten Beinen, sie schrie, ich glaube wegen des moralischen und körperlichen Unheils - über die Granate hatten die Männer, um besser eindringen zu können, Marmelade gestrichen."[368]

Von den Misshandlungen werden sogar Fotos gemacht, die erhalten bleiben und einen Skandal auslösen, der die Streitkräfte und den Wert der Friedensmissionen in Verruf bringt. Man muss feststellen, dass - sogar in dramatischer Weise - Worte und Handlungen der an den Brutalitäten beteiligten Soldaten schockierend übereinstimmen mit der Haltung von Überheblichkeit und Gefühllosigkeit gegenüber den Einheimischen, wie sie in der Kolonialzeit entstand und sich weiterentwickelte. Was Gebrauch und Missbrauch des weiblichen Körpers angeht, so zeigen auch die höhnischen Worte („sie sind wirklich dumm") die Unfähigkeit, das extreme Maß der an anderen menschlichen Wesen begangenen Verbrechen zu begreifen. Die Vorstellung von rassischer Unterlegenheit ist gegenwärtig, nichts erschüttert das Gewissen des Augenzeugen.

Durch die von der Justiz veranlassten Ermittlungen kommen viele weitere Vorfälle ans Licht. Dabei wird klar, dass das Somalia jener Jahre eine andere Welt ist, wo nicht die selben Regeln wie zuhause gelten. Die geringe Achtung für das Leben der Bevölkerung, die man „theoretisch" schützen soll, endet sogar in Episoden am Rand des Grotesken: um die Tötung eines somalischen Kindes zu rechtfertigen, versichert ein italienischer Soldat, es „mit einem Warzenschwein verwechselt zu haben".[369]

Im allgemeinen ergibt sich aus den Befragungen der Soldaten und den Untersuchungen von Justiz und Verteidigungsministerium ein Bild von Abwertung und Missachtung der einheimischen Bevölkerung, das sehr an das erinnert, was über die 1930er Jahre in Äthiopien und über den Anfang des 20. Jahrhunderts in Libyen berichtet wird. Ein halbes Jahrhundert nach dem ruhmlosen Ende des Kolonialreichs sind offenbar unter den Italienern, die in den ehemaligen Besitztümern eintreffen, noch die rassischen Stereotype lebendig, die mehr als hundert Jahre zuvor entstanden und sich ausbreiteten.

[368] *Panorama* vom 26. Juni 1997, S. 23.

[369] S. *1° resoconto stenografico IV Commissione Permanente (Difesa), seduta 21 gennaio 1998*, S. 12.

Kriegsbeute: der Obelisk von Aksum

Eine Auswirkung der geringen Fähigkeit der Regierungen und der öffentlichen Meinung Italiens, mit der kolonialen Vergangenheit fertig zu werden, ist die Tatsache, dass verschiedene internationale Rechtsstreitigkeiten in Zusammenhang mit den Beziehungen zwischen Italien und seinen ehemaligen Kolonien auf dramatische Weise über Jahrzehnte unabgeschlossen bleiben. Und das stellt wiederholt die Fähigkeit des Landes in Frage, klare Verhältnisse im Hinblick auf die langfristigen Folgen der Beziehungen zu den „Überseegebieten" zu schaffen.

Am 28. Oktober 1937 - dem fünfzehnten Jahrestag des sogenannten Marschs auf Rom - wird auf dem Platz, an dem später das Kolonialministerium stehen wird, eine fast 24 Meter hohe und 152 Tonnen schwere Stele aufgerichtet, die im 6. Jahrhundert n. Chr. in der äthiopischen heiligen Stadt Aksum geschaffen wurde.[370] Als Kriegsbeute von dort abtransportiert, ist das Objekt die dekorative Krönung des imperialen faschistischen Traums. Mit der Zurschaustellung wird die Eroberung und Aneignung einer jahrhundertealten Zivilisation gefeiert. Modell ist die römische Propaganda, für die schon zwei Jahrtausende zuvor einige ägyptische Obelisken nach Rom gebracht worden waren, um dessen Macht zu feiern. Die sichtbare Parallele zwischen den ägyptischen Obelisken und der äthiopischen Stele ist die Krönung der „Afrikapropaganda" Mussolinis.

Am Ende des Zweiten Weltkriegs wird Italien verpflichtet, entwendete Kulturgüter zurückzugeben: „Italien akzeptiert die Grundsätze der Erklärung der Vereinten Nationen vom 5. Januar 1943 und wird so rasch wie möglich die vom Territorium einer der Vereinten Nationen weggeschafften Güter zurückgeben", heißt es in Absatz 1 von Artikel 75 des Friedensvertrags. Absatz 2 legt fest: „Die Verpflichtung zur Rückgabe gilt für alle identifizierbaren Güter, die sich gegenwärtig in Italien befinden und die von einer der Achsenmächte [371] mit Zwang oder Gewalt vom Territorium einer der Vereinten Nationen weggenommen wurden - unabhängig von späteren Geschäften, durch die der gegenwärtige Aufbewahrer der Güter sich ihren Besitz gesichert hat."[372]

[370] Zu den Charakteristika der Stele s. M. Santi, „La stele di Axum da bottino di guerra a patrimonio dell'umanità", Rom 2014.

[371] Achsenmächte: Deutschland, Italien, Japan und einige von ihnen abhängige Staaten wie Ungarn und Rumänien während des Zweiten Weltkriegs. [Anm. d. Übers.]

[372] Vgl. www.archivio.camera.it.

Interessant ist die Feststellung, dass diese Vertragsklausel auch für den während der Aggression gegen Äthiopien 1935 begangenen Raub gelten soll. Damit wird eine Kontinuität zwischen dem äthiopischen Widerstand gegen die Italiener und dem Zweiten Weltkrieg anerkannt.

In der Folge weiterer bilateraler Abkommen (das erste 1956 - „nur" neun Jahre nach Unterzeichnung des Friedensvertrags[373]) verpflichtet sich die italienische Regierung, neben anderen Kunstwerken auch die Stele (den Obelisken) von Aksum zurückzugeben. Das Abkommen von Addis Abeba über die dem äthiopischen Kaiserreich entwendeten Güter und über die zu zahlenden Entschädigungen sieht vor, dass alles schnell vor sich gehen soll. Für die Entschädigungen in Geld ist die Rede von maximal 45 Tagen nach Ratifikation des Vertrags. Im Fall von Kunstwerken soll es „so schnell wie möglich" gehen. Eben wegen dieses „so schnell wie möglich" will der offenbar noch wache Geist des italienischen Kolonialismus seinen letzten Kampf „um die Zivilisation" führen. Von verschiedenen Seiten erheben sich Stimmen gegen die Rückgabe des Obelisken, des Symbols von Mussolinis Eroberungen. Die dafür genannten Gründe sind sehr unterschiedlich.

Einige führen technische Schwierigkeiten an: der Obelisk wurde in Stücken nach Italien gebracht und mit eingefügten Elementen aus Stahl und Beton neu aufgebaut. Eine Demontage, so heißt es, würde das Objekt gefährden. Andere versuchen noch, den symbolischen Gehalt zu modifizieren. Sie schlagen vor, Äthiopien möge Italien den Obelisken offiziell schenken, als „Unterpfand" der wiedergefundenen Freundschaft. Als Gegenleistung wird etwa die Errichtung einer Kirche in Äthiopien auf Kosten Italiens vorgeschlagen.[374] Schließlich gibt es auch Unnachgiebige, die versichern, die Stele symbolisiere das Opfer tausender italienischer Soldaten für den Export der Zivilisation und daher müsse sie - unter Missachtung der Verträge - als ruhmreiches Symbol jener Eroberungen in Italien bleiben.

Als im Frühjahr 1956 die Diskussionen über die voraussichtliche Rückgabe lauter werden, versucht eine Gruppe von Aktivisten des Movimento Sociale Italiano (Italienische Soziale Bewegung / MSI)

[373] Dekret des Präsidenten der Republik Nr. 643 vom 15. Juni 1956 *Esecuzione dell'accordo tra l'Italia e l'Etiopia, con annessi e note, per il regolamento delle questioni economiche e finanziarie derivanti dal Trattato di pace, concluso in Addis Abeba il 5 marzo 1956*, in: G. U. Nr. 172 vom 12. 7. 1956.

[374] „In cambio dell'obelisco di Axum si propone di costruire una Chiesa in Etiopia", *Corriere della Sera*, 8. März 1956.

einen Anschlag zu organisieren, um das Monument zu zerstören, statt es an Äthiopien zurückzugeben. Symbolhaft sollte der - von der Polizei verhinderte - Anschlag zwischen dem 25. April, dem Fest der Befreiung[375], und dem 28. April geschehen, dem Todestag Mussolinis.[376]

Auch wegen dieser Opposition setzt sich innerhalb der italienischen Regierungen - auf beschämende Weise - ein Kurs des Aufschiebens durch. Zwischen den Problemen des Transports, plötzlichen Abkühlungen der politischen Beziehungen mit Äthiopien und der Trägheit der Politik in dieser Sache bleiben die Rückgabeverträge über Jahrzehnte unbeachtet. Nach dem Sturz des Regimes von Haile Selassie 1974 verringert die Etablierung eines sowjetfreundlichen Regimes in Äthiopien noch weiter die Wahrscheinlichkeit, dass Italien die Bestimmungen des Friedensvertrags anwendet, da die ehemalige Kolonie jetzt zur anderen Seite im globalen Kalten Krieg gehört.

Als in den neunziger Jahren der Sturz des Regimes von Menghistu Haile Mariam und das Ende des Ost-West-Gegensatzes zum Versuch einer Normalisierung zwischen den beiden Ländern führen, gewinnt das Thema der Rückgabe von Objekten - besonders der Stele von Aksum - neue Bedeutung. 1997 verspricht der italienische Staatspräsident Oscar Luigi Scalfaro bei einem Besuch in Äthiopien formell, die 1947 eingegangenen und 1956 bestätigten Verpflichtungen zu respektieren. Er stellt klar, dass „die Äthiopier nicht für die Rückgabe zu danken haben, weil es etwas ist, das mit 60 Jahren Verzögerung geschieht. Wir wissen, was die Anwesenheit von Besatzungstruppen bedeutet, die wegschaffen, was sie möchten, um es nicht zurückzugeben."[377]

Trotz dieser eindeutigen Selbstverpflichtung vergehen weitere Jahre. Der italienische Ministerrat (die Regierung Berlusconi) setzt erst 2002 die formalen Prozeduren für Abbau und Rückgabe der Stele[378]

[375] Festa della Liberazione / Fest der Befreiung: Feiertag (jährlich am 25. April) zur Erinnerung an die Befreiung vom Faschismus. Am 25. 4. 1945 rief die Widerstandsbewegung zum Aufstand in den noch von Wehrmacht und Mussolini-Truppen besetzten Gebieten Norditaliens auf. [Anm. d. Übers.]

[376] „I ventidue missini fermati a Roma volevano far saltare l'obelisco di Axum", *Corriere della Sera*, 24. April 1956.

[377] „Scalfaro annuncia ad Addis Abeba la restituzione dell'obelisco di Axum", *l'Unità*, 25. November 1997.

[378] Vgl. www.esteri.it.

in Gang - allerdings gibt es viele politische Stellungnahmen gegen die Initiative, etwa von dem Kunstkritiker Vittorio Sgarbi [379].

Die Stele wird erst im Frühjahr 2004 demontiert, ihre Teile liegen dann in einer Kaserne in Rom, bis im April 2005 endlich das letzte Teilstück des Obelisken in Äthiopien ankommt. Es dauert weitere drei Jahre, bis der Obelisk in der Stadt Aksum wieder aufgerichtet ist. Die offizielle Einweihung des Monuments - inzwischen auf der Liste des Weltkulturerbes - erfolgt am 4. September 2008.[380]

Es ist eine regelrechte Odyssee, deren jahrzehntelange Dauer sich durch das Veto von Regierungen und Intellektuellen erklärt, durch den lebhaften Unwillen eines Teils der öffentlichen Meinung und vor allem durch die Unfähigkeit, die Ungerechtigkeit der Wegnahme des Monuments zu verstehen - im Rahmen der gewaltsamen italienischen Besetzung des Horns von Afrika.

Auch nach ihrer Rückgabe ist die Stele Objekt von Polemik, wegen der vorgeblichen Unfähigkeit der äthiopischen Behörden, sich um das Kunstwerk zu kümmern [381], und wegen der Vergleiche im Hinblick auf den „guten Willen" der Italiener, die „spontan" die entwendeten Kunstwerke zurückgeben, während andere (in den Zeitungen ist sogar von den napoleonischen Plünderungen oder den Diebstählen der Nazis im Zweiten Weltkrieg die Rede) nicht zu derart versöhnlichen Gesten bereit scheinen. Alles in allem handelt es sich um das absolute Fehlen der Übernahme von Verantwortung, um Ignoranz gegenüber dem historischen Kontext und schließlich um die eindeutige Manipulation der Fakten - um erneut das Evangelium von den Italienern als „braven Leuten" zu verbreiten.

[379] Vgl. "Etiopia: Sgarbi, la stele di Axum doveva rimanere a Roma", Adnkronos, 31. März 2007.

[380] www.whc.unesco.org/en/list/15/.

[381] V. Sgarbi, „Amaro destino della stele di Axum", *Il Giornale*, 2. April 2007.

Schlussfolgerungen

Die westlichen Waffenhändler
Gehen mit Ministern die Grenzen entlang
Brecht auf, um in Tripolis Krieg zu führen
Am Himmel ziehen die Chöre der Soldaten
Gegen al-Mukhtar und Lawrence von Arabien
Mit populären Liedern aus der Osteria
Du weißt, dass dieser Idiot Graziani
Ein hässliches Ende nehmen wird
Ich habe schon einen Brief an den
Gouverneur Libyens geschrieben

Franco Battiato[382], „Lettera al governatore della Libia/ Brief an den Gouverneur Libyens", 1989

Unter den vielen Gedächtnislücken, die der öffentlichen Erinnerung dieses Landes zu schaffen machen, ist die zur Frage der imperialistischen und kolonialen Vergangenheit Italiens wahrscheinlich die erschreckendste.

Für fast ein Jahrhundert von Invasionen, Besetzungen und Eroberungen findet sich nach wie vor kein Raum im alltäglichen öffentlichen Diskurs. Und doch sind die Zeichen dieser Vergangenheit offensichtlich noch vorhanden und gut erkennbar in der Form, in der Italien und seine Bewohner sich mit dem Rest der Welt auseinandersetzen.

Sprache, Kunst, Kommunikation, Literatur, Unterhaltung und sogar die Namen von Straßen und Plätzen tragen zur Fortsetzung eines Diskurses „über den Anderen" bei, der kontaminiert ist von der langen historischen Phase, die mit dem Erwerb eines Streifens Wüste am Roten Meer begann. Und diese Phase scheint - angesichts der heutigen Diskussionen über die Angemessenheit, das Wort „Neger" in öffentlichem Kontext zu benutzen (oder nicht) - noch immer nicht abgeschlossen.

Italien könnte und sollte eine anspruchsvollere Einstellung zu Themen des Kampfs um Befreiung und Menschenrechte im allgemeinen übernehmen - ausgehend von seiner eigenen Geschichte. Wie die Historikerin Neelam Srivastava in Erinnerung ruft, „heißt, eine antikoloniale Nation in Italien zu wollen, eine antifaschistische Nation zu

[382] Franco Battiato (1945-2021): populärer, sehr vielseitiger italienischer Musiker. [Anm. d. Übers.]

wollen [...] . Antikolonialer Kampf ist antifaschistischer Kampf - und umgekehrt“[383]. Und in der Tat, in dramatischer Weise lassen sich Defizite wie im Verständnis unserer Verantwortung angesichts des Faschismus heute auch mit Blick auf den Kolonialismus finden.

Der traumatische Verlust der Überseebesitztümer hat wahrscheinlich viele zu dem Irrtum geführt, jenes Stück Geschichte könne ohne weitere Analysen abgetan werden. Und doch: wenn heute in unseren Fernsehprogrammen Unterhalter zu sehen sind, die sich das Gesicht schwarz anmalen und die das „P“ als „B“ und das „T“ als „D“ aussprechen, während anderswo diese Formen von Rassismus schon seit Jahren geächtet werden, dann hängt das zu einem guten Teil auch mit dem Fehlen einer „Exitstrategie“ aus jenen Zusammenhängen zusammen. Es scheint, dass sechzig Jahre nach dem letzten Einholen der Fahne in Übersee ein größerer Teil des kollektiven Bewusstseins unseres Landes - in einem paradoxen Mechanismus des Verdrängens - die italienischen Kolonien noch nicht aufgegeben hat.

Die Italiener von heute - wenn sie „arbeiten wie Neger“, um einen Lohn nach Hause zu bringen, oder wenn sie verängstigt von der Vorstellung sind, dass „Afrika auf sie eindringt“ - wiederholen mehr oder weniger bewusst eine vor mehreren Generationen gelernte Lektion. Sie kommen unaufgefordert in ferne Gegenden und versuchen dort ein weithin fiktives Modell von Zivilisation zu durchzusetzen, dem die Invasoren selbst nicht wirklich entsprechen.

Die große „Entschuldigung“ mit dem „rassischen Fieberschub“ des Faschismus erlaubte es, in der öffentlichen Erzählung jahrhundertelange Deformationen des Weltbilds auf Mussolini und seine Gefährten zu schieben. Vergessen wurde die lange Dauer gewaltsamer und rassistischer Praktiken vor und nach den verrufenen zwanzig Jahren faschistischer Herrschaft.

Zuerst überzeugten sich die Italiener dank ihrer Kolonialbesitzungen von ihrem eigenen „Weißsein“, später dann von ihrem „guten Willen“ - weil sie in der Zeit nach dem Zweiten Weltkrieg keine Territorien mehr aufzugeben hatten und ihnen daher der schmerzvolle Prozess der Entkolonialisierung erspart blieb. Heute stehen die Italiener bei der Aufarbeitung ihres Beitrags zur „Zivilisierung“ - d. h. zur Invasion - eines beträchtlichen Teils der Welt noch auf halber Strecke.

Diesen „Beitrag“ hat es gegeben und er lastet noch heute auf denen, die unter ihm zu leiden hatten. Spuren dieser imperialistischen Prägung sind noch heute deutlich sichtbar - aber nicht für die Augen

383 www.jacobinitalia.it/la-storia-nascosta-dellanticolonialismo-italiano/.

vieler. So scheinen nur wenige Italiener die Ursprünge des Rastafarianismus zu kennen, einer Religion, die ihre Wurzeln bei jenem ras Täfäri Mäkonnen hat, dem äthiopischen Adligen, der dann zu Kaiser Haile Selassie wird. Er ist Erbe des Geschlechts Salomos, er kämpft, leistet Widerstand, solange es geht, entkommt und erobert das eigene Land von den Invasoren zurück. Also von den Italienern. Also „von uns".

Die kulturellen Erscheinungsformen des Rastafarianismus - wie Reggae-Musik oder Dreadlock-Mode - sind Folge auch jenes Konflikts, in dem die „Schlechten" - die Invasoren - überzeugt sind, Straßen gebaut und anderen die „Zivilisation der Trikolore" gebracht zu haben.

Wenn man die Dramen um das heutige Libyen oder Somalia beobachtet, dann stellen nur wenige Menschen einen Zusammenhang zwischen den krassen Problemen dort und der Zeit der italienischen Besetzung her. Zu nennen sind gewaltsam aufgezwungene Grenzen und Identitäten, Schaffung oder Zerstörung ganzer wirtschaftlicher und sozialer Gruppen oder Machtzentren, der Gebrauch der Formel „Teile und herrsche!" gegenüber verschiedenen ethnischen Gemeinschaften. All das hat die jahrhundertealten Risse zwischen den Bevölkerungen verschiedener Territorien vergrößert, die nach dem Willen der Italiener zu Staaten wurden und die in Opposition zu den Italienern entdeckten, Nation zu sein.

Man hat das aus dem Blick verloren, was man als die „historische Prägung" der Welt durch Italien bezeichnen könnte. Damit beschäftigt, die Renaissance oder technologische Errungenschaften der letzten Jahrzehnte zu verklären, wissen viele in Italien zum Beispiel nicht, dass in Libyen der 16. September ein nationaler Feiertag ist, in Erinnerung an die Tötung von Omar al-Mukhtar. Wenige wissen, dass in Addis Abeba jedes Jahr am Yekatit 12 - dem 19. Februar, dem Jahrestag - am Monument für die Opfer der Invasion des (von Rodolfo Graziani 1937 befohlenen) Massakers in der Stadt gedacht wird - oder dass der Jahrestag der Schlacht von Adua 1896 dort als Fest gefeiert wird. Noch weniger Italiener denken vermutlich daran, dass der somalische Nationalfeiertag der 1. Juli ist, der Tag der Unabhängigkeit. Von Italien.

Das Italien der Zeit nach dem Zweiten Weltkrieg versuchte, als rhetorischer Bannerträger der Entkolonialisierung aufzutreten: die italienischen Universitäten haben Generationen von Studenten aus den kolonialisierten Ländern empfangen, auch aus den ehemaligen italienischen Besitztümern.

Im Lauf der Jahre brachte man - geradezu gewohnheitsmäßig - diplomatische Aufmerksamkeit für Entwicklungsprobleme auf oder für internationale Rechtsprechung im Fall von Kriegsverbrechen. Allerdings blieben grundlegende Fragen zu unserer historischen Verantwortung für die Kolonialisierung und für die ausgebliebene Entwicklung ganzer Regionen unseres Planeten unbeachtet. Als hätten wir - wieder den Mund voller Phrasen über Güte und Großzügigkeit der Italiener - uns lieber mit von anderen verursachten Problemen beschäftigt. Und dann leistete man heftigsten Widerstand gegen normale Formen von Engagement und Anteilnahme - etwa wenn es um die Rückgabe der von den Italienern geraubten Kunstwerke oder um die Anerkennung der vielen von Italien begangenen Kriegsverbrechen ging.

Jahrzehnte einer „Politik für die Dritte Welt" haben in den Augen der ehemals Kolonialisierten nicht die historische Verantwortung eines der am meisten menschenverachtenden Regimes in der ohnehin trostlosen Geschichte der europäischen Besetzung anderer Kontinente aufgehoben. Aber diese Jahrzehnte dienten Italien dazu, ein neues Bild von sich selbst und dem eigenen Beitrag zur Geschichte des 20. Jahrhunderts zu entwerfen. Es ist ein Bild von „dem Anderen", das im Moment der Unterwerfung aufgegeben wurde und das heute wegen der großen globalen Veränderungen (mit vielen Schwierigkeiten) wieder aufgegriffen wird.

Das ist heute wahrscheinlich das zentrale Problem: Italien lernte das Anderssein kennen als niedriger stehend, auf Befehle wartend, sklavenhaft - nicht als Verschiedenheit, die Respekt verdient. Die „Anderen" sind in die Vorstellungswelt der Italiener eingegangen als wilde unwissende Unterworfene. Dann verschwanden sie - bis auf beschämende Darstellungen und rassistische Karikaturen - für ein halbes Jahrhundert aus dem öffentlichen Bewusstsein. Zuletzt erschienen sie wieder auf der Bühne, als Bedrohung: als „Illegale", als „Invasoren", aber nie als „menschliche Wesen".

Die fehlende Aufarbeitung der imperialistischen Vergangenheit verhindert heute das Verständnis einer Globalisierung, die Milliarden Menschen in Bewegung gesetzt hat, von denen jeder einzelne Motive hat, die auch mit der Geschichte der Eroberten und mit der Verantwortung der Eroberer zu tun haben.

Leider befindet sich Italien dabei in „guter Gesellschaft": ein beachtlicher Teil Europas scheint objektiv nicht darauf vorbereitet, die langfristige Dynamik zu verstehen, die auch der europäische Kolonialismus in Gang gesetzt hat. Und das ist eines der dringlichsten

Defizite, die im Raum der europäischen Erinnerung behoben werden sollten. Sonst könnte man in eine Opferhaltung abgleiten, mit der Vorstellung eines reinen, schuldlosen und wehrlosen Kontinents - oder, noch schlimmer, in eine rassistische Neubelebung des Bildes der von den Nazis beschworenen „Festung Europa".

Es ist wirklich notwendig, sich heute - auch und vor allem in der Öffentlichkeit - mit der Geschichte unseres Landes als beherrschender Macht und als Invasor auseinanderzusetzen. Denn ohne diese Rückblende wird ein bewusstes Herangehen an die Probleme des Andersseins heute unmöglich. Von der Immigration bis zum Verhältnis zu den anderen Kulturen, vom Asylrecht bis zu den Normen der Staatsbürgerschaft, bis hin zur täglichen Wahrnehmung des Anderen im Leben jedes einzelnen von uns braucht Italien heute seine Geschichte in Übersee.

Es ist eine dringende Erfordernis, die nicht nur eine Rekonstruktion unserer Vergangenheit in neuem Licht - nämlich vollständiger und bewusster - ermöglichen könnte. Sie würde auch helfen, die neuen Herausforderungen anzugehen, vor die eine immer weitere Welt ohne künstliche Grenzen uns alle stellt.

Dank

Wenn man sich im Schatten des kollektiven Vergessens bewegt, dann kann jeder Funken Licht zur Orientierung nützlich sein. Daher scheint es mir am Ende dieses Buches wichtig, als erstes den vielen Menschen zu danken, denen ich begegnet bin und die sich in diesen Jahren für mich Splitter von Vergangenheit, Fragmente aus ihrem Gedächtnis und Erzählungen eines unbestimmten „Hörensagens" in Erinnerung gerufen haben. Dank auch dem, der mir von einem alten Verwandten erzählt hat, der „mit Mussolini nach Afrika" gegangen und mit einem Packen Fotos und der Malaria zurückgekehrt war. Dank dem, der noch „A Tripoli! / Nach Tripolis!" pfeift, weil die Großmutter das immer sang, wenn sie zuhause aufräumte. Dank dem alten Kriegsheimkehrer, Panzerfahrer in Libyen, der auf die trockene Frage „Was war der Krieg?" nachdrücklich antwortete: „Sand!".

Danke - weil diese Spuren von Erinnerung lange Zeit die einzigen sichtbaren Elemente einer ebenso ausgedehnten wie vergessenen Vergangenheit waren. Für sich genommen waren sie unzulänglich - und doch notwendig, um einen produktiven Dialog über das zu beginnen, was unsere Geschichte war und was von ihr bleibt.

Dank an Cristina, die es auch in dieser neuen Etappe verstand, das Ziel früher als ich zu sehen und die es mir zeigte, auf ihre stets einzigartige und wertvolle Weise.

Dank an Michele Luzzato, einen Freund, den ich Lektor nenne und der es erneut verstanden hat, für Ordnung zu sorgen, die Richtung zu weisen, mir zu raten. Dank an Silvia Meucci, weil dieses Buch auch eine Wette ist, die sie gewonnen hat.

Dank an Carlo Greppi, Enrico Manera, Valentina Colombi, an Jessica Ognibeni als „Scout", an Alice Ravinale und Benedetta Voltolini für ihre stets einzigartige Weise, mich zu verstehen und mir Ratschläge zu geben.

Dank an David Bidussa, weil jedes Gespräch mit ihm eine Reise ist und jeder seiner Ratschläge eine schöne Kritik, mit der man sich beschäftigen muss.

Dank an den Freund Antonio Trombetta, der unermüdlich Zeit und Raum zum Nachdenken bereit stellte.

Dank an Deina [384] und an alle jungen Frauen und Männer, die auf ihren Reisen mit mir mich weiterhin die Welt und mich selbst entdecken lassen.

[384] Associazione Deina / Vereinigung Deina: Vereinigung für (antifaschistische) Studienreisen junger Menschen. [Anm. d. Übers.]

Zeittafel

15. November 1869: Giuseppe Sapeto erwirbt im Namen der Genueser Schifffahrtsgesellschaft Rubattino einige Hektar Land in der Bucht von Assab am Roten Meer.

5. Juli 1882: Die italienische Regierung erwirbt von der Gesellschaft Rubattino die Besitzrechte in der Bucht von Assab und beginnt mit der Besetzung dieses Landstrichs am Roten Meer.

27. Juni 1884: Auf der Esposizione Generale Italiana (Allgemeine Italienische Ausstellung) in Turin werden zum ersten Mal Einwohner der italienischen Besitztümer am Roten Meer gezeigt - als „Exemplare von Wilden", die Italien zivilisieren wird.

5. Februar 1885: Einem Abkommen mit Großbritannien entsprechend besetzt ein italienisches Militärkontingent die Hafenstadt Massaua am Roten Meer.

26. Januar 1887: Eine Abteilung italienischer Soldaten wird nahe Dogali - an der Grenze zwischen Äthiopien und den italienischen Besitztümern - von äthiopischen Milizen angegriffen und besiegt. Es ist die bis dahin größte Niederlage italienischer Truppen außerhalb der nationalen Grenzen. Man zählt 430 Tote, die als „Die Fünfhundert" in die Propaganda jener Zeit eingehen.

8. Februar 1889: Ein Vertrag wird unterzeichnet, der das italienische Protektorat über das Sultanat Obbia - an der somalischen Küste des Indischen Ozeans - anerkennt.

2. Mai 1889: In Uccialli - einem Ort an der Grenze zwischen Äthiopien und den italienischen Besitztümern - wird ein Freundschaftsvertrag zwischen dem Äthiopischen Kaiserreich und dem Königreich Italien geschlossen. In der italienischen - aber nicht in der äthiopischen - Version des Vertrags wird die Kontrolle der Außenpolitik des Kaiserreichs durch die Italiener erklärt. Die Gültigkeit des Vertrags wird sofort von dem äthiopischen Souverän, Menelik II., bestritten.

1. Januar 1890: Die verschiedenen italienischen Besitztümer am Roten Meer werden zu einer einzigen Kolonie mit dem Namen „Eritrea" zusammengefasst.

1. März 1896: Ein italienisches Expeditionskorps wird bei Adua, an der Grenze zwischen Äthiopien und Eritrea, angegriffen. Die Italiener verlieren etwa 7000 Mann, dazu sämtliche Waffen einschließlich der Artillerie. Es ist eine der größten Niederlagen einer europäischen Armee in Afrika und bedeutet zunächst das

Aus für die italienischen Versuche einer Expansion nach Äthiopien.

15. April 1896: Die Società Anonima del Benadir (Aktiengesellschaft des Benadir) wird zur wirtschaftlichen Ausbeutung des italienischen Protektorats Somalia gegründet.

7. September 1901: In der Folge der italienischen Beteiligung an der Expedition zur Niederschlagung des sogenannten Boxeraufstands in China wird die Italienische Konzession von Tientsin geschaffen: eine extraterritoriale Zone in der gleichnamigen Hafenstadt - als kommerzieller Vorposten Italiens im chinesischen Reich.

24. Mai 1903: Die „Kolonialordnung für Eritrea" (Ordinamento della colonia Eritrea) wird Gesetz. Sie enthält erstmals unterschiedliche Rechtsnormen für Europäer und Einheimische und legt unter anderem die unterschiedliche Behandlung von Weißen und Nichtweißen fest, die derselben Straftaten beschuldigt werden. Das Gesetz wird zur Grundlage für die späteren „Kolonialordnungen" in den anderen italienischen Besitztümern.

26. Januar 1905: Die in Eritrea eingeführten Verwaltungsstrukturen werden auf Somalia übertragen. Es ist ein Schritt zur Schaffung von „Italienisch-Somalia" (1908).

29. September 1911: Das Königreich Italien erklärt der Türkei den Krieg - es geht um den Besitz der Regionen Tripolitanien und Kyrenaika an der Küste Nordafrikas.

18. Oktober 1912: Italien schließt Frieden mit der Türkei und annektiert deren libysche Territorien und den Dodekanes - eine Inselgruppe in der Ägäis.

20. November 1912: Das italienische Kolonialministerium wird geschaffen.

1. Juni 1919: Die Einwohner Tripolitaniens erhalten die Möglichkeit, die italienische Staatsbürgerschaft zu beantragen. Die Regelung gilt seit dem 31. Oktober 1919 auch für die Einwohner der Kyrenaika.

16. Juli 1921: Nach der Ernennung von Giuseppe Volpi zum Gouverneur Tripolitaniens beginnt eine Operation zu Rückeroberung oder „Befriedung" der libyschen Küste. Zum Einsatz gelangen ein großes Militärkontingent und Techniken der Guerillabekämpfung - etwa Repressalien gegen Zivilisten und Deportationen. 1932 wird das Ende der Militäroperationen - und die endgültige Befriedung Libyens - erklärt.

8. Dezember 1923: In Mogadischu landet der neuernannte Gouverneur

Somalias, der Faschist Cesare Maria De Vecchi. Er versucht, die Herrschaft in der Kolonie in den Händen der Italiener zu zentralisieren, er unternimmt ausgedehnte gewaltsame „Befriedungsaktionen" gegen die einheimischen Machtzentren. De Vecchi schafft ein Klima der Brutalität, das erst 1928 endet, mit seiner Rückkehr in die Heimat.

26. Juni 1927: Mit dem Gesetz zur Neuordnung der Verwaltung in Tripolitanien und der Kyrenaika wird die sogenannte italienisch-libysche Staatsbürgerschaft für die nichtweißen Einwohner der Kolonie geschaffen. Gegenüber der italienischen Staatsbürgerschaft bedeutet sie eine Einschränkung der Grundrechte.

16. September 1931: Nach einem kurzen Prozess wird der Führer der libyschen Widerstandsbewegung Omar al-Mukhtar zum Tode verurteilt und gehängt.

3. Oktober 1935: Ohne formale Kriegserklärung greift Italien Äthiopien an.

5. Mai 1936: Während die italienischen Truppen in die äthiopische Hauptstadt Addis Abeba eindringen, proklamiert Benito Mussolini das italienische Imperium in Afrika.

8. April 1937: Das Kolonialministerium wird umbenannt in Ministerium für das italienische Afrika (Ministero dell'Africa italiana).

19. Februar 1937: Nach einem gescheiterten Attentat in Addis Abeba auf den Vizekönig Äthiopiens, Rodolfo Graziani, werden umfassende Repressalien gegen die einheimische Bevölkerung angeordnet, die in den folgenden Monaten zur Tötung von wahrscheinlich zwanzigtausend Menschen führen.

28. Oktober 1937: In Rom wird eine von den Italienern aus der heiligen äthiopischen Stadt Aksum geraubte Stele aufgestellt, als Symbol des italienischen Triumphs über das Reich des Negus.

5. Mai 1941: Genau fünf Jahre nach der Besetzung der Stadt durch die Italiener kommt der Negus Haile Selassie nach Addis Abeba zurück und proklamiert die Wiederherstellung des äthiopischen Kaiserreichs. Der 5. Mai wird dann zum Nationalfeiertag.

November 1943: Nach Italiens Einverständnis mit einem Waffenstillstand mit den Alliierten (am 8. September) besetzen deutsche Truppen die italienischen Dodekanes-Inseln. Es ist das letzte entfernte Territorium, das die Italiener infolge des Kriegs verlieren. Die Inseln bleiben nominell Besitz von Mussolinis Repubblica Sociale Italiana[385], stehen aber bis zum Ende des Kriegs unter

[385] Repubblica Sociale Italiana / Italienische Soziale Republik: von Deutsch-

deutscher Kontrolle. Am 10. September 1943 besetzen die Japaner die Italienische Konzession von Tientsin in China. Italienisch-Ostafrika war von den Engländern schon 1941 befreit worden, Libyen wurde von den Alliierten Anfang 1943 besetzt.

10. Februar 1947: Mit der Unterzeichnung des Friedensvertrags von Paris gibt Italien alle Ansprüche auf Kolonien auf.

11. Januar 1948: Bei Unruhen in Mogadischu in Somalia sterben 54 Italiener und 14 Somalier. Das Geschehen geht in die Erinnerung als „Massaker von Mogadischu" ein.

29. April 1953: Das italienische „Afrikaministerium" (Ministero dell'Africa italiana) wird offiziell durch die italienische Treuhandverwaltung für Somalia (Amministrazione Fiduciaria italiana per la Somalia / A.F.I.S.) ersetzt. Diese wird mit der Unabhängigkeit Somalias aufgelöst (Juli 1960).

15. Juni 1956: In einem bilateralen Abkommen verpflichtet sich Italien, Äthiopien eine Reihe von Kulturgütern zurückzugeben, die in der Besatzungszeit geraubt wurden (darunter die Stele - der Obelisk - von Aksum).

1. Juli 1960: Somalia erhält die Unabhängigkeit von Italien.

7. Oktober 1970: Nach einem „Tag der Rache" weist der Diktator Muammar al-Gaddafi die letzten italienischen Siedler aus Libyen aus. Etwa zwanzigtausend Menschen fliehen nach Italien.

30. Dezember 1981: Der Film „Der Löwe der Wüste" über die Taten des Führers der libyschen Widerstandsbewegung Omar al-Mukhtar gelangt international in die Kinos. Er findet unterschiedliche Aufmerksamkeit, in Italien wird er verboten - wegen „Verletzung der Ehre der Streitkräfte".

13. Dezember 1992: Im Rahmen den UN-Friedensmission Restore Hope treffen die ersten italienischen Militäreinheiten in Somalia ein.

25. Juni 1993: Das „Mancino-Gesetz" (legge Mancino) wird beschlossen, das Delikte mit „rassischem" Hintergrund definiert und sie unter Strafe stellt.

20. März 1994: Die Journalisten Ilaria Alpi und Milan Hrovatin, die illegale Geschäfte zwischen Italien und Somalia recherchieren, werden von somalischen Milizionären getötet.

21. April 1997: In die italienische Presse gelangt (als Interview) das Geständnis eines früheren - während der Operation Restore Hope in

land abhängiger faschistischer „Reststaat" in Nord- und Mittelitalien (Herbst 1943 bis Frühjahr 1945). [Anm. d. Übers.]

Somalia eingesetzten - Soldaten, der von sexueller Gewalt gegen somalische Zivilisten und von Folter berichtet.

25. November 1997: Der italienische Staatspräsident Oscar Luigi Scalfaro bittet bei einem Besuch in Äthiopien offiziell um Entschuldigung für die Verbrechen des italienischen Kolonialismus.

April 2005: Das letzte Teilstück der Stele von Aksum trifft in Äthiopien ein - 68 Jahre nach Raub und Abtransport nach Italien, 49 Jahre nach der Verpflichtung auf internationaler Ebene zu ihrer Rückgabe.

30. August 2008: In Bengasi wird der Freundschaftsvertrag zwischen Italien und Libyen unterzeichnet, in dem Rom die eigene Verantwortung im Zusammenhang mit den Jahrzehnten der Kolonialherrschaft anerkennt. Der Vertrag sieht als Entschädigung durch Italien Investitionen von fünf Milliarden Dollar in Infrastrukturprojekte in dem nordafrikanischen Land vor.

2. Februar 2017: Mit der Unterzeichnung eines Memorandums einigen sich Italien und Libyen über den Umgang mit der illegalen Migration und über die Abweisung von Migranten auf der Mittelmeerroute.

Bibliografie

AA.VV., I censimenti nell'Italia unita. Le fonti di stato della popolazione tra XIX e XXI secolo, Atti del Convegno «I censimenti fra passato, presente e futuro», Torino, 4-6 dicembre 2010, «Annali di statistica», anno 141, serie XII, vol. 2.

AA.VV., Colonia e postcolonia come spazi diasporici. Attraversamenti di memorie, identità e confini nel Corno d'Africa, Rom 2011.

AA.VV., Governare l'Oltremare. Istituzioni, funzionari e società nel colonialismo italiano, Rom 2013.

G. Abbattista, Umanità in mostra. Esposizioni etniche e invenzioni esotiche in Italia (1880-1940), Triest 2013.

A.A. Ahmida, The Genocide in Libya. Shar, a Hidden colonial History, London 2020.

S. Albertazzi, Lo sguardo dell'altro. Le letterature postcoloniali, Rom 2000.

F. Angioni, Un soldato italiano in Libano, Mailand 1984.

P. Antonelli, Nell'Africa italiana, Rom 1891.

N. Arielli, Fascist Italy and the Middle East, London 2010.

A. Badr, La resistenza libica all'occupazione italiana. Voci dal campo di El Agheila, Moretta 2019.

G. Bassi, Sudditi di Libia, Sesto San Giovanni 2018.

F. Battistelli, Soldati: sociologia dei militari italiani nell'era del peacekeeping, Rom 2001 (Erstausgabe 1996).

S. Belladonna, Gas in Etiopia. I Crimini rimossi dell'Italia coloniale, Vicenza 2015.

S. Bellucci, Storia delle guerre africane. Dalla fine del colonialismo al neoliberismo globale, Rom 2006.

R. Ben Ghiat, M. Fuller (a cura di), Italian colonialism, New York 2002.

R.F. Betts, La decolonizzazione, Bologna 2003.

R. Bianchi, I. Scego, N. Terranova, A. Branchi, Roma negata. Percorsi postcoloniali nella città, Rom 2014.

R. Bickers, R.G. Tiedemann (a cura di), The Boxers, China and the World, Lanham 2007.

D. Bidussa (a cura di), La menzogna della razza. Documenti e immagini del razzismo e dell'antisemitismo fascista, Bologna 1994.

D. Bidussa, Il mito del bravo italiano, Mailand 1994.

R. Bonavita, Spettri dell'altro. Letteratura e razzismo nell'Italia contemporanea, Bologna 2009.

P. Borruso, Debre Libanos 1937. Il più grave crimine di guerra dell'Italia, Rom-Bari 2020.
R. Bottoni, L'impero fascista. Italia ed Etiopia (1935-1941), Bologna 2008.
A. Burgio, Nel nome della razza. Il razzismo nella storia d'Italia (1870-1945), Bologna 1999.
G.P. Calchi Novati, Il canale della discordia. Suez e la politica estera italiana, Urbino 1998.
G.P. Calchi Novati, L'Africa d'Italia. Una storia coloniale e postcoloniale, Rom 2019 (Erstausgabe 2011).
I. Campbell, Il massacro di Addis Abeba. Una vergogna italiana, Mailand 2018.
C.S. Capogreco, I campi del duce. L'internamento civile nell'Italia fascista, Turin 2004.
B.M. Carcangiu, T. Negash, L'Africa orientale italiana nel dibattito storico contemporaneo, Rom 2007.
P. Carmagnani, Luoghi di tenebra. Lo spazio coloniale e il romanzo, Rom 2011.
F. Cassata, «La difesa della razza». Politica, ideologia e immagine del razzismo fascista, Turin 2008.
G. Chiesi, E. Travelli, Le questioni del Benadir, Atti e relazioni dei commissari della Società, Mailand 1904.
R. Ciasca, Storia coloniale dell'Italia contemporanea. Da Assab all'impero, Mailand 1938.
C.M. Cipolla, Vele e cannoni, Bologna 2011 (italienische Erstausgabe 1983, englische Originalausgabe 1965).
C. Clark, Die Schlafwandler: Wie Europa in den Ersten Weltkrieg zog, München 2013
O. Coco, Colonialismo europeo in Estremo Oriente. L'esperienza delle concessioni territoriali in Cina, Rom 2017.
F. Colombara, Raccontare l'Impero. Una storia orale della conquista d'Etiopia (1935-1941), Sesto San Giovanni 2019.
M. Colucci, Storia dell'immigrazione straniera in Italia. Dal 1945 ai nostri giorni, Rom 2020 (Erstausgabe 2018).
C. Costa, L. Teodonio, Razza partigiana. Storia di Giorgio Marincola (1923-1945), Parona di Albano laziale 2008.
F. Cresti, Non desiderare la terra d'altri. La colonizzazione italiana in Libia, Rom 2011.
L. D'Angelo, Pacifismo e umanità. Il pacifismo democratico italiano dalla guerra di Libia alla nascita della Società delle Nazioni, Bologna 2016.

V. De Grazia e S. Luzzatto (a cura di), Dizionario del Fascismo, Turin 2019.
R. De Felice, Il fascismo e l'oriente, Bologna 1988.
R. De Felice, Mussolini il rivoluzionario (1883-1920), Turin 2018.
R. De Felice, Gli anni del consenso (1929-1936), Turin 2018.
A. Del Boca, Gli italiani in Africa Orientale, Dall'unità alla marcia su Roma, Rom-Bari 1976.
A. Del Boca, Gli italiani in Africa Orientale. La conquista dell'Impero, voll. 1 e 2, Rom-Bari 1986.
A. Del Boca, Gli italiani in Africa Orientale. La caduta dell'Impero, Rom-Bari 1986.
A. Del Boca, Gli italiani in Africa Orientale. Nostalgia delle colonie, Rom-Bari 1984.
A. Del Boca (a cura di), Le guerre coloniali del fascismo, Rom-Bari 1991.
A. Del Boca, L'Africa nella coscienza degli italiani: miti, memorie, errori, sconfitte, Mailand 1993.
A. Del Boca, Gli italiani in Libia, voll. 1 & 2. Mailand 1997.
A. Del Boca, Italiani, brava gente? Un mito duro a morire, Venedig 2005.
A. Del Boca, I gas di Mussolini: il fascismo e la guerra d'Etiopia, Rom 2007.
A. Del Boca, Il Negus. Vita e morte dell'ultimo re dei re, Rom-Bari 2007.
V. Deplano, A. Pes (a cura di), Quel che resta dell'impero. La cultura coloniale degli italiani, Sesto San Giovanni 2014.
V. Deplano, L'Africa in casa. La propaganda coloniale fascista, Florenz 2015.
V. Deplano, La madrepatria è una terra straniera. Libici eritrei e somali nell'Italia del dopoguerra (1945-1960), Florenz 2017.
J. Diamond, Armi, acciaio e malattie. Breve storia del mondo negli ultimi tredicimila anni, Turin 2006 (Erstausgabe 1998).
A. Di Meo, Tientsin. Storia delle relazioni tra Italia e Cina (1866-1947), Rom 2015.
A. Di Sapio, M. Medi, Il lontano presente: l'esperienza coloniale italiana. Storia e letteratura tra presente e passato, Bologna 2009.
P. Dogliani, Il fascismo degli Italiani: una storia sociale, Turin 2008.
V. Domenici, Uomini nelle gabbie. Dagli zoo umani delle Expo al razzismo della vacanza etnica, Rom-Bari 2015.
M. Dominioni, Lo sfascio dell'Impero, Rom-Bari 2008.

M. Dominioni, I prigionieri di Menelik (1896-1897). Storie di soldati italiani nella guerra d'Abissinia, Sesto San Giovanni 2021.
B. Droz, Storia della decolonizzazione nel XX secolo, Mailand 2007.
D. Duncan, J. Andall (a cura di), Italian Colonialism. Legacy and Memory, Oxford 2005.
L. El Houssi, L'Africa ci sta di fronte. Una storia italiana: dal colonialismo al terzomondismo, Rom 2021.
E. Ertola, In terra d'Africa. Gli italiani che colonizzarono l'impero, Rom-Bari 2017.
U. Fabietti, L'dentità etnica. Storia e critica di un concetto equivoco, Rom 2000.
F. Filippi, Mussolini hat Gutes getan? Abrechnung mit einem Mythos, Bodenburg 2022.
F. Filippi, Ma perché siamo ancora fascisti? Un conto rimasto aperto, Turin 2020.
F. Filippi, Prima gli Italiani! (Sì, ma quali?), Rom-Bari 2021.
M. Flores, Cattiva memoria. Perché è difficile fare i conti con la storia, Bologna 2020.
M. Flores, Il genocidio, Bologna 2021.
F. Focardi, Il cattivo tedesco e il bravo italiano. La rimozione delle colpe della seconda guerra mondiale, Rom-Bari 2013.
F. Focardi, Nel cantiere della memoria. Fascismo, Resistenza, Shoah, Foibe, Rom 2020.
L. Franchetti, Sulla colonizzazione agricola dell'altipiano etiopico. Memoria dell'onorevole Franchetti deputato al Parlamento italiano, Rom 1890.
M. Fuller (a cura di), Italian colonialism, New York 2005.
G. Gabrielli, Il curricolo razziale. La costruzione dell'alterità di razza e coloniale nella scuola italiana (1860-1950), Macerata 2015.
E. Gentile, Fascismo di pietra, Rom-Bari 2007.
S. Gentili, S. Foà (a cura di), Cultura della razza e cultura letteraria nell'Italia del Novecento, Rom 2010.
C. Giorgi, L'Africa come carriera: funzioni e funzionari del colonialismo italiano, Rom 2012.
P. Giovannini, M. Palla, Il fascismo dalle mani sporche, Rom-Bari 2019.
V.F. Gironda, M. Nani, S. Petrungaro, Imperi coloniali. Italia, Germania e la costruzione del mondo coloniale, Neapel 2009.
G. Giuliani (a cura di), Il colore della nazione, Florenz 2015.
L. Goglia, F. Grassi, Il colonialismo italiano da Adua all'Impero, Rom-Bari 2004.

R. Graziani, Pace romana in Libia, Mailand 1937.
C. Greppi, Si stava meglio quando si stava peggio. Venti luoghi comuni da sfatare, Mailand 2021.
E.J. Hobsbawm, Das Zeitalter der Extreme. Weltgeschichte des 20. Jahrhunderts, München 1995
E.J. Hobsbawm, T. Ranger, L'invenzione della tradizione, Turin 2002.
G. Israel, Il fascismo e la razza. La scienza italiana e le politiche razziali del regime, Bologna 2010.
D.K. Kennedy, Storia della Decolonizzazione, Bologna 2017.
A. Kohli, Imperialism and the Developing World. How Britain and the United States Shaped the Global Periphery, Oxford 2020.
N. Labanca, Oltremare. Storia dell'espansione coloniale italiana, Bologna 2002.
N. Labanca, Una guerra per l'impero. Memorie della campagna d'Etiopia, Bologna 2005.
N. Labanca, La guerra italiana per la Libia 1911-1931, Bologna 2012.
N. Labanca, La guerra d'Etiopia (1935-1941), Bologna 2015.
M. Lenci, Corsari. Guerra, schiavi, rinnegati nel Mediterranero, Rom 2006.
G.B. Licata, Assab e i Danàchili, Mailand 1885.
F. Liperi, Storia della canzone italiana, Rom 1999.
V. Longhi, Il colore del nome. Storia della mia famiglia. Cent'anni di razzismo coloniale e identità negate, Mailand 2021.
S. Lorenzini, S.A. Bellezza (a cura di), Sudditi o cittadini? L'evoluzione delle appartenenze imperiali nella prima guerra mondiale, Rom 2018.
J.M. MacKenzie, Imperialism and Popular Culture 1880-1960, Manchester 1986.
G. Mammarella, P. Cacace, La politica estera dell'Italia. Dallo stato unitario ai nostri giorni, Rom-Bari 2010.
V. Mantegazza, Da Massaua a Saati. Narrazione della spedizione italiana del 1888 in Abissinia, Mailand 1888.
V. Mantegazza, Tripoli e i diritti della civiltà, Mailand 1912.
S. Marchetti, Le ragazze di Asmara. Lavoro domestico e migrazione postcoloniale, Rom 2011.
H.G. Marcus, A History of Ethiopia, Berkeley 1994.
H.G. Marcus, Life and Times of Menelik II: Ethiopia 1844-1913, Trenton 1994 (Erstausgabe 1975).
G. Marilotti, L'Italia e il Nord Africa. Storia dell'emigrazione sarda in Tunisia (1848-1914), Rom 2006.

A. Mbembe, Kritik der schwarzen Vernunft, Berlin 2014
G. Melis, Storia dell'amministrazione italiana (1861-1993), Bologna 1996.
M. Mellino, Cittadinanze postcoloniali. Appartenenze, razze, razzismo, Rom 2012.
J.L. Miège, L'imperialismo coloniale italiano dal 1870 ai giorni nostri, Mailand 1976.
A. Milanini Keméri, La società d'esplorazione in Africa e la politica coloniale, 1879-1914, Florenz 1973.
G. Mondaini, Manuale di storia e legislazione coloniale del Regno d'Italia, Rom 1927.
A.M. Morone, L'ultima colonia. Come l'Italia è tornata in Africa (1950-1960), Rom-Bari 2011.
A.M. Morone, La fine del colonialismo italiano. Politica, società e memorie, Florenz 2018.
G. Mosse, L'uomo e le masse nelle ideologie nazionaliste, Rom-Bari 2002.
G. Mosse, Die Nationalisierung der Massen. Politische Symbolik und Massenbewegungen von den Befreiungskriegen bis zum Dritten Reich, Frankfurt a. M. 1993
G. Mosse, Nationalismus und Sexualität, Hamburg 1987
A. Naletto, Italiani in Somalia. Storia di un colonialismo straccione, Caselle 2011.
M. Nani, Ai confini della Nazione. Stampa e razzismo nell'Italia di fine Ottocento, Rom 2006.
M. Nani, S. Petrungaro, V.F. Gironda, Imperi coloniali. Italia, Germania e la costruzione del mondo coloniale, Neapel 2009.
T. Negash, Italian colonialism in Eritrea (1882-1941). Policies, Praxis and Impact, Uppsala 1987.
O.Q.D. Obasuyi, Corpi estranei. Il razzismo rimosso che appiattisce la diversità, Gallarate 2020.
G. Oliva, L'avventura coloniale italiana. L'Africa orientale italiana 1885-1942, Mailand 2016.
G. Ottolenghi, Gli italiani e il colonialismo. I campi di detenzione italiani in Africa, Mailand 1997.
T. Pakenham, The scramble for Africa, New York 1991.
M. Palmieri, L'ora solenne. Gli italiani e la guerra d'Etiopia, Mailand 2015.
P. Palumbo, A Place in the Sun. Africa in Italian Colonial Culture from post-Unification to the Present, Berkeley 2003.

C. Papa, Sotto altri cieli. L'oltremare nel movimento femminile italiano, Rom 2011.
A. Pes, La costruzione dell'Impero Fascista, politiche di regime per una società coloniale, Rom 2010.
A. Pes (a cura di), Mare Nostrum. Il colonialismo fascista tra realtà e rappresentazione, Cagliari 2012.
T. Petrovich Njiegosh, A. Scacchi, Parlare di razza. La lingua del colore tra Italia e Stati Uniti, Verona 2012.
G. Piccinini, Guerra d'Africa, Rom 1887.
V. Pisanty, La Difesa della razza. Antologia 1938-1943, Mailand 2019.
S. Pivato, La storia leggera. Uso pubblico della storia nella canzone italiana, Bologna 2002.
G.L. Podestà, Il mito dell'impero. Economia, politica e lavoro nelle colonie italiane dell'Africa orientale (1898-1941), Turin 2004.
G.L. Podestà, Sviluppo industriale e colonialismo. Gli investimenti italiani in Africa orientale, Mailand 1996.
G.L. Podestà, Il mito dell'impero. Economia, politica e lavoro nelle colonie italiane dell'Africa orientale 1898-1941, Turin 2004.
A. Prosperi, Un tempo senza storia, Turin 2021.
D. Quirico, Lo squadrone bianco. Storia delle truppe coloniali italiane, Mailand 2003.
R. Rainero, L'anticolonialismo italiano da Assab ad Adua, Mailand 1971.
W. Reinhard, Kleine Geschichte des Kolonialismus, Stuttgart 2008
L. Ricci, La lingua dell'Impero. Comunicazione, letteratura e propaganda nell'età del colonialismo italiano, Rom 2005.
P. Ricoeur, Gedächtnis, Geschichte, Vergessen, Paderborn 2004.
L. Robecchi Bricchetti, Somalia e Benadir: viaggio di esplorazione nell'Africa orientale. Prima traversata della Somalia, compiuta per incarico della Societá geografica italiana, Mailand 1899.
A. Rocchi, Colonie d'Italia, storia delle nostre imprese coloniali e condizioni attuali delle colonie italiane, Mailand 1927.
G. Rochat, Italo Balbo, Turin 1986.
G. Rochat, Le guerre degli italiani (1935-1943), Turin 2005.
C. Roggero, Storia del Nord Africa indipendente.Tra imperialismi, nazionalismi e autoritarismi, Mailand 2019.
I. Rosoni, La Colonia Eritrea. La prima amministrazione coloniale italiana (1880-1912), Macerata 2006.
M. Sabattini, P. Santangelo, Storia della Cina, Rom-Bari 2005.
L. Saiu, La politica estera italiana dall'Unità a oggi, Rom-Bari 1999.

M. Santi, La stele di Axum da bottino di guerra a patrimonio dell'umanità, Rom 2014.
A. Schiavulli (a cura di), La guerra lirica. Il dibattito dei letterati italiani sull'impresa di Libia 1911-1912, Ravenna 2009.
T. Scovazzi, Assab, Massaua, Uccialli, Adua. Gli strumenti giuridici del primo colonialismo italiano, Turin 1996.
M. Scriboni, Abbasso la guerra! Voci di donne da Adua al primo conflitto mondiale (1896-1915), Pisa 2008.
C. Sforza, Cinque anni a Palazzo Chigi. La politica estera italiana dal 1947 al 1951, Rom 1952.
N. Spagnolli, C. Gallo, G. Bonomi, Il Fumetto: fonte e interprete della Storia, Rovereto 2015.
N. Srivastava, Italian Colonialism and Resistences to Empire (1930-1970), London 2018.
G. Stefani, Colonia per maschi. Italiani in Africa orientale: una storia di genere, Verona 2007.
A. Stramaccioni, Crimini di guerra. Storia e memoria del caso italiano, Rom-Bari 2018.
I. Taddia, Autobiografie Africane. Il colonialismo nelle memorie orali, Mailand 1996.
G. Tomasello, L'Africa tra mito e realtà. Storia della letteratura coloniale italiana, Palermo 2004.
B. Tonzar, Colonie letterarie. Immagini dalla fine del sogno imperiale agli anni sessanta, Rom 2017.
N. Tranfaglia, La stampa del regime 1932-1943. Le veline del Minculpop per orientare l'informazione, Mailand 2005.
E. Traverso, A ferro e fuoco. La guerra civile europea 1914-1945, Bologna 2007.
A. Urbano, A. Varsori, Mogadiscio 1948. Un eccidio di italiani tra decolonizzazione e Guerra Fredda, Bologna 2019.
L. Valardi, Geografia per tutti, anno V, nr. 1, 15 gennaio 1895.
A. Vigo, Rimpatriati d'Africa. Assistenza, associazioni e reintegro tra storia e memoria (1939-1952), Padova 2016.
A. Volterra, Sudditi coloniali. Ascari eritrei 1935-1941, Mailand 2005.
S. Weil, La colonizzazione e il destino dell'Europa, Bologna 2009.
I. Zimmerer, Kein Platz an der Sonne. Erinnerungsorte der deutschen Kolonialgeschichte, Frankfurt am Main 2013.

Belletristik

C. Ali Farah, Madre piccola, Mailand 2007.
C. Ali Farah, Il comandante del fiume, Rom 2014.
G. Calligarich, La malinconia dei Grusich, Mailand 2016.
G. Caminito, La grande A, Florenz 2016.
F. Capitani, E. Coen (a cura di), Pecore Nere. Racconti, Rom-Bari 2005.
M. Cosentino, D. Dodaro, L. Panella, I fantasmi dell'Impero, Palermo 2017.
E. Flaiano, Tempo di uccidere, Mailand 2020 (Erstausgabe 1947).
G. Ghermandi, Regina di fiori e di perle, Rom 2007.
R. Kapuscinski, Ebano, Mailand 2000.
C. Lucarelli, L'ottava vibrazione, Turin 2008.
G. Manfredi, Volto Nascosto (fumetto), Mailand 2007f.
L. Marrocu, Debrà Libanòs, Nuoro 2002.
F. Melandri, Sangue giusto, Mailand 2017
M. Mengiste, Il re ombra, Turin 2021.
I. Montanelli, XX Battaglione eritreo, Mailand 2010 (Erstausgabe 1936).
M. Nasibù, Memorie di una principessa etiope, Vicenza 2005.
S. Prosperi, Ti saluto, vado in Abissinia. Giovani nella guerra d'Etiopia 1935-36, Cava de' Tirreni 2016.
E. Salgari, Il sotterraneo della morte, Rom 1995 (Erstausgabe 1901).
I. Scego, Adua, Florenz 2015.
I. Scego (a cura di), Future. Il domani narrato dalle voci di oggi, Florenz 2019.
I. Scego, La linea del colore, Mailand 2020.
G.A. Stella, Carmine Pascià (che nacque buttero e morì beduino), Mailand 2008.
P. Tabet, La pelle giusta, Turin 1997.
M. Umuhoza Delli, Negretta. Baci razzisti, Rom 2020.
H. Weldemariam, La terra di Punt. Miti, leggende e racconti dell'Eritrea, Bologna 1996.
Wu Ming 1, R. Santachiara, Point Lenana, Turin 2013. Wu Ming 2, A. Mohamed, Timira. Romanzo meticcio, Turin 2012.

Filme

Kif Tebbi, Italien 1928.
Miryam, Italien 1929.
La sperduta di Allah, Italien 1929.
Il grande appello, Italien 1936.
Lo squadrone bianco, Italien 1936.
Scipione l'Africano, Italien 1937.
Luciano Serra, pilota, Italien 1938.
Piccoli naufraghi, Italien 1939.
Bengasi, Italien 1942.
Giarabub, Italien 1942.
I due nemici, Italien 1961.
Zulu, Großbritannien 1964.
La battaglia di Algeri, Italien 1966.
Die Kanonen von Tobruk, Deutschland-USA 1967.
Rat mal, wer zum Essen kommt?, USA 1967.
Riusciranno i nostri eroi a ritrovare l'amico misteriosamente scomparso in Africa?, Italien 1968.
Due bianchi nell'Africa nera, Italien 1970.
Finché c'è guerra c'è speranza, Italien 1974.
Io sto con gli ippopotami, Italien 1979.
Der Löwe der Wüste, Libyen 1981.
Com'è dura l'avventura, Italien 1987.
Fascist Legacy, Großbritannien 1989.
Tempo di uccidere, Italien 1989.
Mediterraneo, Italien 1991.
Black Hawk Down, USA 2001.
El Alamein, la linea del fuoco, Italien 2002.
Ilaria Alpi. Il più crudele dei giorni, Italien 2003.
Le rose del deserto, Italien 2006.
The Athlete, Äthiopien-USA-Deutschland 2009.
Contromano, Italien 2018.
Tolo tolo, Italien 2020.

Francesco Filippi
Mussolini hat Gutes getan?
Abrechnung mit einem Mythos
Vorwort von Carlo Greppi
Übersetzung von Winfried Roth

ISBN 978-3-86841-278-9 / 172 Seiten / 16 €

Die Geschichte der faschistischen Diktatur wurde in Italien kaum aufgearbeitet und Mussolinis Erbe ist heute wieder salonfähig geworden. Mehr als siebzig Jahre nach dem Fall des Faschismus hebt die Hydra wieder ihren Kopf. Jahrelang als Scherz wiederholte Phrasen, die bis vor kurzem noch harmlos und lächerlich schienen, halten in Italien immer häufiger Einzug, auch bei etablierten Parteien. In seinem Buch beschreibt Historiker Francesco Filippi die Legenden um Mussolini und hält historische Fakten dagegen.

Gesamtverzeichnis Verlag Edition AV

Anarchie ♦ Theorie ♦ Pädagogik ♦ Literatur ♦ Lyrik ♦ Theater ♦

Geschichte

Werner Abel & Enrico Hilbert ♦ Sie werden nicht durchkommen ♦ Deutsche an der Seite der Republik und der sozialen Revolution ♦ Band 1 ♦ 978-3-86841-112-6 ♦ 45,00 €

Werner Abel, Enrico Hilbert & Harald Wittstock ♦ Sie werden nicht durchkommen ♦ Deutsche an der Seite der Republik und der sozialen Revolution ♦ Band 2 ♦ Bilder und Materialien ♦ 978-3-86841-113-3 ♦ 24,50 €

Werner Abel ♦ Mit Salut und Händedruck ♦ Militärzensur der Internationalen Brigaden in Spanien ♦ Band 1 Dokumente ♦ 978-3-86841-165 ♦ 18,00 €

Gwendolyn von Ambesser ♦ Die Ratten betreten das sinkende Schiff ♦ Das absurde Leben des jüdischen Schauspielers Leo Reuss ♦ 978-3-936049-47-3 ♦ 18,00 €

Gwendolyn von Ambesser ♦ Schaubudenzauber ♦ Geschichten und Geschichte eines legendären Kabaretts ♦ 978-3-936949-68-8 ♦ Preis 18,00 €

Gwendolyn von Ambesser ♦ Schauspieler fasst man nicht an! ♦ Eine Axel von Ambesser Biographie ♦ 978-3-86841-045-7 ♦ Preis 19,90 €

Allan Antliff ♦ Anarchie und Kunst ♦ Von der Pariser Kommune bis zum Fall der Berliner Mauer ♦ ISBN 978-3-86841-052-5 ♦ 18,00 €

Yair Auron ♦ Der Schmerz des Wissens ♦ Die Holocaust- und Genozid-Problematik im Unterricht ♦ ISBN 978-3-936049-55-8 ♦ 18,00 €

Autorinnenkollektiv ♦ Das Frauenkommunebuch ♦ Alltag zwischen Partriarchat und Utopie ♦ ISBN 978-3-86841-227-3 ♦ 24,50€

Franz Barwich ♦ Das ist Syndikalismus ♦ Die Arbeiterbörsen des Syndikalismus ♦ ISBN 978-3-936049-38-1 ♦ 11,00 €

Günther Baumgartner & Dietrich Grund ♦ Die bayerische Revolution 1918/19 in Stadt und Land ♦ Band 1 Oberbayern ♦ ISBN 978-3-86841-212-3 ♦ 49,80 €

Anna-Maria Benz ♦ Freiheit oder Tod ♦ Harriet Tubman ♦ Afroamerikanische Freiheitskämpferin ♦ ISBN 978-3-86841-022-8 ♦ 18,00 €

Alexander Berkman ♦ Der bolschewistische Mythos. Tagebuch aus der russischen Revolution 1920 – 1922. ♦ ISBN 978-3-936049-31-2 ♦ 17,00 €

Bilkis Brahe ♦ Tragödien sind albern ♦ Frida Kahlo (1907-1954), eine mexikanische Malerin ♦ ISBN 978-3-936049-80-0 ♦ 16,00 €

Heike Breitenbach & Johannes Waßmer (Hgg.) ♦ Martin Buber und die Literatur ♦ ISBN 978-3-86841-302-1 ♦ 19,90 €

Ralf Burnicki ♦ Lichtaspirin ♦ Anarchopoetry ♦ ISBN 978-3-86841-102-7 ♦ 12,00 €

Ralf Burnicki ♦ Anarchismus & Konsens. Gegen Repräsentation und Mehrheitsprinzip: Strukturen einer nichthierarchischen Demokratie ♦ ISBN 978-3-936049-08-4 ♦ 16,00 €

Ralf Burnicki & Findus ♦ **Hoch lebe sie – die Anarchie!** ♦ Anarcho-Poetry ♦ ISBN 978-3-86841-102-7 ♦ 9,80 €

Rolf Cantzen ♦ **Mordskarma** ♦ Krimi ♦ ISBN 978-3-86841-103-4 ♦ 16,00 €

Cornelius Castoriadis ♦ **Autonomie oder Barbarei** ♦ Ausgewählte Schriften, Band 1 ♦ ISBN 978-3-936049-67-1 ♦ 17,00 €

Cornelius Castoriadis ♦ **Vom Sozialismus zur autonomen Gesellschaft** ♦ Über den Inhalt des Sozialismus ♦ Ausgewählte Schriften ♦ Band 2.1. ♦ ISBN 978-3-936049-88-6 ♦ 17,00 €

Cornelius Castoriadis ♦ **Vom Sozialismus zur autonomen Gesellschaft** ♦ Gesellschaftskritik und Politik nach Marx ♦ Ausgewählte Schriften ♦ Band 2.2. ♦ ISBN 978-3-86841-002-0 ♦ 17,00 €

Cornelius Castoriadis ♦ **Das imaginäre Element und die menschliche Schöpfung** ♦ Ausgewählte Schriften ♦ Band 3 ♦ ISBN 978-3-86841-035-8 ♦ 17,00 €

Cornelius Castoriadis ♦ **Philosophie, Demokratie, Poiesis** ♦ Ausgewählte Schriften ♦ Band 4. ♦ ISBN 978-3-86841-063-1 ♦ 17,00 €

Cornelius Castoriadis ♦ **Psychische Monade und autonomes Subjekt** ♦ Ausgewählte Schriften ♦ Band 5 ♦ ISBN 978-3-86841-081-5 ♦ 17,00 €

Cornelius Castoriadis ♦ **Kapitalismus als imaginäre Institution** ♦ Ausgewählte Schriften ♦ Band 6 ♦ ISBN 978-3-86841-094-5 ♦ 17,00 €

Cornelius Castoriadis ♦ **Durchs Labyrinth** ♦ Ausgewählte Schriften ♦ Band 8 ♦ ISBN 978-3-86841-231-4 ♦ 17,00 €

Cornelius Castoriadis ♦ **Ungarn 56 – Die ungarische Revolution** ♦ Ausgewählte Schriften ♦ Band 7 ♦ ISBN 978-3-86841-178-8 ♦ 16,00 €

Cornelius Castoriadis ♦ **Fenster zum Choas** ♦ Ausgewählte Schriften ♦ Band 9 ♦ ISBN 978-3-86841-261-1 ♦ 17,00 €

Roman Danyluk ♦ **Bittere rote Beeren** ♦ Der russische Angriffskrief gegen die Ukraine ♦ ISBN 978-3-86841-317-5 ♦ 20,00 €

Roman Danyluk ♦ **Unter sticht Ober** ♦ Eine sozialgeschichte der bayerischen Revolution ♦ ISBN 978-3-86841-265-9 ♦ 24,50 €

Roman Danyluk ♦ **Freiheit und Gerechtigkeit** ♦ Die Geschichte der Ukraine aus libertärer Sicht ♦ ISBN 978-3-86841-029-7 ♦ 11,00 €

Roman Danyluk ♦ **Befreiung und soziale Emanzipation** ♦ Rätebewegung, Arbeiterautonomie und Syndikalismus ♦ ISBN 978-3-86841-065-5 ♦ 18,00 €

Roman Danyluk ♦ **Partisanen und Milizen** ♦ Zum Verhältnis von Gewalt und Emanzipation ♦ ISBN 978-3-86841-100-3 ♦ 18,00 €

Roman Danyluk ♦ **Kiew: Unabhängigkeitsplatz** ♦ Verlauf und Hintergründe der Bewegung auf dem Majdan ♦ ISBN 978-3-86841-105-6 ♦ 14,00 €

Roman Danyluk ♦ **Blues der Städte** ♦ Die Bewegung 2. Juni – eine sozialrevolutionäre Geschichte ♦ ISBN 978-3-86841-226-0 ♦ 20,00 €

Hans Jürgen Degen ♦ **Die Wiederkehr der Anarchisten** ♦ Anarchistische Versuche 1945-1970 ♦ ISBN 978-3-86841-015-0 ♦ 24,50 €

Pierre Dietz ♦ **Briefe aus der Deportation** ♦ Französischer Widerstand und der Weg nach Auschwitz ♦ ISBN 978-3-86841-042-6 ♦ 16,00 €

Jane Doe ♦ **Die andere Farm der Tiere** ♦ Roman ♦ ISBN 978-3-936049-94-7 ♦ 16,00 €

Helge Döhring ♦ **Konflikte und Niederlagen des Syndikalismus in Deutschland** ♦ ISBN 978-3-86841-237-6 ♦ 18,00 €

Helge Döhring ♦ **Anarcho-Syndikalismus in Deutschland 1933-1945** ♦ ISBN 978-3-86841-296-3 ♦ 18,00 €

Helge Döhring ♦ **Die Anarchistische Vereinigung 1923-1933** ♦ ISBN 978-3-86841-208-6 ♦ 20,00 €

Helge Döhring ♦ **Anarchisten auf Sinnsuche** ♦ ISBN 978-3-86841-191-1 ♦ 20,00 €

Helge Döhring ♦ **Organisierter Anarchismus in Deutschland 1919 bis 1933** ♦ ISBN 978-3-86841-192-8 ♦ 20,00 €

Helge Döhring ♦ **Anarcho-Syndikalismus** ♦ Einführung in die Theorie und Geschichte einer internationalen sozialistischen Arbeiterbewegung ♦ 978-3-86841-143-0 ♦ 16,00 €

Helge Döhring ♦ **Syndikalismus in Deutschland 1914-1918** ♦ „Im Herzen der Bestie" ♦ ISBN 978-3-86841-083-9 ♦ 17,00 €

Helge Döhring ♦ **Syndikalismus im „Ländle"** ♦ Die Freie Arbeiter-Union Deutschlands (FAUD) in Würtemberg 1918 – 1933) ♦ ISBN 978-3-936049-59-6 ♦ 16,00 €

Helge Döhring ♦ **Damit in Bayern Frühling werde!** ♦ Die syndikalistische Arbeiterbewegung in Südbayern von 1914 bis 1933 ♦ ISBN 978-3-936049-84-8 ♦ 17,00 €

Helge Döhring & Martin Veith ♦ **Eine Revolution für die Anarchie** ♦ Zur Geschichte der Anarcho-Syndikalistischen Jugend **& Aus den Trümmern empor** ♦ Anarcho-Syndikalismus in Württemberg ♦ ISBN 978-3-86841-005-1 ♦ 22,00 €

Helge Döhring (Hg.) ♦ **Generalstreik** ♦ Streiktheorien und -diskussionen innerhalb der deutschen Sozialdemokratie vor 1914 ♦ ISBN 978-3-86841-019-8 ♦ 14,00 €

Helge Döhring ♦ **Schwarze Scharen** ♦ Die anarcho-syndikalistische Arbeiterwehr (1929 – 1933) ♦ ISBN 978-3-86841-054-9 ♦ 14,90 €

Helge Döhring ♦ **Mutige Kämpfergestalten** ♦ Syndikalismus in Schlesien 1918 – 1930 ♦ ISBN 978-3-86841-064-8 ♦ 12,00 €

Sam Dolgoff ♦ **Anarchistische Fragmente** ♦ Memoiren eines amerikanischen Anarchosyndikalisten ♦ ISBN 978-3-86841-501 ♦ 16,00 €

Wolfgang Eckhardt ♦ **Von der Dresdner Mairevolte zur Ersten Internationalen** ♦ Untersuchungen zu Leben und Werk Michail Bakunins ♦ ISBN 978-3-936049-53-4 ♦ 14,00 €

Michael Englishman ♦ **laut und klar** ♦ Aus der Asche des Holocaust ♦ 978-3-86841-147-8 ♦ 14,00 €

Sébastien Faure ♦ **Die Anarchistische Synthese und andere Texte** ♦ Herausgegeben, bearbeitet und mit Annotationen versehen von Jochen Knoblauch ♦ ISBN 978-3-936049-85-5 ♦ 10,00 €

FAU-Bremen ♦ **Die CNT als Vortrupp des internationalen Anarcho-Syndikalismus** ♦ Die Spanische Revolution 1936 – Nachbetrachtung und Biographien ♦ 978-3-936049-69-5 ♦ 14,00 €

Luigi Fabbri ♦ **Die präventive Konterrevolution** ♦ Reflexion über den Faschismus ♦ ISBN 978-3-86841-140-9 ♦ 18,00 €

Bernd Feininger & Wilhelm Schwendeman ♦ Nicht Lese-Wort, sondern Lebens-Wort ♦ ISBN 978-3-86841-248-2 ♦ 16,00 €

Francesco Filippi ♦ Mussolini hat Gutes getan? ♦ Abrechnung mit einem Mythos ♦ ISBN 978-3-86841-278-9 ♦ 16,00 €

Lutz Finkeldey ♦ Denkwerkzeuge zum soziokulturellen Verstehen ♦ ISBN 978-3-86841-099-0 ♦ 12,00 €

Lutz Finkeldey ♦ Schokolade für alle ♦ Wie Verblendung das Paradies zerstört ♦ ISBN 978-3-86841-230-7 ♦ 18,00 €

Francisco Ferrer ♦ Die Moderne Schule ♦ Herausgegeben und kommentiert von Ulrich Klemm ♦ ISBN 978-3-936049-21-3 ♦ 17,50 €

Ursula Frost, Johannes Waßmer & Hans-Joachim Werner (Hgg.) ♦ Dialog und Konflikt ♦ Das dialogische Prinzip in Philosophie, Religion und Gesellschaft ♦ ISBN 978-3-86841-205 ♦ 19,90 €

Louis Gill ♦ George Orwell ♦ Vom Spanischen Bürgerkrieg zu 1984 ♦ ISBN 978-3-86841-066-2 ♦ 16,00 €

Günter Gerstenberg ♦ Wer am Abgrund tanzt ♦ Notizen zu den Münchner JAhren zwischen Räterepublik und Hitlerputsch ♦ ISBN 978-3-86841-280-2 ♦ 28,00 €

Günter Gerstenberg ♦ Räte in München ♦ Anmerkungen zum Umsturz und zu den Räterepubliken 1918/19 ♦ ISBN 978-3-86841-225-3 ♦ 19,90 €

Günter Gerstenberg ♦ Der kurze Traum vom Frieden ♦ Ein Beitrag zur Vorgeschichte des Umsturzes in München 1918 ♦ ISBN 978-3-86841-189-8 ♦ 24,50 €

Günter Gerstenberg & Cornelia Naumann ♦ Steckbriefe gegen gegen Eisner, Kurt und Genossen wegen Landesverrates ♦ Ein Lesebuch über Münchner Revolutionärinnen und Revolutionäre im Januar 1918 ♦ ISBN 978-3-86841-173-7 ♦ 24,90 €

Eveline Goodman-Thau ♦ Das Du-Denkene ♦ Martin Buber zwischen Dialektik und Dialogik ♦ ISBN 978-3-86841-295-6 ♦ 19,90 €

Eveline Goodman-Thau ♦ Vom Archiv zur Arche ♦ Geschichte als Zeugnis ♦ ISBN 978-3-86841-222-2 ♦ 20,00 €

William Godwin ♦ Caleb Williams oder Die Dinge, wie sie sind ♦ Historischer Roman (Libertäre Bibliothek 1) ♦ ISBN 978-3-936049-86-2 ♦ 19,00 €

Moritz Grasenack (Hg.) ♦ Die libertäre Psychotherapie von Friedrich Liebling ♦ Eine Einführung in seine Großgruppentherapie anhand wortgetreuer Abschriften von Therapiesitzungen ♦ Mit Original-Tondokument und Video auf CD-ROM ♦ ISBN 978-3-936049-51-0 ♦ 24,90 €

Stefan Gurtner ♦ Isudoras unglaubliche Geschichte ♦ Roman ♦ ISBN 978-3-86841-193-5 ♦ 24,50 €

Stefan Gurtner ♦ Guttentag ♦ Das Leben des jüdischen Verlegers Werner Guttentag zwischen Deutschland und Bolivien ♦ ISBN 978-3-86841-069-3 ♦ 24,50 €

Frank Harris ♦ Die Bombe ♦ Roman ♦ ISBN 978-3-86841-053-2 ♦ 14,00 €

Wolfgnang Haug ♦ Theodor Plievier ♦ ISBN 978-3-86841-220-8 ♦ 24,50 €

Wolfgang Haug & Michael Wilk ♦ Herrschaftsfrei statt populistisch ♦ Aspekte anarchistischer Gesellschaftskritik ♦ ISBN 978-3-86841-207-9 ♦ 12,00 €

Gorden Hill ♦ **Indigener Widerstand** ♦ Comic ♦ ISBN 978-3-86841-085-3, ♦ 14,00 €

Gorden Hill ♦ **Antikapitalistischer Widerstand** ♦ Comic ♦ ISBN 978-3-86841-104-1, ♦ 14,00 €

Andreas W. Hohmann (Hg.) ♦ **ehern, tapfer, vergessen.** ♦ Die unbekannte Internationale♦ ISBN 978-3-86841-093-8♦ 18,00 €

Andreas W. Hohmann & Jürgen Mümken (Hgg.) ♦ **Kischenew. Das Pogrom 1903** ♦ ISBN 978-3-86841-123-2♦ 16,00 €

Maria Regina Jünemann ♦ **Die Anarchistin** ♦ Historischer Roman ♦ ISBN 978-3-936049-92-3 ♦ 14,00 €

Oskar Kanehl ♦ **Kein Mensch hat das Recht, für Ruhe und Ordnung zu sorgen** ♦ herausgegeben von Wolfgang Haug ♦ 978-3-86841-146-1 ♦ 18,00 €

Lajos Kassak ♦ **Ein Menschenleben** ♦ Roman ♦ ISBN 978-3-86841-232-1 ♦ 18,00 €

Ernst Kaufmann ♦ **Anderswo weit** ♦ Erzählungen ♦ ISBN 978-3-86841-262-8 ♦ 17,90 €

Ernst Kaufmann ♦ **Wiener Herz am Sternenbanner** ♦ Bruno Granichstaedten ♦ Stationen eines Lebens ♦ ISBN 978-3-86841-096-9 ♦ 18,90 €

Philippe Kellermann (Hg.) ♦ **Anarchistische Bolschewismuskritik** ♦ 1918-1922 ♦ ISBN 978-3-86841-184-3 ♦ 17,00

Philippe Kellermann (Hg.) ♦ **Die Verfolgung des Anarchismus in Sowjetrussland** ♦ 1918-1933 ♦ ISBN 978-3-86841-199-7 ♦ 17,00 €

Philippe Kellermann ♦ **Marxistische Geschichtslosigkeit** ♦ Von Verdrängung, Unwissenheit und Denunziation: Die (Nicht-)Rezeption des Anarchismus im zeitgenössischen Marxismus ♦ ISBN 978-3-86841-060-0 ♦ 19,50 €

Philippe Kellermann ♦ **Anarchismusreflexionen** ♦ Zur kritischen Sichtung des anarchistischen Erbes ♦ ISBN 978-3-86841-082-2 ♦ 17,00 €

Philippe Kellermann (Hg.) ♦ **Anarchismus und Geschlechterverhältnis** ♦ Band 1 ♦ 978-3-86841-139-3 ♦ 16,00 €

Michaela Kilian ♦ **Keine Freiheit ohne Gleichheit** ♦ Louise Michel (1830 – 1905), Anarchistin, Schriftstellerin, Ethnologin, libertäre Pädagogin ♦ 978-3-936049-93-0 ♦ 17,00 €

Michaela Kilian ♦ **Entlarvte Illusionen** ♦ Marina Iwanowna Zwetajewa (1892 – 1941) ♦ 978-3-86841-044-0 ♦ 19,50 €

Ulrich Klemm ♦ **Bildung ohne Zwang** ♦ Texte zur Geschichte der anarchistischen Pädagogik ♦ 978-3-86841-037-2 ♦ 16,00 €

Ulrich Klemm ♦ **Mythos Schule** ♦ Warum Bildung entschult und entstaatlicht werden muss ♦ Eine Streitschrift ♦ 978-3-86841-003-7 ♦ 11,80 €

Ulrich Klemm ♦ **Anarchisten als Pädagogen** ♦ Profile libertärer Pädagogik ♦ ISBN 978-3-936049-05-3 ♦ 9,00 €

Ulrich Klemm ♦ **Freiheit & Anarchie** ♦ Eine Einführung in den Anarchismus ♦ ISBN 978-3-936049-49-7 ♦ 9,80 €

Jochen Knoblauch ♦ **Marx vs. Stirner** ♦ Oder: Ein Versuch über dieses & jenes ♦ ISBN 978-3-86841-120-1 ♦ 14,00 €

Rachel Kochawi ♦ Die Blut-Braut ♦ Eine politische Liebesgeschichte ♦ Roman ♦ ISBN 978-3-936049-89-3 ♦ 16,00 €

Rachel Kochawi ♦ Das Brot der Armut ♦ Die Geschichte eines versteckten jüdischen Kindes ♦ ISBN 978-3-86841-034+1 ♦ 18,00 €

Peter Kropotkin ♦ Worte eines Rebellen ♦ ISBN 978-3-86841-254-3 ♦ 20,00 €

Gustav Landauer ♦ Internationalismus ♦ Ausgewählte Schriften ♦ Band 1 Herausgegeben von Siegbert Wolf ♦ ISBN 978-3-936049-89-3 ♦ 18,00 €

Gustav Landauer ♦ Anarchismus ♦ Ausgewählte Schriften ♦ Band 2 ♦ ISBN 978-3-86841-012-9 ♦ 18,00 €

Gustav Landauer ♦ Antipolitik ♦ Ausgewählte Schriften ♦ Band 3.1 ♦ ISBN 978-3-86841-31-0 ♦ 18,00 €

Gustav Landauer ♦ Antipolitik ♦ Ausgewählte Schriften ♦ Band 3.2 ♦ ISBN 978-3-86841-36-5 ♦ 18,00 €

Gustav Landauer ♦ Nation, Krieg und Revolution ♦ Ausgewählte Schriften ♦ Band 4 ♦ ISBN 978-3-86841-046-4 ♦ 18,00 €

Gustav Landauer ♦ Philosophie und Judentum ♦ Ausgewählte Schriften ♦ Band 5 ♦ ISBN 978-3-86841-068-6 ♦ 22,00 €

Gustav Landauer ♦ Literatur ♦ Ausgewählte Schriften ♦ Band 6.1 ♦ ISBN 978-3-86841-090-7 ♦ 18,00 €

Gustav Landauer ♦ Literatur ♦ Ausgewählte Schriften ♦ Band 6.2 ♦ ISBN 978-3-86841-091-4 ♦ 18,00 €

Gustav Landauer ♦ Skepsis und Mystik ♦ Ausgewählte Schriften ♦ Band 7 ♦ ISBN 978-3-86841-059-4 ♦ 18,00 €

Gustav Landauer ♦ Wortartist ♦ Ausgewählte Schriften ♦ Band 8 ♦ ISBN 978-3-86841-101-0 ♦ 18,00 €

Gustav Landauer ♦ Aufruf zum Sozialismus♦ Ausgewählte Schriften ♦ Band 11 ♦ ISBN 978-3-86841-133-1 ♦ 18,00 €

Gustav Landauer ♦ Friedrich Hölderlin in seinen Gedichten ♦ Ausgewählte Schriften ♦ Band 12 ♦ ISBN 978-3-86841-152-2 ♦ 18,00 €

Gustav Landauer ♦ Die Revolution ♦ Ausgewählte Schriften ♦ Band 13 ♦ ISBN 978-3-86841-168-3 ♦ 18,00 €

Gustav Landauer ♦ Ein Weg zur Befreiung der Arbeiter-Klasse ♦ Ausgewählte Schriften ♦ Band 14 ♦ ISBN 978-3-86841-194-2 ♦ 18,00 €

Gustav Landauer ♦ Meister Eckharts. Mystische Schriften ♦ Ausgewählte Schriften ♦ Band 15 ♦ ISBN 978-3-86841-203-9 ♦ 18,00 €

Tilman Leder♦ Die Politik eines „Antipolitikers" ♦ Eine politische Biographie Gustav Landauers ♦ ISBN 978-3-86841-098-3 ♦ 49,90 €

Reiner Lehmann♦ Wider die Dummheit ♦ ISBN 978-3-86841-126-3 ♦ 10,00 €

Samuel Lewin ♦ Dämonen des Blutes ♦ Eine Vision ♦ ISBN 978-3-86841-079-2 ♦ 12,00 €

Andreas Löhrer ♦ **Bella Ciao** ♦ Auf den Spuren eines Partisanenliedes ♦ ISBN 978-3-86841-291-8 ♦ 16,00

Miriam Magall ♦ **Kindheit in Ägypten** ♦ Roman ♦ ISBN 978-3-86841-111-9 ♦ 18,00 €

Subcomandante Marcos ♦ **Der Kalender des Widerstandes**. Zur Geschichte und Gegenwart Mexikos von unten ♦ ISBN 978-3-936049-24-4 ♦ 13,00 €

Mathias Mendyka ♦ **Libertäre Schulkritik und anarchistische Pädagogik** ♦ ISBN 978-3-86841-155-3 ♦ 14,00 €

Mujeres Libres ♦ **Libertäre Kämpferinnen** ♦ ISBN 978-3-86841-221-5 ♦ 17,00

Andreas Losch, Thomas Reichert, Johannes Waßmer (Hgg.) ♦ **Alles in der Schrift ist echte Gesprochenheit** ♦ **Martin Buber-Studien** ♦ Band 2 ♦ ISBN 978-3-86841-117-1 ♦ 19,90 €

Mick Lowe ♦ **Der alte Provo-Trick** ♦ Roman ♦ ISBN 978-3-86841-233-8 ♦ 18,00 €

Orlando Mardones ♦ **Mensch, du lebst noch?** ♦ ISBN 978-3-86841-241-3 ♦ 14,00 €

Jürgen Mümken ♦ **Freiheit, Individualität & Subjektivität.** ♦ Staat und Subjekt in der Postmoderne aus anarchistischer Perspektive. ♦ ISBN 978-3-936049-12-1 ♦ 17,00 €

Jürgen Mümken ♦ **Anarchosyndikalismus an der Fulda**. ♦ ISBN 978-3-936049-36-7. ♦ 11,80 €

Jürgen Mümken (Hg.) ♦ **Anarchismus in der Postmoderne** ♦ Beiträge zur anarchistischen Theorie und Praxis ♦ ISBN 978-3-936049-37-4 ♦ 11,80 €

Jürgen Mümken ♦ **Kapitalismus und Wohnen** ♦ Ein Beitrag zu Geschichte der Wohnungspolitik im Spiegel kapitalistischer Entwicklungspolitik und sozialer Kämpfe ♦ ISBN 978-3-936049-64-0 ♦ 22,00 €

Jürgen Mümken ♦ **Die Ordnung des Raumes** ♦ Foucault, Bio-Macht und die Transformation des Raumes in der Moderne ♦ ISBN 978-3-86841-070-9 ♦ 16,00 €

Jürgen Mümken / Siegbert Wolf ♦ **„Antisemit, das geht nicht unter Menschen"** ♦ Anarchistische Positionen zu Antisemitismus, Zionismus und Israel ♦ Band 1: Von Proudhon bis zur Staatsgründung ♦ ISBN 978-3-86841-088-4 ♦ 18,00 €

Jürgen Mümken / Siegbert Wolf ♦ **„Antisemit, das geht nicht unter Menschen"** ♦ Anarchistische Positionen zu Antisemitismus, Zionismus und Israel ♦ Band 2: Von der Staatsgründung bis heute ♦ ISBN 978-3-86841-118-8 ♦ 18,00 €

Aleksander Nakoff ♦ **Knast, Lager, Verbannung** ♦ ISBN 978-3-86841-234-5 ♦ 14,00 €

Cornelia Naumann ♦ **Fräulein Prolet** ♦ Roman ♦ ISBN 978-3-86841-312-0 ♦ 20,00 €

Cornelia Naumann ♦ **Ich hoffe noch, dass aller Menschen Glück nahe sein muss** ♦ Fragmente eines revolutionären Lebens ♦ ISBN 978-3-86841-190-4 ♦ 19,90 €

Max Nettlau ♦ **Eugenuk der Anarchie** ♦ ISBN 978-3-86841-301-4 ♦ 18,00 €

Ernest Nyborg ♦ **Lena Halberg – Paria 97** ♦ Thriller ♦ ISBN 978-3-86841-125-6 ♦ 14,50 €

Ernest Nyborg ♦ **Lena Halberg – New York 01** ♦ Thriller ♦ ISBN 978-3-86841-128-7 ♦ 14,50 €

Ernest Nyborg ♦ **Lena Halberg – London 05** ♦ Thriller ♦ ISBN 978-3-86841-130-0 ♦ 14,50 €

Ernest Nyborg ♦ **Lena Halberg – Der Cellist** ♦ Thriller ♦ ISBN 978-3-86841-210-9 ♦ 14,50 €

Abel Paz & die Spanische Revolution ♦ Bernd Drücke, Luz Kerkeling, Martin Baxmeyer (Hgg.) ♦ Interviews und Vorschläge ♦ 978-3-936049-33-6 ♦ 11,00 €

Abel Paz ♦ **Durruti** ♦ Leben und Tode des spanischen Anarchisten ♦ ISBN 978-3-86841-256-7 ♦ 39,90 €

Abel Paz ♦ **Feigenkakteen und Skorpione** ♦ Eine Biographie (1921 – 1936) ♦ 978-3-936049-87-9 ♦ 14,00 €

Abel Paz ♦ **Anarchist mit Don Quichottes Idealen** ♦ Innenansichten aus der Spanischen Revolution ♦ Eine Biographie (1926 – 1939) ♦ 978-3-936049-97-8 ♦ 16,00 €

Abel Paz ♦ **Im Nebel der Niederlage** ♦ Vertreibung und Flucht ♦ Eine Biographie (1939 – 1942) ♦ 978-3-86841-016-7 ♦ 16,00 €

Abel Paz ♦ **Am Fuß der Mauer** ♦ Widerstand und Gefängnis ♦ Eine Biographie (1942 – 1954) ♦ 978-3-86841-033-4 ♦ 19,50 €

Franz Pfemfert ♦ **Ich setze diese Zeitschrift wider diese Zeit** ♦ ISBN 978-3-86841-276-5 ♦ 18,00 €

Anna Piccardi ♦ **Kontrapunkt 44** ♦ Erzählung ♦ ISBN 978-3-86841-279-6 ♦ 14,00 €

Pierre J. Proudhon ♦ **Die Bekenntnisse eines Revolutionärs.** ♦ ISBN 978-3-9806407-4-9 ♦ 12,45 €

Èmile Pouget ♦ **Die Revolution ist Alltagssache** ♦ Schriften zur Theorie und Praxis des revolutionären Syndikalismus ♦ ISBN 978-3-86841-105-8 ♦ 18,00 €

Jean-Bernard Pouy ♦ **Mord im Paradis der Nackten** ♦ **Krimi** ♦ ISBN 978-3-86841-017-4 ♦ 16,00 €

Michel Ragon ♦ **Das Gedächtnis der Besiegten** ♦ Roman ♦ ISBN 978-3-936049-66-4 ♦ 24,80 €

Michel Ragon ♦ **Georges & Louise** ♦ Der Vendeer und die Anarchistin ♦ Roman ♦ ISBN 978-3-86841-001-3 ♦ 16,00 €

Heinz Ratz ♦ **Die Riesen von Guntz und andere** ♦ Märchen ♦ ISBN 978-3-86841-263-5 ♦ 18,00 €

Heinz Ratz ♦ **Der Mann, der stehen blieb** ♦ 30 monströse Geschichten ♦ ISBN 978- 3-936049-45-9 ♦ 18,00 €

Heinz Ratz ♦ **Tourgeschichten** ♦ ISBN 978-3-936049-74-9 ♦ 16,00 €

Elisée Reclus ♦ **Geschichte eines Berges** ♦ Prosa ♦ ISBN 978-3-86841-087-7 ♦ 16,00 €

Ela Rojas ♦ **Einer dieser chilenischen Tage** ♦ Roman ♦ ISBN 978-3-86841-032-7 ♦ 14,00 €

Thomas Reichert, Meike Siegfried, Johannes Waßmer (Hgg.) ♦ **Martin Buber: Neu gelesen** ♦ Band 1 ♦ ISBN 978-3-86841-075-4 ♦ 19,90 €

Günter Rücker ♦ **Das Karbit-Kommando** ♦ Edelweißpiraten gegen Miesmolche ♦ Comic ♦ ISBN 978-3-86841-142-3 ♦ 14,00 €

Andrea Staid ♦ **Aditi del popolo** ♦ ISBN 978-3-86841-240-6♦ 16,00 €

Renate Sattler ♦ **Risse im Gesicht** ♦ Roman ♦ ISBN 978-3-86841-157-7 ♦ 16,00 €

Renate Sattler ♦ **Kanadischer Sommer** ♦ Roman ♦ ISBN 978-3-86841-195-9 ♦ 16,00 €

Renate Sattler ♦ **Muschelgewand**♦ Roman ♦ ISBN 978-3-86841-251-2 ♦ 18,00 €

Walter Schiffer & Thomas Reichert ♦ **Rückbesinnung und Umkehr** ♦ Zur Bedeutung der jüdischen Tradition bei Martin Buber und Aharon Appelfeld ♦ ISBN 978-3-86841-086-0 ♦ 11,80 €

Walter Schiffer ♦ **Das Andenken verlängern** ♦ Grabsteininschriften der jüdischen Displaced Persons auf dem Zentralfriedhof in Bergen-Belsen ♦ ISBN 978-3-86841-185-0 ♦ 24,50 €

Walter Schiffer ♦ Nicht vergessen ♦ Grabsteininschriften auf dem Gelände des ehemaligen KZ Bergen-Belsen ♦ ISBN 978-3-86841-247-5 ♦ 24,50 €

Birgit Schmidt ♦ Das höchste Ehrgeizideal war, für die Freiheit gehängt zu werden ♦ Russische Revolutionärinnen ♦ ISBN 978-3-86841-013-6 ♦ 11,80 €

Birgit Schmidt ♦ Andere Wege: Zwischen Surrealismus, Avantgarde und Rebellion ♦ Künstlerinnen und Wissenschaftlerinnen in Mexiko ♦ ISBN 978-3-86841-041-9 ♦ 11,80 €

Birgit Schmidt ♦ Wer war Ruth Oesterreich? ♦ Auf den Spuren einer vergessenen Sozialistin ♦ ISBN 978-3-86841-058-7 ♦ 11,80 €

Birgit Schmidt ♦ Ich bin kein Theoretiker, aber ich verstehe den Sozialismus anders ♦ Leben, Arbeit und Revolte des rumänischen Schriftstellers Panait Istrati ♦ ISBN 978-3-86841-216-1 ♦ 14,00 €

Helga und Wilfried Schwarz ♦ Die Träume der Märtyrer ♦ Menschenschicksale in Ungarn und Amerika ♦ ISBN 978-3-86841-239-0 ♦ 19,90 €

Birgit Seemann ♦ Mit den Besiegten ♦ Hedwig Lachmann (1865-1918), Deutsch-jüdische Schriftstellerin und Antimilitaristin ♦ ISBN 978-3-86841-073-0 ♦ 16,00 €

Birgit Seemann ♦ Ein „FEATHER WEIGHT CHAMPION CASSIUS CLAY".♦ Eleonore Sterling (1925–1968).♦ Deutsch-jüdische Kämpferin gegen Antisemitismus und Rechtsextremismus ♦ ISBN 978-3-86841-078-5 ♦ 18,00 €

Nivi Shinar-Zamir ♦ ABC der Demokratie ♦ Demokratie-Erziehung für Kinder vom Kindergarten bis zur 6. Klasse ♦ 978-3-936049-61-9 ♦ 29,80 €

Augustin Souchy♦ Vorsicht Anarchist ♦ Ein Leben für die Freiheit ♦ ISBN 978-3-86841-255-0 ♦ 20,00 €

Augustin Souchy ♦ Bei den Landarbeitern von Aragon ♦ Der freiheitliche Kommunismus in den befreiten Gebieten ♦ ISBN 978-3-86841-067-9 ♦ 11,00 €

Augustin Souchy ♦ Die tragische Woche im Mai 1937 ♦ ISBN 978-3-86841-164-5 ♦ 16,00 €

Augustin Souchy ♦ Anarchosyndikalistische Kritik an den Bolschewiki ♦ ISBN 978-3-86841-196-6 ♦ 16,00 €

Sulamith Sparre ♦ Denken hat kein Geschlecht ♦ Mary Wollstonecraft (1759 – 1797), Menschenrechtlerin ♦ ISBN 978-3-93604-70-1 ♦ 17,00 €

Sulamith Sparre ♦ Rahel Levin Varnhagen ♦ Salonière, Aufklärerin, Selbstdenkerin, romantische Individualistin, Jüdin ♦ ISBN 978-3-93604-76-3 ♦ 16,00 €

Sulamith Sparre ♦ Das Herz eines Caesar im Busen einer Frau ♦ Artemisia Gentileschi (1593-1654), Malerin ♦ ISBN 978-3-86841-000-6 ♦ 16,00 €

Sulamith Sparre ♦ Aber Göttlich und Außerordentlich reimt sich ♦ Bettine von Arnim (1785 – 1859), Muse, Schriftstellerin, politische Publizistin ♦ ISBN 978-3-86841-009-9 ♦ 17,00 €

Sulamith Sparre ♦ Man sagt, ich sei ein Egoist. Ich bin eine Kämpferin ♦ Dame Ethel Mary Smyth (1858-1944), Komponistin, Dirigentin, Schriftstellerin, Suffragette ♦ ISBN 978-3-86841-038-9 ♦ 17,00 €

Sulamith Sparre ♦ Hier bin ich, die Wegweiserin ♦ Flora Tristan (1803-1844), Sozialistin, Feministin, Schriftstellerin ♦ ISBN 978-3-86841-074-7 ♦ 19,50 €

Sulamith Sparre ♦ La Liberté – die Freiheit ist eine Frau ♦ Der Kampf der Frauen um ihre Bürger- und Menschenrechte in der Französischen Revolution ♦ ISBN 978-3-86841-163-8 ♦ 24,50 €

Sulamith Sparre ♦ Es gibt ein Gedicht, das ist ein Ungedicht ♦ Netti Boleslaw und Tuvia Rübner: Schreiben im Schatten von Auschwitz ♦ ISBN 978-3-86841-188-1 ♦ 16,00 €

Sulamith Sparre ♦ Fremde der Heimat ♦ Sprachzertrümmerung und Welterschaffung in der Dichtung Paul Celans und Tuvia Rübners ♦ ISBN 978-3-86841-197-3 ♦ 16,00 €

Sulamith Sparre ♦ Hannah Shenesh ♦ ISBN 978-3-86841-264-2 ♦ 18,00 €

Horst Stowasser ♦ Projekt A ♦ ISBN 978-3-86841-221,6 ♦ 18,00 €

Valentin Tschepego (Hg.) ♦ Machno – Zeugnisse einer Bewegung ♦ Von Freund und Feind ♦ ISBN 978-3-86841-095-1 ♦ 11,90 €

Valentin Tschepego (Hg.) ♦ Machno – Zeugnisse einer Bewegung ♦ Aus Machnos Feder ♦ ISBN 978-3-86841-159-1 ♦ 12,00 €

Leo Tolstoi ♦ Libertäre Volksbildung ♦ Herausgegeben und kommentiert von Ulrich Klemm ♦ ISBN 978-3-936049-35-0 ♦ 14,00 €

Rubén Trejo ♦ Magonismus ♦ Utopie und Praxis in der Mexikanischen Revolution 1910 – 1913 ♦ ISBN 978-3-936049-65-7 ♦ 17,00 €

Raoul Vaneigem ♦ Das Buch der Lüste ♦ ISBN 978-3-86841-287-1 ♦ 16,00 €

Martin Veith ♦ Unbeugsam ♦ Ein Pionier des rumänischen Anarchismus – Panait Musoiu ♦ ISBN 978-3-86841-076-1 ♦ 19,90 €

Rodrigo Vescovi ♦ Edelmütige Banditen ♦ Comic ♦ ISBN 978-3-86841-181-2 ♦ 19,90 €

René Viénet ♦ Wütende und Situationisten in der Bewegung der Besetzung ♦ ISBN 978-3-86841-292-5 ♦ 18,00 €

Hendrik Wallat ♦ Verwaltung von Sachen ♦ ISBN 978-3-86841-298-7 ♦ 18,00 €

Kurt Wafner ♦ Ich bin Klabund. Macht Gebrauch davon! ♦ Biographie ♦ ISBN 978-3-936049-19-0 ♦ 10,80 €

Ruth Weiss ♦ Der Judenweg ♦ Roman ♦ ISBN 978-3-86841-218-5 ♦ 16,00 €

Ruth Weiss ♦ Der Aufstieg ♦ Roman ♦ ISBN 978-3-86841-169-0 ♦ 16,00 €

Ruth Weiss ♦ Der Niedergang ♦ Roman ♦ ISBN 978-3-86841-170-6 ♦ 16,00 €

Ruth Weiss ♦ Schwere Prüfung ♦ Roman ♦ ISBN 978-3-86841-171-3 ♦ 16,00 €

Ruth Weiss ♦ Nachspiel ♦ Roman ♦ ISBN 978-3-86841-172-0 ♦ 16,00 €

Ruth Weiss ♦ Wege im harten Gras ♦ Erinnerungen an Deutschland, Südafrika und England ♦ ISBN 978-3-86841-162-1 ♦ 18,00 €

Ruth Weiss ♦ Der spitze Hut ♦ Roman ♦ ISBN 978-3-86841-259-8 ♦ 16,00 €

Ruth Weiss ♦ Der jüdische Kreuzfahrer ♦ Roman ♦ ISBN 978-3-86841-286-4 ♦ 16,00 €

Ruth Weiss ♦ Deborahs Lied ♦ Roman ♦ ISBN 978-3-86841-282-6 ♦ 16,00 €

Hand-Joachim Werner ♦ Verbunden im Gegenüber ♦ Martin Buber und der Umgang mit Konflikten ♦ ISBN 978-3-86841-236-9 ♦ 19,90 €

Boff Whalley ♦ Anmerkungen* ♦ zu Chumbawamba und mehr ♦ ISBN 9787-3-86841-021-1 ♦ 18,00 €

Michael Wilk & Bernd Sahler (Hgg.) ♦ **Strategische Einbindung** ♦ Von Mediationen, Schlichtungen, runden Tischen ... und wie Protestbewegungen manipuliert werden ♦ Beiträge wider die Beteiligung ♦ ISBN 9787-3-86841-095-2 ♦ 14,00 €

Michael Wilk ♦ **„Erfahrung Rojava"** ♦ Berichte aus der Solidaritätsarbeit in Nord-Ostsyrien ♦ ISBN 9787-3-86841-283-3 ♦ 18,00 €

David H. T. Wong ♦ **Flucht zum Goldenen Berg** ♦ Comic ♦ ISBN 978-3-86841-144-7 ♦ 19,90 €

Lily Zográfou ♦ **Beruf: Porni [Hure]** ♦ Kurzgeschichten ♦ ISBN 9787-3-936049-71-0 ♦ 16,00 €

Lily Zográfou ♦ **Deine Frau, die Schlampe** ♦ Roman ♦ ISBN 9787-3-936049-83-1 ♦ 16,00 €

Lily Zográfou ♦ **Ein Aschenputtel mit fünfzig** ♦ Roman ♦ ISBN 9787-3-86841-014-3 ♦ 14,00 €

immer aktuell

www.edition-av.de